应·迹

YING·JI

——上海应用技术大学建校70周年口述史

郭庆松　汪小帆　主编

文汇出版社

本书编委会

主　编

郭庆松　汪小帆

执行主编

王　瑛　杨　明

副主编

吕　客　吴斯琦

编审组

杨　明　陈　静　张向前　魏立群　吕　客

编写组

（按姓氏笔画排序）

王　青　王晓瑞　王　玺　邓欣媛　朱建才　刘从文

刘林枫　孙庆华　吴斯琦　张小懿　张　叶　迟　娟

陈　臣　范　敏　赵　倩　赵　韵　姜　超　秦　凤

郭东波　焦贺丽　谭　霞　薛　青

砥砺知行
厚德精技

徐匡迪
二〇〇九年三月廿七日

上海应用技术大学精神

1954年8月，上海冶金高等专科学校始建

1956年7月，上海香料研究所始建

1956年9月，上海轻工业高等专科学校始建

1959年9月，上海化工高等专科学校始建

2000年9月，上海应用技术学院成立并揭牌

2006年8月，学校奉贤校区奠基

2007年11月，学校以18个A、1个B的成绩通过教育部本科教学工作水平评估

2009年4月，学校举行2009届硕士研究生毕业典礼暨首届硕士学位授予仪式

2010年10月，学校热烈庆祝奉贤校区落成暨合校十周年

2016年4月，学校更名"上海应用技术大学"揭牌

2021年11月，学校增列为博士学位授予单位，入选上海高水平地方大学重点建设单位

上海应用技术大学校徽

上海应用技术大学校训

为着上应的荣光

上海应用技术大学校歌

浩浩东海，滔滔浦江；
三源荟聚，巍巍学堂。
厚德精技，桃李芬芳；
砥砺知行，铸就栋梁。

思以致远，探索无疆；
学以致用，匠心传扬。
追求真理，崇实担当；
笃志创新，共续华章。

（我们）明德、明学、明事，
为着上应的荣光！
（我们）奋发、奋勉、奋进，
为着中华的辉煌！

上海应用技术大学校歌歌词

序 言

　　欲知大道，必先为史。正如习近平总书记指出的那样，昨天的历史不是今天的人们书写的，但今天的人们不能脱离昨天的历史来把握今天、开创明天。对于一所大学同样如此，她的成长轨迹必定承载了众多历史的变幻和钩沉，饱含着躬耕于这片沃土上诸多师生的回忆与梦想，我们理应用镜头定格下他们的不凡人生和理想情怀，用笔触记述下他们的创业故事与奋斗经历，从一事读取一人，从个体审视群体，从片段一窥时代，于细微处见真章，进而以此在历史与现实间完成一次微观的接力，在一次次与历史的"对话"中厘清自身的文脉根基，勾勒出砥砺前行的清晰轨迹，锚定新征程上的奋进坐标。

　　作为中国第一所以"应用技术"命名的高水平应用创新型大学，上海应用技术大学已然走过了半个多世纪的办学之路。时值学校70周年校庆之际，我们组织编写了《应·迹——上海应用技术大学建校70周年口述史》一书，采访了31位见证学校发展的领导、教师和校友代表，通过一次次的倾听与交流，在一个个动人的故事里回顾一件件影响学校发展的重要事件，回眸一代代上应人追风逐梦、一棒接着一棒跑的奋斗足迹。尽管口述者呈现的仅是个体的记忆片段，但我们依然能从他们娓娓道来、饱含深情的讲述中感受到个人与时代的共鸣。品读其中的字里行间，数辈先贤上下求索、艰苦办学的背后故事让我们为之动容，干部教师潜心育人、勤于治学的务实风范让我们为之钦佩，莘莘学子与时偕行、矢志报国的人生

追求让我们为之欣慰，他们各自代表了一个时代的映像，又共同构成了一部上应人不畏艰难的创业史、创新担当的改革史和爬坡过坎的奋斗史，融入进了这所大学的成长叙事之中，成为一束束响彻这个伟大时代的声音回旋。

横跨半个多世纪的薪火相传，今天，当我们重新回顾上海应用技术大学那段光荣与梦想交织的岁月，学校应新中国建设之需而生，应新世纪改革之需而立，应新时代发展之需而兴，我们不禁要问，是什么让上应人沐雨经霜却始终保持着那份创业之初的情怀和执着，又是什么让我们能够始终坚守着创工程教育名校、育应用技术英才的志向和责任？对每一位上应人来说，这都是一个不太容易回答的问题。然而，就在这部口述史结集付梓之际，我们似乎找到了答案，正是一代又一代上应人身上深深烙印下的"厚德精技、砥砺知行"的大学精神和文化因子以及他们身上无时无刻闪耀着的"永不放弃、永不言败"的坚毅品格和澎湃激情，才能让这座屹立于东海之滨、浦江之畔的高等学府历久弥新、学运昌绵。

根深者枝茂，源远则流长。一代人有一代人的际遇，一代人有一代人的担当。七十载珠流璧转、倍道兼程，上应人从服务现代工业发展中汲取初心力量，从服务国家战略和区域经济社会发展中彰显科教兴国的家国情怀，迈向下一个70年，也必将在强国建设、民族复兴的新征程上扛起新一代上应人应有的责任与担当。

上应大的昨天是辉煌的；

上应大的今天是坚定的；

上应大的明天更加自信！

上海应用技术大学　党委书记　郭庆松

校　　长　汪小帆

2024年4月

目　　录

第一篇章　谋篇布局

祁学银
049

坚持和加强党对学校的全面领导，始终把党的建设放在学校突出位置来抓，是学校发展的关键。改革是动力，以改革来破解发展中的各类难题；发展是硬道理，用发展来凝聚人心，用发展来鼓舞士气。走在我们校园里，每一处风景都有一个故事，每一处风景都能见证学校的发展。更重要的是，校园处处融入办学理念和人才培养思想，对师生产生潜移默化的文化浸润。

郑惠强
066

建立成熟的大学制度，学校找到的切入口是建立和推行二级管理体制，从而打通学校各个环节。调离学校，我给《校报》发去一篇感言《感谢·感憾·感恩》，把对学校的眷恋和离别的遗憾都化在笔端。无论未来在什么岗位，我将始终关心和支持学校的发展。

刘宇陆
080

一所名校的成长在于一代代的传承和发展，其中有很多重要的事件和节点，更名成功便是其中之一。它使得学校在全方位迈向更高的层次，同时对于申报博士点有重要的助力。优秀校园文化是学校最宝贵的财富，也是学校水平和特色的重要载体。无论学校发展到什么水平和阶段，上应大的特色和文化是产教研高度融合，源于行业企业、回归行业企业、为社会经济发展服务始终是其初心。

柯勤飞
095

　　"应用导向、技术创新"是对学校办学定位上的延续，也是学校在办学理念上对时代主题的主动回应。成功跻身博士学位授予单位，是学校具有里程碑意义的重大进展，开启了学校事业发展的崭新纪元，为未来高水平大学建设打下了坚实的基础。

郭庆松
110

　　在学校事业发展中，我们需要做到三个"己"："阅己""越己""悦己"。首先是审视自己；然后是超越自己；最后是愉悦自己。我们这几年发展顺利，最重要的原因就在于领导体制、管理机制的完善。希望全体上应人勿忘昨天的苦难辉煌，无愧今天的使命担当，不负明天的伟大梦想！

汪小帆
128

　　全体上应人对学校有着浓厚的感情和深切的期许，这既让我感动也让我受教育，更让我感受到作为校长肩负的职责。学校未来的发展，可以概括为：守正创新，合作共赢。我们要坚定不移地将一张蓝图绘到底，我们要勇于改革创新，拥抱技术变革浪潮，培养出一批批勇立潮头的时代新人。

第二篇章 铸魂育才

周小理
145

经过全校师生两年的不懈努力，当得知学校教学评估获得18个A、1个B的优良成绩时，全体师生为之振奋。学校6个本科专业和1个工程硕士专业领域入选教育部"卓越计划"，获批国家级工程实践教育中心，也是教育教学改革的一项大事，为后续上海市应用型本科专业建设和教育部工程教育认证奠定了基础。

吴飞飞
157

学会做明天的老师比做今天的老师更重要，老师的育人空间应该超越课堂空间。我骄傲的是这些聋生通过努力，毕业后在各自的工作岗位上证明了自己，这才是特殊教育的最大意义。

朱士昌
166

我们致力于统一教师的教学思想、建设一支德才兼备的教师队伍、深化外语教学改革、营造浓厚的跨文化交际校园氛围。在国际交流工作中，调动各学院外事工作的积极性，加强国际化交流合作，更好地服务于学校的办学目标。

薛纭
177

在长达40年的教学实践中，我有一个深刻的体会，那就是教学工作既是学术性质的工作，也是艺术性质的工作，要做好它是无止境的。要想成为一名优秀的教师，就要在教书育人中学会不断地探索、总结和提升自己。

毛海舫
184

将最新的科研成果以案例教学方式融入教学中，既能吸引学生眼球让他们有兴趣学习，也让学生理解很多困扰企业的技术难题是可以通过灵活运用类似的原理来解决的，提高学生解决复杂工程问题的能力。

胡洪江
195

高等数学，是进入大学阶段一门最能体现大学教育特色的公共基础课。夯实数理基础，支撑应用技术。作为高等数学教师，必须以学生为中心，着眼于学生未来的专业发展、社会发展。

第三篇章　科技服务

瞿志豪
207

在学科建设思想的引领下，学校科研工作进展很顺利。我们动员专业课老师到企业争取科研项目，再号召他们争取纵向项目，逐渐培养教师的科研意识，慢慢地学校开始有了国家科委的基金等项目。2008年我离校时，学校教师的科研能力与科研状况有了很大改观，学术氛围也发生了变化，学术活动成为常态。

孙小玲
218

合校之初，学科建设办公室最重要的工作是要让全校统一认识，我们把学科建设的概念进一步扩大，将人才与科研平台也纳入其中，变成专业建设和学科建设一体化。后来，大家的思路逐步从专科建设转向了本科建设。

金鸣林
228

服务于学校的战略构思和学科建设发展，科技处的任务就是做好对外营销与对内服务。我们跑过浙江、安徽、江苏的很多县市，把学校营销出去，签署战略合作协议，从思路引导、管理理念方面进一步推动产学研一体化。

肖作兵
237

近些年我们致力于科研攻关，一方面是着眼于改善人民的生活质量，满足人民对美好生活的需求；另一方面也着眼于打通体系，提升我校或者是这个行业的国际影响力。这是我们精心规划的一幅宏伟蓝图，衷心期待这幅蓝图能够早日实现。

房永征
248

协同创新是一个很好的产教融合方式，校企双方全面深入地有效协同是产教融合成功的关键。学校提出了协同创新和协同育人，将培养研究生应用创新能力的育人功能置于校企协同创新过程，实现校企双赢，探索研究生"双协同"产教融合培养模式和可持续发展机制。

韩　生
259

高水平的大学建设离不开一流科研的推动，一流科研也强有力地支撑着高校水准的提升和层次的提高。科研能力的提升，不仅有效地提升教师科研实践的能力，还能将其运用到教学当中，对提高人才培养质量起到极其重要的作用。

第四篇章　文化传扬

朱守岗
273

在学校这片热土上耕耘了 23 年，不仅目睹了学校的快速发展，而且有幸参与了学校的顶层设计，践行了改革创新、砥砺奋进的重大决策。艰难困苦，玉汝于成。一所新建本科院校的崛起，是我国高等教育发展的一个印证；一所地方本科院校的快速发展，也是区域经济发展的一个缩影。

徐大刚
285

三校合并后的学工部，贯彻走出去和请进来的理念，统一学生管理制度；明确学生培养目标；加强辅导员和班导师队伍建设；积极宣传提高学校知名度，扩大生源，提高毕业生的就业率。这些学生工作为学校事业发展提供了有力支撑。

张静芬
297

奉贤校区建设寄托着全体师生渴望得到有序的教学环境、安静的教学课堂、稳定的科研场所的期望，承载着学校事业进一步向内涵式发展的希望，也为学院向大学迈进提供了有力保障。

张志国
309

文化振兴是中华民族伟大复兴的重要组成部分，花文化是中华优秀传统文化的重要内容。萱草是我国的传统名花，如此重要且具有中华母亲花之称的花卉，我们有责任、有义务去把它研究好。

袁 翔
319

　　无论从学生工作还是辅导员队伍建设，我们都取得了全国荣誉称号。全国最美大学生、全国辅导员年度人物等荣誉，都是全校上下认真贯彻党的教育方针，落实立德树人根本任务，共同努力，久久为功，善作善成取得的成绩。

第五篇章　钟灵毓秀

符卫国
333

　　当我从校友会的网站上得知母校要把上海老市长徐匡迪为母校题词的"厚德精技、砥砺知行"刻在泰山石上后，我非常支持。我们当年校园环境和设施条件与今天不可同日而语，学生们更应该好好学习，不仅要学习就业需要的知识，还要进一步巩固基础和拓宽眼界。

钱建中
343

　　"吃水不忘挖井人"，我自己之所以能够取得成功，时时刻刻想到的是这个时代给了我这么好的机会，更得益于党和政府有好的政策，还有母校给我打下坚实的知识基础。我希望能有机会为母校出点力，去帮助母校多培养德智体各方面都能全面发展的人才。

毕业多年，心里始终难以忘记曾经给予我无私帮助的母校，在学校设立助学金来帮助困难学生的想法一直挥之不去。我希望这样的缘分和善意能一直传递下去，为学弟学妹们做好表率，更多回馈母校，回馈社会。

我们做的事情很难在一开始的时候就知道一定会带来什么好处，或者自己在日后一定会成为什么样的人，但这不妨碍我们开始，哪怕所做的事情只能影响到一些人，那也是有意义的，你对社会有一份贡献就可以了。

我每年都会回母校，这已经形成了习惯。我对母校有很深的感情，因为在这里的4年，我收获了很多无形的资产。每当在一些公众场合，我都会非常自豪地说：我来自上海应用技术大学。这是学校带给我的底气。

上海应用

1

谋篇布局

朱国强

　　全国有27所示范性高工专建设学校，其中8所是核心成员，冶专就是八分之一，充分显示出我们的实力。我认为三校合并是学校发展史上的一个分水岭和重要里程碑。学校给我印象最深的特质，总结来说就是六个字：务实、争先、奉献。

口 述 者：朱国强
　　　　　1997年9月至2000年9月任上海冶金高等专科学校党委书记
　　　　　2000年9月至2010年1月任上海应用技术学院党委副书记
　　　　　2001年5月至2010年2月任上海应用技术学院副校长
采 访 组：吕　客　姚　霏
采访时间：2023年8月9日
采访地点：上海应用技术大学徐汇校区办公楼

采访组：上海冶金高等专科学校是在什么样的历史背景下创建的？

朱国强： 上海冶金高等专科学校的成立，有着鲜明的时代特征。1949年新中国成立后，随着国民经济的恢复和各项建设的开展，党在1953年提出了过渡时期的总路线，正式提出要逐步实现国家的社会主义工业化，并从1953年开始边实施边讨论修改第一个五年计划。工业化水平是衡量一个国家综合国力的重要标志，而冶金工业又是整个工业的基础，因此，党和国家在这一时期高度重视冶金工业的发展。当时，钢铁企业主要集中在长江以北地区，为改变这一局面，毛主席明确提出了"钢铁要过江"，开始对全国的钢铁企业布局进行调整。比如，对全国最大的钢铁企业——鞍山钢铁公司进行重点改扩建，调整和改造了一批旧的钢铁企业，加快部署新的钢铁生产基地，尤其是长江以南。为了与冶金工业的布局调整相适应，重工业部于1954年8月正式发文，决定在上海筹建上海冶金机械学校（上海冶金高等专科学校的前身），并从重工业部、辽宁省和吉林省等地抽调了一批干部和教师来上海着手筹建工作。

1955年7月，上海冶金机械工业学校揭牌，1958年10月，更名为上海冶金专科学校。我认为上海冶金高等专科学校的建立是时代的产物，同时，它自诞生之日起也肩负着重大的历史责任。事实上，学校也没有辜负时代所托。从1956年开始招生起，冶专在整个20世纪下半叶，为国家培养了冶金企业急需的一批批专业人才。他们奔赴全国各地，奋斗在冶金生产企业的第一线，勤勤恳恳，兢兢业业，成了各企业的技术、业务、管理骨干，受到了各方面的好评。其中一些佼佼者先后走上了领导岗位，担任了如马鞍山钢铁股份有限公司这样的全国特大型企业，以及嘉兴冶金机械厂等地方国营大中型企业的董事长、党委书记、总经理、厂长等职务。

1954 年 8 月

上海冶金机械学校（筹）

1955 年 7 月

上海冶金机械工业学校

1958 年 10 月

上海冶金专科学校　　　上海钢铁工业学校

1958 年 11 月

上海冶金专科学校

1963 年 6 月

上海冶金机械学校

1974 年 9 月

上海冶金七·二一工人大学

1978 年 1 月

上海冶金专科学校　　　上海第二冶金专科学校

1990 年 10 月

上海冶金高等专科学校
（1991年9月启用）

上海轻工业高等专科学校　　上海冶金高等专科学校　　上海化工高等专科学校

2000 年 4 月

上海应用技术学院

上海冶专校史沿革

采访组：您到冶专任职是怎样的契机？能否请您介绍一下这一时期，冶专的总体发展、人才培养和专业建设是如何的？

朱国强：我是1991年来到学校任职的，原先在上钢五厂工作，当时冶专和上钢五厂都属于上海市冶金工业局领导。因为冶专领导班子缺人，就把我调过来了。那个时候，学校无论在行业内还是上海市，都是颇有影响力的。我们学校与上海机械高等专科学校、上海轻工业高等专科学校和上海化工高等专科学校并称为"四大金刚"。学校培养出来的学生，得到了各个企业的高度认可。在宝钢、上钢一厂、上钢三厂、上钢五厂等企业里都有不少我们学校的毕业生，在这些企业的领导班子里，也不乏他们的身影。新疆冶金建设（集团）有限责任公司是家局级单位，在很长一段时间里，公司的总经理、副总经理、总工程师和一大批中层干部，都是从我们学校毕业的。

1991年到1997年，我在冶专担任党委副书记，从1994年起主持党委的工作，1997年到2000年，又担任党委书记。当时，无论是班子里的老同志，还是新来的同志，大家合作得都很愉快。这一时期，对学校而言比较重要的大事，就是创建国家示范性高等工程专科学校。1994年，国家教委提出要遴选一批学校建设示范性高等工程专科学校，我们制订并反复修改了学校5至7年创建示范的规划和分阶段实施计划，认真组织实施"生产过程自动化技术"等示范专业的建设等，最终，终于成为国家教委第一批审批下来的27所示范性高等工程专科建设学校之一。示范性高等工程专科学校的建设，给我印象比较深刻的有以下几个方面：

一是学校逐步确立了正确的办学目标。即要培养基础理论够用、动手能力强，能够在冶金行业各专业中从事设计、使用、革新和管理的德、智、体全面发展的高级工程技术应用型人才。

二是积极探索和改革人才培养模式，特别是注重复合型人才的培养。20世纪80年代起，很多企业开展了大规模的技术改造，引进

消化了大批先进设备，大大提高了自动化水平。为此，他们对学校的人才培养提出了新的要求。我们当时就积极进行探索。例如，我们推出了机械类专业兼修电气化专业，开启了以会计专业为第一专业、市场营销为第二专业等复合性人才培养的模式，取得了非常好的效果。

三是强化了实践实训环节，提高了学生的动手操作能力和现场解决问题的能力。在原有教学方式下，一些学生毕业以后到了工厂，却不敢动手操作。通过示范性高工专的建设，我们特别重视了实践实训的环节。20世纪90年代，在学校资金非常困难的情况下，我们通过筹措，从加拿大引进了一套非常先进的实训设备，像机械、自动化、液压等专业，都可以在上面进行操作训练。我们后来成立了上海高校自动化控制实训中心，不仅我们本校的学生，还有不少兄弟学校的学生也都到这里来实训。通过这样的训练，学生的动手能力得到了提高，到了工厂里面不怯场，敢于动手，所以我们学校毕业的学生一直很抢手。

当时，全国有27所示范性高工专建设学校，其中8所是核心成员，我们就是八分之一。我们8所院校经常碰头，一起交流建设示范性高工专的具体经验和做法，一起探讨创建过程中遇到的理论和实践问题。这也充分显示出了我们学校的实力。取得这样的成绩，离不开学校领导班子的励精图治、全体教职员工的尽心尽责，对此，我们还是感到很自豪的！

采访组：到世纪之交，三所老专科学校实现了一次"强强联手"——三校合并。站在当时的历史角度，您是如何看待"三校合并"的？在三校合并后，冶专在哪些方面助力了新的本科院校的发展？

朱国强：2000年，冶专、轻专和化专进行合并，组建了上海应

1959年7月31日至8月上旬，首届中专毕业生177名、一年制专修班结业生189名毕业。

1959年7月，上海冶金专科学校中专第一届毕业师生合影

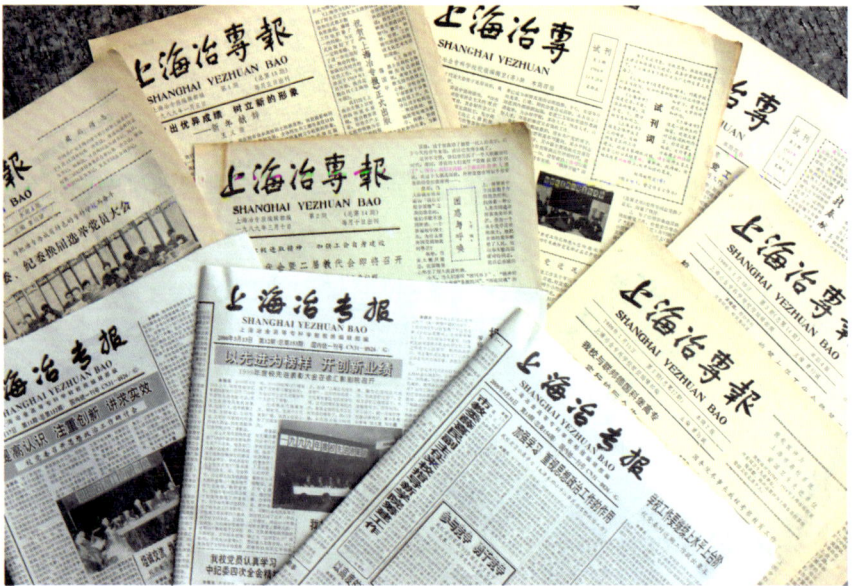

《上海冶专报》

用技术学院。对三校合并，我是这么认为的：

首先，三校合并是教育事业发展的需要，是时代的产物。随着我国社会主义市场经济体制的逐步建立，到世纪之交，社会经济发展出现了许多新情况。这时，为社会经济发展提供人才和智力支持的高校，布局结构不合理，办学效益不高，学科比较单一，综合性不够，教育教学质量与一线实际需要相脱节等弊端日益凸显。为此，全国各地都在进行高校布局结构调整，包括许多名牌的、重点的高校也纷纷走上合并办学之路，努力争取把学校做强、做特、做优。在这么一个大背景下，反观我们三所学校，总体来说学校体量都很小，在校生规模都只有2000人左右，专业设置偏少，而且比较单一。所以，合并办学符合当时的大形势，是三所学校继续发展的有力举措。

也是在这个时期，全国的高等教育普及率越来越高，与此相适应，为了同步发展本科教育，教育部决定要新建一批本科院校。但是，当时教育部领导明确表示，新建的本科院校主要考虑原来本科教育资源比较稀少的中西部地区。沿海和本科教育资源相对比较丰富的省、市原则上不予考虑。上海显然不在考虑的范围之内。当时，我们向教育部申请举办本科，时任领导表示，如果你们三所学校合并起来，组建一所以培养应用技术型人才为主、具有自己特色的本科学校，教育部是会支持的。与此同时，上海市的主管领导和市教委的主管部门也明确地向我们传递信息，希望我们三所学校能合并起来办学。于是我们三所学校抓住了这一机遇，拟定了新学校的组建方案、章程等一系列文件，报经上海市人民政府批准，由市政府发函，正式向教育部提出了申请。后经教育部专家组严格审核，同意我们三校合并，组建上海应用技术学院。

其次，三校合并为三所学校的进一步发展提供了极好的机遇。三校合并后，学校在办学层次上，由原来的专科教育转变为本科教育为主，这对学校所能掌握的资源，对人才，特别是紧缺和高层次

人才的吸引力是不一样的。而且，三校合并绝不仅仅是办学层次发生了变化，更重要的是办学内涵发生了巨大变化。我们原来的三所学校，都立足、依托于三个不同的行业，专业互补性强，走到一起会产生综合效应，会派生出许多新的东西，绝不仅仅是物理意义上的相加，绝不仅仅是1+1+1=3。回过头来看，学校后来的发展给出了最好的证明。2000年并校，2008年我们就拿到了硕士学位的授予权，短短8年时间内实现这样的飞跃，全国找不出第二家。在2016年又成功地将学院更名为大学。2021年学校又向前迈了一大步，成功获批博士学位授予权。这些成就，都得益于三校合并，在2000年同时获批举办本科的院校中，肯定是唯一的。所以，我说合并为学校的发展提供了一个极好的机遇。当然，这也为专业建设的发展和教师自身的发展提供了极好的机遇。

所以，实践证明，三校合并的决策是正确的，三校合并的实践是成功的。在70年办学的历史长河中，老三校各自都有过一些变更，但没有哪次变更能够与三校合并相提并论。所以，我认为三校合并是学校发展史上的一个分水岭和非常重要的里程碑。我本人作为参与三校合并的酝酿、筹备和组织实施的亲历者，看到学校发展到今天所取得的成绩，由衷地感到高兴。

至于冶专对新的本科院校发展助力问题，我认为与轻专、化专在很多方面是有共性的。

一是助力于新学校办学目标的凝练。原冶专长期由行业办学，与企业有着天然的联系，所以办学目标非常明确，即培养基础理论够用，动手能力强，德智体全面发展的高级工程技术应用型人才。随着社会形势和学校自身的发展状况，我们上海应用技术大学对办学目标的表述进行了多次的修改和充实，但核心元素始终没变，即培养应用技术型人才。

二是助力于新学校教育教学基础的推进。通过示范性高工专学校的建设，我们的教育教学基础比较扎实，形成了一整套教育教学

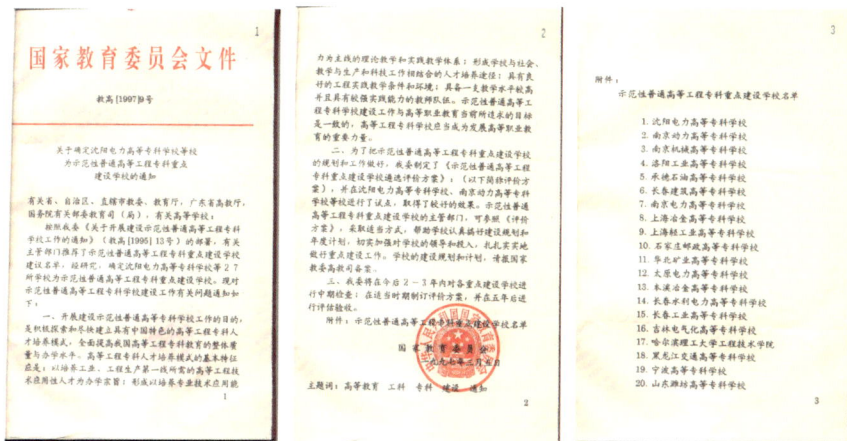

1997年3月，国家教委确定上海冶金高等专科学校为示范性普通高等工程专科重点建设学校

1999年4月，上海冶金高等专科学校召开第五届教代会暨第九次工会代表大会

管理文件。这为三校合并初期的上海应用技术学院稳定教育教学工作，做出了积极贡献。

三是助力于三支高素质的人才队伍的形成。第一支是师资队伍。通过示范性高工专学校的建设，冶专的师资队伍有相当一部分双师型教师，在学校是"教书匠"，到了工厂就是"工程师"。在引进的教师中，不少人已经从事过本科教育，有的还带过研究生。这些人为新学校从专科教学平稳过渡到本科教学，并保持教学秩序的稳定做出了贡献。第二支是科研队伍。冶专的教师多年来与企业联系密切，承接了很多横向课题，在上海同类高校当中始终名列前茅。这为新学校的科研进步积蓄了相当能量。第三支是管理干部队伍。通过示范性高工专学校的建设，冶专的管理队伍在年龄结构、学历结构和能力水平方面都有了较大提升。这批人后来为新学校平稳运行、提升学校管理水平，以及有针对性地解决各类矛盾和问题做出了贡献。

四是为新学校提供了比较优质的教育教学硬件。通过示范性高工专学校的建设，冶专的教育教学硬件也有了很大的提升，建起了当时上海市高校中唯一的一幢16层学生公寓，还有崭新的12层高的教学大楼。这些教育教学条件在新学校教学结构布局的调整中，发挥了较好的作用。

采访组：三校合并后，您主要分管哪些工作？这期间，学校有哪些重大的事件？

朱国强：三校合并后，我担任学校党委副书记，后来又兼任副校长。当时，我主要分管学生、宣传和思想教育、纪委、群团、武装保卫、招生等工作，还协助两任校长分管学校的财务工作。有一段时间，徐福缘校长生病住院，我还主持过一段时间的行政工作。要说在我工作期间，学校发生了哪些重大事件，至少有以下几件：

1998年9月，时任上海市副市长周慕尧、上海市政府副秘书长殷一璀视察上海冶专

2007年4月，学校召开学生党建工作研讨会

第一，学校由专科到本科的转型。学校在2000年4月被批准办本科。我们仅仅花了不到一个月的时间，就制订了本科招生计划，确定了具体招生的专业和人数。利用暑假，组织教师确定了本科专业的课程设置，编写了具体的教学计划和大纲。9月，首届本科生顺利入学，学校正式开启了本科教学的新征程。专科到本科的转型，更难更重要的是在思想理念上。本科教学，在组织教学的指导思想、教育教学的方式方法、学生管理的模式等方面，都与广大教职工熟悉的一套有很大的不同。为此，党委和行政花了很大的精力做人的工作，做统一思想的工作。大家通过边学习，边提高认识，边实践，使整个学校在转型过程中非常平稳，成效十分显著。因此，当2007年教育部对我们学校进行本科教学工作水平审核评估时，尽管我们只有7年的本科教学实践，只有三届毕业生，但当教育部专家们通过多天全方位的24小时实地考察后，在全部19个评估大项指标中，我校荣获18个A、1个B。

第二，奉贤新校区建设。为了改善办学环境和条件等，我们下决心将学校整体搬迁到奉贤的海湾地区。要在1500亩土地上，建造一所完全崭新的大学校区。对新校区的规划、设计、建设，卢冠忠校长提出要100年不落后。大家知道，我们现在的徐汇校区环境优美，特别是五栋建筑很有特色。20世纪五六十年代，著名电影《女篮5号》和《水上春秋》等，都曾到这里拍摄，在影片中留下不少我们熟悉的场景。并校以后，在《风和日丽》《大浦东》等电视剧中，也留下了学校的许多镜头。我们要求设计师将徐汇校区的建筑魂糅进新校区的建筑中去，但也要具有现代气息，更要具备充分满足教育教学的功能。新校区于2006年8月18日开工奠基。2007年10月8日开始启用，当时的教委领导，后来任上海市副市长，现任教育部副部长的翁铁慧同志特意到场祝贺。我和同事们兴高采烈地带着第一批同学开始入住那里。现在看来，我们新校区建设是非常成功的。它的建筑物非常耐看，现代气息中又带有传统元素。功能十分齐全，教学区、实验实训区、生活区布局合理。整个环境非常优美。在上海所有高校的新校区中，不说最漂亮，至少也是最漂亮之一吧！

第三，成为硕士学位授予权单位。按照教育部的规定，学校必须有十届本科毕业生，才能申请硕士学位授予权。我们学校是在2000年开始招收本科生，2004年才有第一届毕业生，也就是说我们要到2014年才有资格向教育部提交申请报告，而且这还仅仅是申请，不代表一定能批准。可徐福缘校长早在2004年就借助上海水产大学的平台，通过与他们联合申请"应用化学"硕士点的办法，使我校开始名正言顺地招收硕士研究生。有一部分教师从那时起就开始从事硕士研究生的教育培养工作了。2006年我们抓住了机遇，把拥有硕士学位授予权的上海香料研究所并入学校。2008年，经过多方沟通，学校获得了"应用化学"硕士学位授予权。从此以后，学校正式开启了硕士研究生的教育培养工作。

第四，学院更名为大学。2016年学院更名为大学时，我虽然已经不在岗了，但是听到这个消息还是很振奋的。2021年，我校还拿到了博士学位授予权。说实话，当时学校提出申请博士点的时候，我还担心是否早了点。但最终学校还是成功了，令人十分振奋。

采访组：您提到了令您印象深刻的学校发展的大事，如果让您通过学校这些年的发展总结一下上海应用技术大学最重要的特质，您觉得是什么？

朱国强：学校给我印象最深的特质，总结起来说就是六个字：务实、争先、奉献。

首先是务实，学校办学目标定位明确，而且坚持不动摇，中间不折腾。上海应用技术大学的前身冶专、轻专和化专三所学校，曾为上海及兄弟省市的经济、社会发展，特别是工业企业培养了一大

2007年11月，学校获第十届"挑战杯"飞利浦全国大学生学术科技作品竞赛三等奖

2021年12月，"伟大工程"示范党课之"铭史崇德践行初心 创新发展再创辉煌"主题党课在校开讲，朱国强与学子共话学校办学历程和奋斗故事

批应用性的专业技术骨干和人才，在上海，乃至全国都享有很好的声誉。那么，2000年三校合并变成本科了，学校的办学目标应该怎么定位？到底是走一般性高校由专科到本科，再由教学型到教学研究型，进而到研究型的发展之路呢，还是继续坚定地走培养应用技术类人才的道路？学校党政班子和广大教职工经过充分讨论酝酿，一致认为，我们还是要充分发挥自己办学的传统特长，努力把学校建成培养应用技术型人才的摇篮。虽然学校领导班子已换了几届，党政负责人已换了几任，但对学校的办学目标都没有动摇过。这种务实精神，从学校历届党代会的工作报告和决议中就可以看出来。

其次是争先，超前布局，善抓机遇，敢攀高峰。2000年9月组建新学校时，老三校无论是学校的土地面积、师资队伍、教学环境，还是实验实训条件和教学理念，都与真正办好一所本科大学存在相当大的差距。以师资队伍为例，当时全校只有6位正教授、4位博士。在这么困难的条件下，学校党政班子和广大教职工，就立志要把学校办成一所高水平、有特色的应用型本科院校。在2002年3月召开的第一次党代会上，满怀信心地提出要把学校建成"培养应用型人才的基地，成为上海高教改革的一个亮点，成为全国同类院校的一面旗帜"。在2021年7月召开的第四次党代会上，根据学校的发展情况，更是明确地把"建设具有国际影响力的高水平应用创新型大学"作为努力奋斗的目标。

最后是奉献，学校在三校合并后能取得这么大的成绩，离不开广大教职工的无私奉献。为了确保上好课，许多教师经常晚上不回家；为了完成一个项目，许多教师没有下班时间和双休日的概念；为了做好育人服务工作，更是有一大批教师和职工长期地整天吃住在学校。总之，大家都在责任感的驱使下，不计报酬地，自觉自愿地默默地无偿付出着。讲到奉献，这使我想起并校初期的两件事。一是刚刚并校的时候，老三校的一些副书记、副校长没有进班子，都到下面的部门去任部长、处长等职，虽然行政职级是一样的，但

是从原来的一个学校领导变成了一个部门的负责人，实际感受肯定是不一样的。然而我没有听到他们有一句怨言，相反都是兢兢业业、认认真真地做好本职工作，把部门管理得井井有条。因为他们毕竟在领导层面工作过，有一定的工作能力，全局意识又很强，为大家起了很好的示范带头作用。同样，三校合并时，管理人员很多，人浮于事的问题很严重。所以学校就出台了一项政策，距退休年龄还有三年及有特殊情况的教职工，可以申请离岗待退休，学校给予一定的补贴。这样一来，有300多人退岗离开了学校。在我看来，这些职工都是从另一个角度为学校做出了贡献。

我想，我们学校能始终保持这种"务实、争先、奉献"的好传统，一定会发展得越来越好，一定能实现学校第四次党代会提出的"建设成为具有国际影响力的高水平应用创新型大学"的奋斗目标。

任淑淳

　　轻专办学思路是"人无我有，人有我特，特中生优"。三校合并后，培养本科应用技术型人才没有现成经验可循，要靠自己去摸索。最终，我们形成了"实施大类招生，引进大工程教育思想，双平台加柔性模块"的独特培养模式。

口 述 者：任淑淳
　　　　　　1998年10月至2000年9月任上海轻工业高等专科学校校长
　　　　　　2000年9月至2005年2月任上海应用技术学院副校长
采 访 组：吕　客　姚　霏
采访时间：2023年8月21日
采访地点：上海应用技术大学徐汇校区图书馆

采访组：上海轻工业高等专科学校是在怎样的历史背景下创建的？学校在专业设置、人才培养方面取得了哪些成绩？有哪些令您印象深刻的人和事？

任淑淳：上海轻工业高等专科学校成立于1956年，由上海轻工业技术学校与上海第二轻工业技术学校合并而成，合并之后命名为上海轻工业学校，隶属于上海市轻工业局。1962年，学校更名为轻工业部上海轻工业学校。1970年重新划归上海市轻工业局。到了1974年，改名为上海轻工业"七二一"大学。因此，从1956年到1977年的21年时间里，上海轻工业高等专科学校是一所中专。随着中国高等教育的体制改革，以及国家轻工业发展对人才层次、规格要求的提高，1978年元月，上海轻工业学校被上海市教委更名为"上海轻工业专科学校"，提升为三年制大专，仍然隶属于轻工业局。到1992年，根据国家教委通知，学校正式更名为"上海轻工业高等专科学校"。1998年，学校的隶属关系转归上海市教委。2000年4月，教育部批文，上海冶金高等专科学校、上海轻工业高等专科学校和上海化工高等专科学校合并为上海应用技术学院，结束了轻专21年的大专办学。

回顾轻专21年中专和21年大专的办学经历，最大的秘诀在于专业设置符合社会和区域经济需求，办学特色非常突出。学校专业设置的针对性是比较强的，和轻工业的人才需求密切结合。我们的专业设置涉及轻工机械类、化工类、食品工艺类、装潢艺术、工业造型，还有电镀、皮革等，这些都是热门专业，有些在全国都是稀有的专业，比如皮革、电镀等，体现了当时轻专的办学思路，就是"人无我有，人有我特，特中生优"。这些专业直接对接轻工业局下的一批企业。20世纪五六十年代，全国人民结婚推崇的"四大件"，缝纫机、手表、自行车等，哪个不是和电镀、工业造型、轻工机械这些专业有关？所以，我们的专业设置是密切结合社会需求

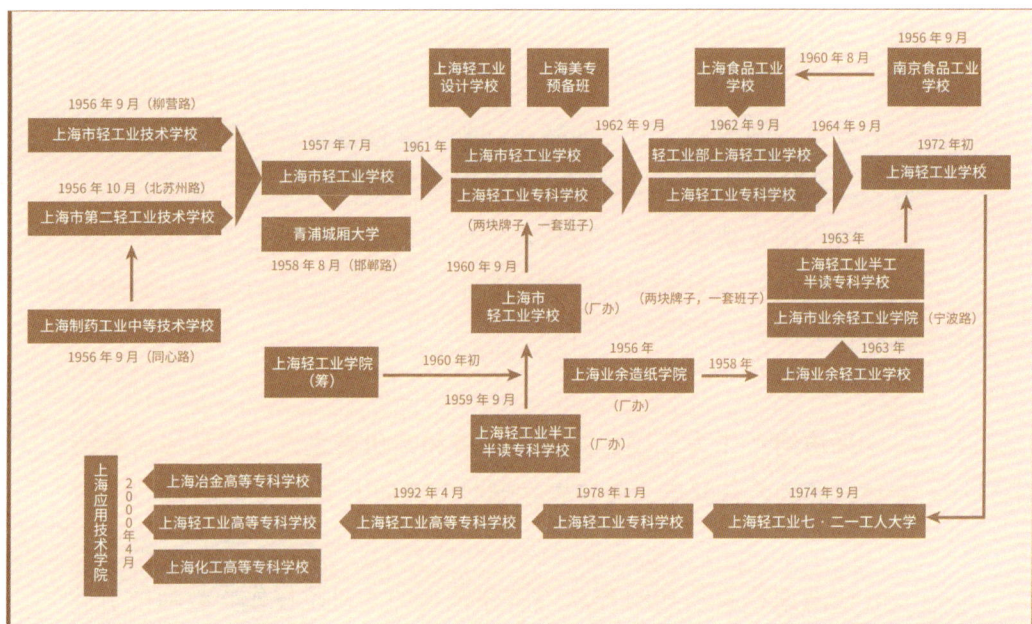

上海轻专校史沿革

的。从中专到大专，我们的专业既保持了延续性，又在发展中不断提高水平。

我有一组数字，整个轻专办学时期，我们先后培养了毕业生24119人。他们在全国轻工业系统发挥了重要作用。我举几个例子：柳州两面针股份有限公司董事长、教授级高工王多闻是1960届食品专业毕业生；上海制造厂厂长、高级工程师张金钺是1962届校友；上海孔雀香精香料公司董事长兼总经理、高级工程师陈伯山是1964届毕业生；上海卷烟厂厂长、上海烟草集团公司总经理董浩林是1980届校友。此外，还有上海老凤祥金银首饰设计师俞颖，也是我们的校友。她设计的纯金饰品在行业中享有盛誉，被选为2010年上海世博会指定礼品。

我们很重视这些轻专老校友，他们也始终热心为学校服务。他们在一线形成的对于课程内容的思考和对前沿领域的探索，对于我们是很有启发的。

采访组：作为三校合并的推动者和亲历者之一，您是如何看待三校合并的？合并后，原轻专在哪些方面助力了新本科院校的发展？

任淑淳：我是1984年从一所建筑类的本科院校作为教师被引进到上海轻工业高等专科学校的，自1986年起我先后担任校党委副书记、副校长、校长职务。在我担任校长工作期间，我着重抓了全国示范性学校、示范性专业的提升与发展。与此同时，这一阶段最重要的一个工作，就是三校合并。三校合并的文件是2000年4月下达的，早在1999年初，市教委就开始吹风了。并校工作很复杂，其中，比较棘手的问题是迁校区的问题，为此，我不断和市教委沟通，和教职员工谈心。轻专位于邯郸路，和复旦大学紧邻。当时有风声，要让轻专搬迁到上海应用技术学院位于漕宝路的校区，将原校区并入复旦大学。通过我们和市教委的再三沟通，迁校工作推迟

1997年5月，时任国家教委副主任周远清视察轻专

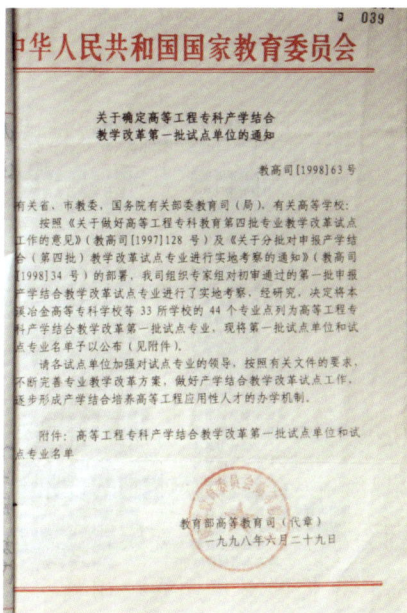

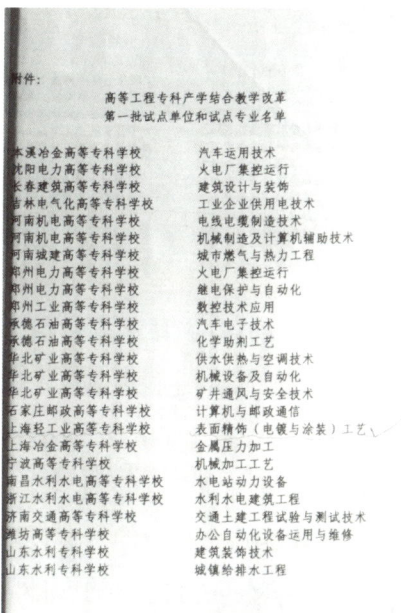

1998年6月，教育部确定上海轻专表面精饰（电镀与涂装）工艺专业为高等工程专科产学研结合教学改革第一批试点专业

了。三校合并后，我们维持了一段时间的漕宝路、邯郸路跨校区运作模式，将专业结构进行了调整。例如，轻专一些计算机类、轻工业类、机建类搬到漕宝路校区，冶专、化专一些专业搬到邯郸路校区。这样跨校区的教学维持了三四年。

对于三校合并，我有一句评价，那就是"1+1+1远远大于3"。第一，办学条件得到了极大的提高和拓展。原来三校校区各100多亩地，而现在我们有了1500亩地的奉贤校区，校内实验室、实训基地都建设起来，各方面硬件条件大大提升；第二，学校内涵大大加强。以师资队伍建设为例，一个专科学校，你能引进浦江学者吗？你能引进那么多博士吗？合校成为本科之后，我们的师资队伍从量到质都有了极大发展。师资队伍的强化必然带来学科建设的质和量的变化。第三，科研和教学的合作交流层级不同了。专科时期的合作，大部分是学生针对企业的岗位去顶岗实习。三校合并后，人才队伍建设加强了，科研水平提高了，我们在产学研合作联盟领域，大大提高了层级。不并校，这些都是天方夜谭。所以我强调合校的意义是"1+1+1远远大于3"。

上海应用技术学院是在三校原有基础上提升与发展起来的。原轻专主要在产学结合的专业建设和国际交流合作办学方面，助力了新本科院校的发展。

首先，在提升学科专业建设方面。1997年，轻专被评为国家教委"示范性高等专科重点建设学校"，有三个专业先后被列为国家教委"示范性重点建设专业""全国高工专产学结合教学改革试点专业"。一个是香料香精专业，第二个是电镀专业，第三个是产品造型专业。这些优势专业的教学改革成果，实实在在为新本科的发展奠定了良好基础。轻专的专业设置重社会需求，人才培养模式重视产学结合，学生专业实习的安排与上海轻工控股（集团）公司紧密结合，协同安排，实习有实效。提升为本科后，上海轻工控股（集团）公司继续与上海应用技术学院签订了产学研合作协议，推动了

1999年6月，原国家教委副主任张孝文、时任上海市教委主任张伟江视察轻专"全国示范性高工专"建设情况

2002年，学校举行首届教学工作会议

本科产学研合作伙伴联盟，提升了本科实践教学的层级。又如，香料香精专业在上海应用技术学院创造了多个第一，国家科技成果奖、上海科技进步一等奖、上海市教学成果特等奖等。从轻专的"香料香精工艺"专科专业发展为上海应用技术大学的"香料香精技术与工程"本科专业，进一步提升为现在的博士、硕士学科专业，香料香精学科为我国香料香精行业的发展做出了巨大贡献，也在学校的博士点申报中起了决定性作用。

其次，在重视中外合作办学、助力新本科国际交流方面，轻专的教研团队也做出了较大贡献。轻专与德国教育部纽伦堡大学有着长达十年的合作办学经历，互派教师讲学，互派学生留学。我们共计派出31位教师，每个人出访半年到一年的时间。在这个过程中，他们吸纳德国的教育理念、教学方法和实验实践环节的经验，带着宝贵的国外经验回国，合校后这些教师分布在新本科的各个学校科研处、国际交流办公室等，继续为新本科的中外合作、国际交流做贡献。以艺术系的吴飞飞教授为例，她被派到德国去做访问学者，回国后在新本科不断推动多形式的合作办学。她自发组织开展与美、英、德大学同学科专业课程的同步教学、同台讲课，长期开展为期半年的交流生选送等，扩大了师生的视野。

2001年底，学校派出我们五人专家组访问了美国、新西兰、澳大利亚五所高校，我们吸纳了轻专十年对外交流的经验和大家一起成功签下办学意向书。事后经过学校各方努力，2003年两个专业（应用化学专业、数控技术应用专业）正式成为学校首批中外合作专业并正式对外招生，至今占学校中外合作专业的50%。

采访组：合校后，您担任学校副校长，分管教学工作。对于一个刚刚并校的新学校，您对教学工作有怎样的思考？在构建全新的上海应用技术学院教学体系的过程中，有哪些令您印象深刻的事情？

任淑淳：教学工作是学校发展的立校之本。教学工作必须服务于和服从于学校的定位和人才培养规格。

校领导班子是 2000 年 9 月成立的。成立之初，我们就开展了班子层面的大讨论，结合三校发展现状和社会经济发展对应用型本科人才的需要，确定了学校本科人才的培养定位。当时提出，"学校要面向应用、面向高新技术产业、区域支柱产业和服务业，培养实践能力强、有创新精神、基础扎实、知识面广、综合素质高，并具有较强的科学技术运用、推广、转化能力的高层次应用型人才"。那这样的人才培养规格要如何渗透到我们的教学内涵里去呢？这就必须找到一个切入点、落脚点。为此，我考虑并提出教学工作必须做好三件事。一是按社会需求优化专业结构，二是构建符合学校定位的本科人才培养计划，三是建设实践驱动型的教学体系。这三件事，我称之为"三大战略""三大战役"。其实归根到底就是一件事，定好大的教学模式框架和教学实施的策略。

但这"三大战役"要打胜仗，绝非易事。当时，我们学校面临的现状是，师资队伍薄弱，6 名教授、4 名博士，包括兼职教师在内500 多人，要面对几千名学生；专业设置还是专科的基础，还没有学科交叉与高新技术结合的意识；更尴尬的是，对于本科教育和专科教育的区别还没有清晰的认识。那时候，我们已经招了第一届 700多名本科学生。有一句话，我在很多场合都对我们教职员工讲。我说，大家一定要提高警惕啊！警惕以本科之名行专科之实。这 700多个学生的质量，直接体现着上海应用技术学院起步时的本科教学质量。

根据这个现状，我们开展了一场历时一个多月的教育思想大讨论。各个系科摆现实、谈疑惑、出点子。大讨论最终取得了比较好的成果。大家形成了几点共识：首先，学科建设是本科教育与发展的生命线；其次，只有与其他专升本学校错位发展，面向社会经济需求，树立大工程教育观，培养特色人才，学校才能立于不败之

2001年，学校与上海轻工控股（集团）公司举行产学研合作签约仪式

2001年，学校与澳大利亚昆士兰理工大学签订合作意向书

地；最后，这条培养特色应用型本科人才的道路没有现成经验可循，要靠自己去摸索。

达成共识后，我们就开始了大规模的学科专业调研。为了真正达到调研的目的，不走过场，我们提出了十分苛刻的要求。首先，调研队伍不仅要有校内教师，还必须有企业人员、行业人员参加；其次，调研对象必须包括企业、行业、研究所、政府部门，每个调研报告都要有对方盖章确认；最后，调研之后要制订人才培养计划，计划的研讨、修改、认定，也必须有校外专家和企业界人士共同参与。这个过程，我们的专家和教师们付出了巨大的努力，我是非常感谢他们的。

最终，我们形成了独特的培养模式。简单地讲，就是实施大类招生，引进大工程教育思想，形成"双平台加柔性模块"的培养模式。大类招生，是为了学科专业的交叉和渗透；大工程观念，就是学校整个培养过程、学生的知识结构与具备的能力，必须和企业相结合；双平台，即设置公共基础课平台和专业基础课平台，体现综合素质培养；柔性模块，是指建立一种动态的、柔性的专业课程设置机制。举个例子，有些企业对于毕业生的知识结构有特殊需求，我们就专门给他开这个模块的课程。这几门课程囊括了企业需要的知识点、能力点等，相当于在学生毕业前完成了企业培训。这种形式受到用人单位的极大好评。除了前头这些模块化的要求之外，我们还系统性地设计了实践环节。在实践数量上，我们要求四年实践环节的总课时要占到35%以上，课内实验必须占到理论教学课时的30%以上。在实践质量上，我们也有要求。例如，毕业设计真题率必须不断提高。什么是真题率？就是要到企业去了解需要解决的问题，把问题拿回学校，由学生老师一起设计解决。又如，我们要求各个专业都要成立产学研合作伙伴联盟。在这个合作联盟里，学生能够以准员工的身份参与高层次技术工作。这就是我们当时制订人才培养计划的思路。

培养模式形成了，人才培养计划也陆续制订好了，怎么保证它落到实处呢？学校出台了加强教学基本建设和强化质量监控体系的两大工程，即"12512"工程和学分制系统管理工程。

首先，实施"12512"工程。"12512"工程在学校还挺出名的，实际上就是人才培养计划的保障体系，涉及学科专业建设、课程建设、实验室建设、教材建设、实习基地建设等。这个保障体系有几个特点：

第一个特点是它的投入非常有保障。当时，我们学校从2001年到2005年，每年投入1000万作为教学建设的专项费用，1500万作为实验室和校内实习基地的建设基金。这在当时是两个天文数字啊。刚刚并校的时候，资金其实很紧张，所以看到这样的资金投入，老师们都觉得学校是下真功夫了，动真格的了。

第二个特点就是目标非常明确。这个"12512"，就是要评出10名在理论或实践教学中成绩突出的"教学精英"，这是"1"；"2"就是要建设20个高质量的实验室；"5"是要建成50门有特色的课程；再一个"1"是要开出100门选修课；最后一个"2"是要开授200门有利于培养创新精神和实践能力的实验课，所以就叫"12512"工程。

第三个特点就是教师积极性非常高。"12512"工程的第一次申报，就收到申报书370份。不少项目还是两三个教师联合申报的，这就是教师共谋质量的团队意识的体现。当时，我在教务处看到这一情景，脱口而出："真是一片欣欣向荣啊。"当然，申报积极是好事，但成果质量也必须保证。

第四个特点就是把握质量不走过场。我们出台了项目立项条例、过程评价条例、最终评估条例等9个条例。条例出台之后，要求各个系科自行成立评价小组，学校抽查，责任到人。这样一个质量监控体系、质量保障体系，始终陪伴着"12512"工程的开展。

第五点也是我要强调的是"12512"工程的战略意义在于，该工程涉及面广、教师参与机会多，自主性、延展性强，它除了调动教

师的积极性之外，还提供了一个教师可以与学校同步操练、同步前行、同步提升的机会。我觉得，这个战略意义应该说是具有历史意义的。所以，我对这个工程还有点小自豪的，我想有些教师回想起这一段时间的努力也会有自豪感和成就感。

其次，引进学分制教学管理工程。这里我还想提提学分制的引进。2003年，学校开始扩大招生。那年我们招了将近2000名学生，开始实施学分制。学分制引进，真的是牵一发而动全身的一个工程。它不仅仅是一个教学管理的改革——原来"以教定学"，现在"以学定教"——更是一个双向调动积极性的过程。在学生层面，过去是学校设计好课程，学生去学，被动地学。现在学生要自己设计课程体系，势必要考虑我要学哪一门课？为什么要学这门课？这门课对我毕业求职有什么帮助？这门课可以提升我哪方面的知识结构……如此一来，学生就要对自己的四年学习生涯负责任。这对学生是一个很好的推动。当然，在学分制的实施过程中，还必须引入信息化管理。使用信息化管理，带来的一大优势是，信息采集多、结果反馈快、评价公平性也更高。这样一来，对我们教师的教学促进就起到了效果。通过选课和评价，学生欢迎的、教学水平高的优秀教师脱颖而出；而评价低且确实不负责任又劝导无效的教师也被发现，被淘汰。这样，师生双向的积极性都调动了起来。

2000年到2004年，经过4年的实践，学校的教学运行形成了一个具有自我调节功能的闭环教学体系。这个体系由四大模块构成。最上面的是经由顶层设计的人才培养规格和目标；在此指导下，形成了三大战略，即刚刚提到的专业结构、人才培养计划和实践型教学。落实三大战略，就必须有五大保障系统去支撑它，包括师资队伍建设系统、专家主导型教学建设系统、教学制度管理系统、教学组织系统和教学研究系统。其中，有一个质量监控体系贯穿在整个保障体系发展全过程中的。最后形成毕业生质量和社会需求之间的比较，再反馈到前面几个模块中。我是学自动化的，就把自动控制

2004年6月，学校获学士学位单位授予权，举行首届本科生毕业典礼

2020年1月，学校举行新春团拜会，原校领导们向学校发展送上祝福

闭环系统应用到教学管理中去了。

2000年到2004年，经过4年实践，学校的教学工作从质量到数量，全面实现了专升本。我们的专业数由刚并校的4个本科专业发展成26个本科专业，学生由原来的700多名发展为8600多名。学校不仅实现了规模上的发展，经教委多次教学质量评估也达到了质量发展上的全部标志性指标。2004年6月，经过市教委的全面质量评价，我们提前一年获得了学士学位的授予权。

我们是2004年提前一年拿到学士学位授予权的，我是2005年上半年退休的。我说几句特别真心的话：非常感谢上海应用技术大学全体教师、各级管理人员和全体教职工们的并肩战斗，非常感谢团队里的老师同学们的支持帮助和陪伴。没有大家的支持、鼓励、帮助、陪伴，特别是不同意见的研讨与吸纳，这一切的成绩都是空的。所以我说退休后最大的感受就是特别欣慰、特别感恩、特别谢谢各位在学校超越式发展中同甘共苦的同事们！

采访组：在建校70周年之际，能否请您对学校说一些祝福和建议？

任淑淳：首先我要衷心祝福上海应用技术大学在加快推进高水平创新型大学建设中更上一层楼。

两点建议：一是不忘初心。当前我们学校各方面都在飞跃式地发展，但我们不能忘了第一任校长徐福缘。并校之初，他就强调学科建设是本科学校生存与发展的生命线，提出广义学科专业建设理论。他努力和上海水产大学联合成功申报硕士点。这一举动对整个学校的思想观念也是一种突破。有了这个硕士点后，他很快带领我们去教育部咨询怎样把上海应用技术学院提升为大学。他提出，经过十几年的努力，我们要建成第一所具有国际影响力的应用技术型大学。尽管后来他调离了、病逝了，我觉得，在回顾历史的时候，

要记住这位有才智、讲奉献老校长的办学思路。

二是继续坚持特色发展、超越式发展。建议学校在提升学科专业发展的宽度和厚度上进一步下功夫。代表学校的重点学科、优势专业面要再广一点。多出几个像"推动波顿香料公司上市"类型的合作案例，多诞生几个"产学研合作提升应用型高校教学质量"的优秀案例，增加学科建设的厚度，在确保本科教学质量不断提升的同时，还要争取更多个博士点，真正展现学校的实力和水平，实现超越式发展。

江智湧

在化工行业的基层工厂里，都有我们的学生，大部分都是业务骨干，我们化专为化工系统培养了不少人才，对上海乃至全国的化学工业发展贡献了重要力量。三所专科学校的发展历程相近、生源类型基本一致，专业上还互补，在合并后一起推动了新学校的发展。

口 述 者：江智湧

1992年4月至2000年9月任上海化工高等专科学校党委书记

采 访 组：张 叶 姚 霏

采访时间：2023年8月10日

采访地点：上海应用技术大学徐汇校区办公楼

采访组：上海化专是在什么历史背景下创建的？请您对化专的历史进行一个简单梳理。

江智湧：化专的前身，可以追溯到上海总工会华东工会干部学校。新中国成立初，百废待兴，因亟须培训工会干部而设立了华东工会干部学校。1955年，学校建立后开始招生，招收的主要是基层工会干部。但学校办学时间不长，两三年就停办了。停办的原因是工会要精简机构，将这个学校精简掉了。停止办学后，这个校区就上交给上海市委、市政府。

1956年至1958年，上海工业发展的步伐加快，特别是化工领域。此前，上海并没有多少化工企业，只有像天原化工厂、高桥炼油厂、大中华橡胶厂等几个比较知名的工厂。但随着这一时期上海工业发展速度的加快，上海开始大力发展化工企业，比如，吴泾新建了吴泾焦化厂、吴泾化工厂、上海电化厂，后来又增加了氯碱化工厂等，还有吴淞等市郊区也都新建了吴淞化工厂等。但这样一来，就带来了一个直接的问题——化工人才的缺乏。这一时期，上海有一所化工学院，但它是本科大学，培养的主要是科研人员，而工厂更需要的是生产第一线的技术操作员。因此，1958年，化工局按照市政府的决定将漕宝路120号的原华东工会干部学校改建为上海市化工工业学校，初为中专，1958年招收第一届学生，学制四年，后改为三年。

漕宝路120号校址是1950年左右建造的，由北京的专家参与设计，但具体的设计者是谁，已无法考证了。这所学校的设计是十分到位的，有红砖黑瓦以及飘逸的飞檐大屋顶，更特别的是建筑物都是对称的。学校以旗杆为中心，分立左右两旁，右边是办公大楼，左边是大礼堂、图书馆，左右都是对称的。草坪上有两棵松树也是对称的，甚至连传达室的设计也是对称的。这种设计在其他学校很少能见到，可以说相当别致了。所以当时有很多电影都来这里拍

1959 年 9 月

上海化学半工半读专科学校

1960 年 7 月

上海化学工业专科学校

1963 年 9 月

上海化学工业半工半读专科学校

1971 年 5 月

上海市化学工业专科学校

1974 年 5 月

上海市化工七·二一工人大学

1978 年 8 月

上海化学工业专科学校

1992 年 4 月

上海化工高等专科学校

1962 年　上海化学医药工业学校

1959 年　天山塑料学校

上海农业化工学校　1964 年 7 月

1971 年 5 月　上海市化学工业学校

上海轻工业高等专科学校

上海冶金高等专科学校

上海化工高等专科学校

2000 年 4 月

上海应用技术学院

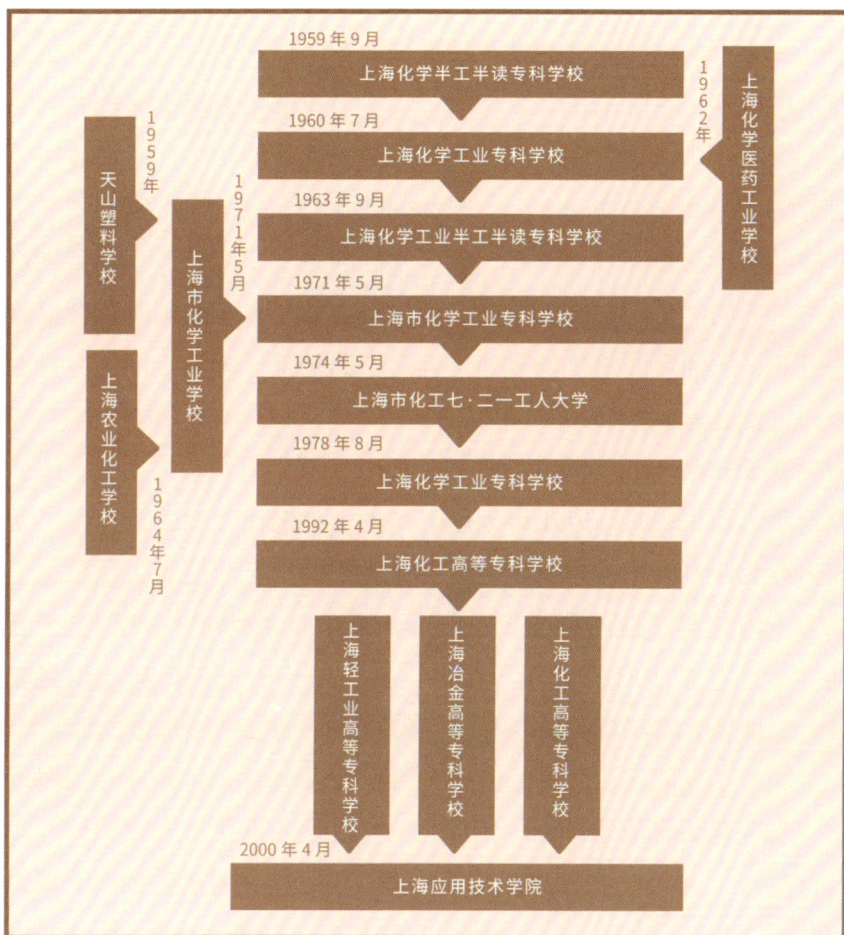

上海化专校史沿革

037

摄，比如《女篮5号》《烛光下的妈妈》等电影都曾来过这里取景，因此，当时这所学校的影响很大。

上海市化学工业学校成立后，作为一所四年制中专，招收的都是初中毕业生。1958年，正式招收第一批学生后，化工局仍感到人才不够，还需要更高层次的人才，因此，决定在1959年开始办大专。大专班的形式比较特殊，校部设在化工局本部，教师、学生就在工厂里进行半工半读，学校名称为上海化学工业半工半读专科学校，学制三年。1959年，这一届的学生设在天原化工厂、合成橡胶研究所、上海第三制药厂、上海化工厂、上海炼油厂等5个工厂，分散办学。学校开设的课程，除了基础的语文、数学等，都是针对特定工厂的需要，如合成橡胶厂开设合成橡胶专业，制药厂开设制药专业，炼油厂开设炼油专业，针对不同的工厂开设不同的专业课程，主要是为工厂服务。

到了1960年，学校开始把在外的学生都集中到学校办学，地址就在漕宝路120号。1961年，化工局正式确定在我们学校招生，学校由此变成既有中专也有大专，一个党委两个行政班子，学校也更名为上海化学工业专科学校。刚开始招生时，只有2个班，2个专业，分别是基本有机合成和化工机械。校长由化工局局长梅洛兼任，卢世鲁为副校长。

随着学校的逐步发展，到1964年，化工局意识到农业也需要发展，农业化工也需要革新，因此，为了支援农业生产，化工局在我校又投资了90万，在这里新建了一栋教学大楼，实则是创办上海农业化工学校。也因为这样，我们学校才有了两栋教学大楼，同时，也新建了实验室，规模也慢慢扩大。

这一时期，我们学校就同时拥有三个牌子，分别是化工中专、上海化学工业专科学校和上海农业化工学校。这就是我们学校被称为"化工三校"的由来。这一时期，也是我们学校最兴旺的时期，班级多、专业多、学科多、学生也多。但不久"文革"开始，学校

的各项工作全面停止。正处在高速发展轨道上的学校，一下子掉了下来。

到20世纪70年代，学校建设逐渐恢复，"化工三校"成立了新的党委，由谷正容任书记。这一时期，随着学校的教师逐步恢复工作，学校开始慢慢步入正轨，但是苦于没有生源。为了解决这个问题，学校主动联系工厂，开办短训班。教师主动到工厂去辅导工人，这种情况持续了一两年的时间。

到1973年，因技术工人缺乏，化工部要求我们大力培养技工人才，因此，在我们学校开办了化工技校。技校学制两年，生源来自全国各地，不仅有北京、西安，还有东北地区来的学生，也有上海本地工厂的优秀职工。化工技校一共办了两届，1973年办了一届，1975年办了一届。技校的毕业生是定向培养的，毕业后分配到金山去。因为这一时期，正是金山开始重新发展化工基地的时候。技校第一届培养的900多名学生和第二届的500多名学生基本去了金山工作，这些学生为金山化工工业的发展发挥了重要作用。

1974年开始，上海各专科学校学习上海机床厂从工人中培养技术人员的道路，化专一度改名为上海市化学"七二一"工人大学，开始招收工农兵学员，学制三年。1976年"文革"结束后，花了两年多的时间整顿教育秩序，恢复一些规章制度，学校工作逐步走向规范。

到1977年，高校开始恢复招生。1977年第一届开始招生时，因为学校起点比较低，只招了一个无机分析专业，两个班，学生不足百人，试着重新恢复办学。1978年，经国务院批准，恢复上海化学工业专科学校名称并开始招生，这时招生规模开始扩大。当时共有4个系，分别是化学工程、精细化工、化工机械、自动化仪表；有10个专业，分别是有机化工、无机化工、橡胶工艺、化工企业管理、精细化工、化工分析、环境治理、化工机械、化工仪表及自动化、计算机应用，不久后又增加了税务和电子商务两个专业。

1959年，上海市化学工业学校先进工作者合影

1962年，上海化学工业专科学校首届毕业生合影

1992 年，学校根据化工部的要求，更名为上海化工高等专科学校，只招大专，取消了以往的中专和农业化工学校的招生。自此之后，学校进入相对稳定的发展阶段。

世纪之交，我国高教系统进一步扩大发展。一方面，上海开始在郊区发展大学城，许多学校在郊区扩建校区，扩大规模，比如，上海交通大学、华东师范大学、华东理工大学等。另一方面，很多专科学校能并则并，能合则合。在当时的大环境下，不少学校和我们学校联系，希望能和我们并校办学。比如，当时旅游专科学校、上海对外贸易学院、上海工程技术大学都考虑过和我们学校合并，特别是工程技术大学，我们同属经委领导，因此，有上面领导的推动。但在经过校党委的慎重考虑后，最终没有同意。原因是考虑到合并以后，化专的专业特色就会消失。恰巧在这时，在市教委的推动下，上海冶金高等专科学校和上海轻工业高等专科学校要实施合并，并进入酝酿期，国家教委的领导来指导工作，同时，也来我们学校进行考察，我负责接待工作。当时，这位副主任和我说，冶专和轻专合并是好事，你们也应该参与进来，这样，学校的规模就更大了。回去后，我们班子一致认为，三所学校同为工业类专科学校，性质一致，合并起来成为本科院校，前景势必看好。2000 年 4 月，三校明确合并成上海应用技术学院。时任上海市长的徐匡迪同志还专门题写了上海应用技术学院的校名，我们就把它做成校名牌挂上了。以上就是化专一路发展的基本历程。

采访组： 从 1989 年到 2000 年三校合并，您在化专担任书记十年，能不能请您进一步介绍一下学校在教学和人才培养方面的情况？有没有令您深刻印象的人和事？

江智湧： 1989 年底，我开始担任上海化工高等专科学校的书记，一直到 2000 年三校合并之后退休，前后大约 10 年的时间我基本

1989年，上海化工专科学校建校三十周年庆典举行

1989年4月，德国教育代表团参观上海化专实验室

在学校。在校期间，我主要负责政工工作。我上任之初，搭班的校长董明柏，是化专的老校长，没过多久就退休了，之后接替工作的是徐子成校长。徐校长不久又调任上海工程技术大学，在化专的工作也没有放下，但重点在工程大。总的来说，这段时间学校的发展比较平稳。学校的教师无论科研还是教学，总体积极性都比较高，个别教师的教学成绩十分突出，在专业方面发挥了较大的作用。当时，教师除课堂教学外就是带领学生外出实习，上工厂实习的机会很多，这类实习不同于半工半读，实习时往往在一个厂待上一个月时间，比如，这个月在电化厂，下个月去焦化厂，或者到吴泾化工厂。

另一个印象比较深刻的事情是当时学校的经济相对困难。我们学校不同于一般高校，我们仍是由化工局领导。学校的经济来源主要是招生的学费和化工局的补贴。但这些远远不够，特别是当时的补贴额度很低，所以当时整个学校的奖金也很低。即便如此，全体教职工都是自己克服困难，总体形势比较稳定。到1992年上海化工高等专科学校正式挂牌以后，学校的发展方向确定下来，就是走高等专科道路，大家的信心也起来了。为了稳定军心，当时我的工作主要是抓好两支队伍建设，一个是离休老干部队伍，一个是民主党派队伍，经常参加他们的活动。通过各方面的联系沟通，党群关系总体和谐，对学校的教学推动也有很大的帮助。

在特色专业方面，化专比较突出的有自动化仪表、化工机械、精细化工专业。特别是精细化工，实际上就是化工专业的一种延伸，更加精细，更加专精。我们最初没有这一专业，是通过几代教师不断精专科研、努力拼搏后发展出来的一门专业学科，投入了大量的时间和精力。精细化工对医药、农业等领域影响巨大，是很有潜力和前瞻性的专业，从全国来说，我们的精细化工也是比较强的。其实，今天我们上海应用技术大学很有影响力的香精香料专业，也属于精细化工的范畴。

1990年，上海化专举行田径运动会

1992年8月，上海化工高等专科学校正式挂牌

在人才培养方面，学校培养了不少人才。比较突出的有曾任上海化工局局长的符卫国。他是上海化学工业专科 63 届的学生，1960年起在天原化工厂半工半读。因为表现好逐步升为天原化工厂厂长。后来，他调任化工局科研处担任处长一职。没过多久，又升任局长，现在也已经退休了。另一位是符卫国同一届的郑石至，也是天原化工厂半工半读的学生，是我们的优秀毕业生。他毕业后成长为技术专家。当时，我们学校的董校长是天原化工厂的总工程师。他离任之后，就由郑石至接替他担任总工程师。这两位是我们较为出色的毕业生。

还有一位叫盛秋平，是我们学校 1986 级化学分析专业校友。毕业后在浙江工作，现在是商务部副部长。最近还回过母校，我们学校的领导都参与了接待。另外两位，一位是瞿懋昌，合成橡胶专业。化专毕业后，留校任教。因为工作能力突出，组织决定调任他到桃浦的化工部工业专科学校出任校长。他去了以后，把学校整顿得很好，连续几年评为示范性中专，成绩显著。最后一位是后来成为我们学校副校长的周荣才。他是 1961 年第一届在校培养的学生。毕业以后留校任教，工作很认真，到 1985 年以后提拔为副校长。现在也已退休。

总的来说，在化工行业的基层工厂里，都有我们的学生。大部分都是业务骨干，例如，车间主任、工段长，也有不少厂长。应该说，我们化专为我们化工系统培养了不少人才，仅以上海金山化工区来说，我们就为它培养了 1000 多名骨干技工，对上海乃至全国的化学工业发展贡献了重要力量。

采访组：上海应用技术大学从高等专科学校起步，逐渐发展，几乎每五六年就上一个台阶。学校的发展是站在老三校的基础上，离不开三所学校的努力。那么，三所学校在哪些方面助力了新学校的发展？

2020年10月，学校举行敬老节座谈会暨校情通报会，江智湧等老同志表达对学校的深厚情谊，为学校发展建言献策

2023年10月，学校举行2023年敬老节座谈会暨校情通报会

江智湧：我认为是三所学校的共性特征助力了新学校的发展。三所学校的发展历程相近、生源类型基本一致，专业上还互补，因此，在合并后一起推动了新学校的发展。

首先，三所学校都在各自的专业领域积累了一批资深的专业教师队伍。无论是冶专、轻专，还是我们化专，都在自己的专业领域有着资深的办学经验，积累了一大批熟悉一线业务、富有教学经验的教职员工。这些资深的教职员工，不仅对于培养上应的学生有很大的帮助，还能与之后新进的教师形成良好的"传帮带"效应。

其次，三所学校都与一线工厂形成了良好紧密的关系。三所学校虽然隶属于不同系统，但都有着类似的发展历程。比如，我相信三所学校都有过在工厂实施"半工半读"的经历，与工厂形成了紧密联系。这种紧密联系使得很多工作能互补长短、相互帮助。学生到相关工厂实习时，工厂总是安排最好的技术人员带教指导，无形中提升了学校的办学质量。另一方面，有些工厂缺乏实验室，而我们实验室空闲的时候，就让他们来做实验。这是三所学校都有过的经历。人才的互助和资源的共享，这都是老三校时期积累下来的优势。

最后，三校合并后，专业涵盖了上海工业的主要部分，覆盖面广。当时上海共有8个工业局，实际上影响最大的有4个工业，分别是冶金、化工、轻工和纺织。纺专也是个老校，但它没有并过来，我想如果当时是四个学校合并，我们的专业覆盖面会更大吧。现在虽然缺少了纺专，但是我们三个学校的专业覆盖面也已经很大。可以说，我们学校培养的人才，直接推动了上海的工业发展，乃至经济发展。正因为如此，我们可以看到，并校20多年，通过几任校领导和全体师生的不懈努力，我们上海应用技术大学取得了很大成绩。即使在高校毕业生就业出现困难的情况下，我们的就业率也很好。这正是因为我们培养的人才与上海经济发展密切相关。

回顾上海应用技术大学合校之后的20多年，从高等专科学校，一步一步发展成为本科学校，有了硕士点，更名为大学，现在还拥

有了博士点，可以说每五六年就上一个台阶，这是相当不容易的！这些成就离不开我们几任校领导的共同努力，也是全校师生努力拼搏的结果。我们的郭书记还在许多场合谦虚地说，没有老三校的基础，不会有今天的上海应用技术大学。我想，这也代表了我们学校几任领导人的共识。

在学校70周年之际，我想表达的是：一个学校的发展，最重要的是有超前的意识和准确的定位。不同的学校有不同的任务。我们国家需要科研型的大学，同时也需要应用型的大学。上海应用技术大学要坚持"应用技术"的办学初衷走出一条适合自己的道路。我期待，学校在70周年的基础上更上一层楼，到80周年校庆时，能高举起全国标杆的应用创新型大学的旗帜，带动整个国家经济的发展。相信通过全校师生努力拼搏，这个愿望一定能够实现！

祁学银

　　坚持和加强党对学校的全面领导，始终把党的建设放在学校突出位置来抓，是学校发展的关键。改革是动力，以改革来破解发展中的各类难题；发展是硬道理，用发展来凝聚人心，用发展来鼓舞士气。走在我们校园里，每一处风景都有一个故事，每一处风景都能见证学校的发展。更重要的是，校园处处融入办学理念和人才培养思想，对师生产生潜移默化的文化浸润。

口 述 者： 祁学银
　　　　　　2000 年 9 月至 2013 年 6 月任上海应用技术学院党委书记
采 访 组： 杨　明　吕　客　姚　霏
采访时间： 2023 年 10 月 31 日
采访地点： 上海应用技术大学徐汇校区办公楼

采访组：2000年4月，原上海冶金高等专科学校、上海化工高等专科学校、上海轻工业高等专科学校三所学校合并组建成为上海应用技术学院，这是学校发展史上的一个里程碑。三校合并绝非简单的事情，在并校之初，您是如何带领全校上下克服众多困难的？

祁学银：上海应用技术大学是中国高等教育改革大潮下涌现的一所本科院校，经过多年的发展，办学实力不断增强，社会影响力和美誉度不断提高，真正成了中国高教改革的一面旗帜，成了教育改革高质量发展的典型。这其中，学校快速发展的秘诀和根本动因，我认为主要可以概括为以下五个主要方面：坚持和加强党对学校的全面领导，把党的建设始终摆在突出位置来抓；坚持把加强领导班子建设和干部队伍建设作为重中之重；坚持办学定位不动摇，千方百计有效汇聚学校发展的资源；坚持围绕学校不同阶段的发展目标，不断寻找发展的支点；坚持持之以恒地加强文化建设，加强思想政治教育和群众工作，涵养师生精气神。

关于我来到这所学校工作可以简单讲几句。我的专业是铁道工程，在铁路系统的工科、医科、师范三类学校都做过主要领导。来到上海应用技术学院之前，我在苏州铁道师范学院担任党委书记。2000年，上海市委任命我为上海应用技术学院党委书记，同时尚未卸任苏州铁道师范学院的党委书记。今天想想，当时工作的重心主要在上海，对苏州铁道师范学院是有些愧疚的。

当时的上海应用技术学院正面临冶专、化专、轻专三所学校合并立校这个重要的历史阶段。并校这件事，对三个学校的广大干部、教师而言，是一件大事。大家都对"从专科院校转变为本科院校"充满期待。作为新组建院校的党委书记，怎么来引导好大家的积极性，把所有力量凝聚到办好新的上海应用技术学院上去，是我面临的第一大难题。这里，我要特别感谢市委给我们配备的强有力的第一届校领导班子，其中，有来自复旦和上理工的同志、有来自

教委的同志，还有三校的老领导，这就为我们的开局工作提供了强有力的组织保障。

当然，这样一所由三所专科合并而成的新院校，在建校之初，对于要建设什么样的学校、培养什么样的人才、办学定位是什么，难免会出现一些分歧。党委集合众家之长，一起讨论对策，最后一致认为，我们要办好学校，就要从改革开始。

我们的开局，就是以改革为动力，以改革来破解发展中的各类难题。首先是人事上的难题。当时，学校的编制比例是倒置的，1700多个编制中在编教师只有570多人。教学管理岗位冗杂，一个教务处，就有73人。这样的情况，怎么能办好学校？于是，我们高举改革的旗帜，第一次"动刀"就缩减了全校387个岗位。在人事改革问题上，我觉得我们是大胆的，但同样也是有温度的。对于"下岗"人员的安置我们做得比较细致，因为他们是为学校的发展做出贡献的。校党委提出"明理、顺气、鼓劲"的思想政治工作理念，各级党组织在其中发挥了重要作用，做了大量的思想政治工作，确保并校和改革的平稳有序。其次是干部聘任上的难题。当时干部安置上也比较难，比如，三个学校都有宣传部部长。我们采取的策略就是合并之后原职取消，只留一个负责人，过渡半年之后重新聘任干部。在聘任的时候，提出"承认山头、不畏山头、铲平山头"的理念，既考虑三校原有的干部构成，维持原有平衡又努力创造新的平衡，着力破除原有框架的桎梏。第三是工资待遇上的难题。合校之前，三个学校工资水平差距比较大，工资水平较高的学校平均年收入达到3万多元，而工资水平较低的学校只有1.8万元。我们用了半年时间，按照"就高不就低"的原则，很快地把工资调平，解决了民生问题，也极大地调动了教职员工的积极性。第四是专业学科整合上的难题。当时，三所学校有些同类的专业学科，我们通过改革实现了同类学科专业优化整合。当然，还有一个难题就是办学空间问题。并校之前，轻专的校区在邯郸路，合校之后市里

2000年9月，祁学银在上海应用技术学院成立暨揭牌仪式上致辞

2002年3月，中国共产党上海应用技术学院第一次代表大会召开

要将邯郸路校区另作他用。我当时很着急，3000多名师生怎么安置？为了避免被迫停招一年的后果，我以党性保证完成搬迁任务。在强有力的思想政治工作下，在各级党组织的强有力领导下，最终这3000多名师生顺利搬迁，被安置在教委协调的上海第二工业大学的一处办学点和相距一公里的立信会计学院的一栋楼里上课，就这样过渡了三四年。其间，师生们克服了种种困难、没有怨言。因此可以说，我们上海应用技术大学能有今天的成就，是我们全体师生共同创造出来的。

三校合并后，大家都很想把学校办好，把一个原来的专科学校办成大家满意的、真正的本科学校。尽管我们班子成员大多有领导高校的经验，但针对这所三校合并的新学校的未来发展，大家的意见会有差异。有些同志认为应该搞科研，但当时合并的时候科研经费不到三百万元，怎么搞？有些同志说还是要以教学为重，但当时三个学校都没有办过本科，本科教学应该怎么搞？课堂教学应该具备哪些要素？作业批改有什么标准？大家都不是很清楚。学校迫切需要找到一个破局的契机。当时我提出，我们不要听"地方话"，我们要听"北京话"。既然三个学校都没办过本科，那我们就按照教育部对本科教学的要求来进行改革。于是，2007年学校就接受了教育部的本科教学工作水平评估，邀请专家来对学校的教育教学水平开展考核。当时，我们对照教育部的评估指标，进行了一系列的教学、科研、人才培养等方面的改革。这个过程虽然格外辛苦，但专家进校会诊后提出的意见，对学校的教学规范、教学质量和人才培养质量的提升有着巨大帮助。可以说，这次本科教学工作水平评估既是建校初期致力于改革的集中体现，也为日后学校的发展提供了重要支撑。现在回看我们学校快速发展的历史，应该就是从2007年开始的。

采访组：在您担任学校党委书记的13年时间里，学校完成本科教学工作水平评估、获批硕士授予权单位、奉贤校区正式落成等等

标志性发展工程，教育事业取得了跨越式发展。能给我们介绍一下几个发展的关键节点吗？有没有让您印象深刻的故事？

祁学银：改革不是目的，发展才是硬道理。发展才能让大家看到希望，才能更有信心。所以，我们始终在工作中紧紧扭住发展不放松，用发展来凝聚人心，用发展来鼓舞士气。这个过程中，主要经历了四个发展阶段，代表性的事件包括：2004年获得学士学位授予权、2007年接受本科教学工作水平评估、2008年获得硕士学位授予权、2010年奉贤新校区建成、2012年尝试申请博士点和更名。其中，我着重讲两个关键。

在获得本科学士学位授予权之后，学校便考虑更上一层楼，力争获得硕士学位授予权。当时我们绞尽脑汁，最后把目光瞄准了上海香料研究所。这个研究所原本隶属轻工业部，1984年就获得了硕士学位授予权。后来经历科研体制改革，研究所并到了上海家化。上海家化是一家公司，在人才培养上受到教育部的黄牌警告，一度出现招生困难。当时我们就想，能不能把这个研究所并入我们学校？在和对方沟通之后，对方开出了合并条件。最终，在市委的大力支持下，我们把上海香料研究所变成了学校的下级单位。自此之后，我们学校就有了硕士点。2008年，经过教育部审核通过，学校正式成为硕士学位授予权单位。这个机遇为学校的快速发展打下了坚实的基础。如果没有香料所的加盟，我们不可能在刚刚开展本科教育8年后就获得硕士学位授予权，更不敢在2012年就尝试申请更名大学。正是因为有了这个成立于1984年的硕士点，我们才可以理直气壮地谈我们的研究生培养经历。这个机遇，我们抓得非常好。

另一个机遇就是我们抓住了办学硬件的提升特别是奉贤校区建设这一重要支点。大学发展，办学空间非常重要。21世纪初的中国，是高校教育改革发展的关键期，几乎所有学校都在想方设法扩大办学空间。三校合并之后，我们千方百计地扩大办学面积。最

　　2005年3月，奉贤区人民政府、上海市教育委员会合作签约，共同推进学校奉贤校区建设

2006年11月，学校与华谊集团签订战略合作框架协议

初，我们考虑在漕宝路校区附近寻找新校址，当时考察了并入交大的农学院校址，又看了并入同济的铁道学院校址，但都因为各种原因没能成功纳入我校办学空间。但是我们班子有恒心，一直为这个事情，积极呼吁，积极奔走，给领导说困难，说给别的学校是"奶粉"和"炼乳"，那我们也要点"米汤"喝吧，最终感动了领导。当时的副市长严隽琪同志和教委主任张伟江同志给我们解决了这个困难，将在奉贤区的卫校和旅专的部分土地合起来给了我们，后期经过置换到了海湾路海泉路。从那以后，我们有了1500亩新的办学空间，为学校的后续发展做好了充足的准备。经过几年的建设，2010年新校区落成使用。令我印象深刻的是开学那天的场景，上万名新生、新生家长、教职员工聚集在那片崭新的热土上。我们领导班子成员，如现已经过世的党委副书记王一鸣同志，还有时任校长办公室主任赵增绶同志等在那里亲自指挥交通，再热再累，即使忙到午饭都来不及吃也没有怨言。因为新校区的建成，是上应人期盼已久的梦想，不仅意味着上应大进入全新的发展阶段，而且将在这片热土上赢得莘莘学子和社会各界的更多赞誉和信任。这是每个上应人发自内心激动的时刻！

与此同时，我们积极沟通协调保留老校区。我们和当时的领导说，最简单的道理，如果徐汇校区不留下来，那么退休的教职员工就没有活动场所，学校的车辆也没有地方停。我们利用一切办法和机会说明徐汇校区对学校发展的重要性，最终上面支持我们，现国家副主席、时任上海市市长韩正同志曾亲自来校视察，最终保留了徐汇校区。如今，我们还有几个学院在徐汇校区办学，这对于学校的内涵发展和文化传承都有着重要意义。在我看来，市委、市政府、市教委领导的支持，也是我们学校发展的重要保障。学校建设和管理要积极主动与上级领导沟通，反映需求，接受领导的检验。我常说，如果领导同志不来我们学校看看，我们就心发慌。领导视察势必要汇报各类问题，但恰恰是这种交流帮助学校找到了更好的

发展方向。所以，我们校级领导始终是保持和各上级主管部门、分管领导的密切交流的。例如，我们积极和市教委沟通，给学校争取到了 1950 个编制。编制是非常重要的资源，学校要想搞好教育教学，就要引进和留住优秀的教师。

当然，除了上述这些发展契机和支点，学校也积极适应社会经济发展需要，先后建立了新的学院和专业。比如，成立轨道交通学院。整个华东地区，除了华东交通大学，没有一个铁路交通院校。没有人办，我们去办。同样，学校还适应新时代发展成立了生态技术与工程学院，适应教育改革试验区的实际成立了工程创新学院。

我们高度重视人才建设。学校刚成立的时候，全校只有 6 个教授、4 个博士，这怎么能办好学校？当时，我们就特别注重人才引进，每年以引进 100 个人才为目标，分派任务到各个学院，并以此作为考核学院的重要指标。所以那段时间，我们学校人才引进的力度特别大。正是因为大规模的人才引进，我们才有底气在 2012 年时尝试申请更名。虽然最终以 18 票之差没有通过，但是认真参与的全过程让我们清醒地意识到了差距，为后来的成功更名奠定了基础。

采访组：办学主体搬迁到奉贤新校区的上海应用技术大学开启了全新的发展阶段。在经历了改革和发展的重要命题之后，校园文化建设成为这一阶段的重大工程，校园里的文化景观非常有特色，您能和我们讲讲这背后的故事吗？

祁学银：令我们班子特别感动的是，上海应用技术大学的师生精神状态特别好。全校上下在党委领导下，特别注重发挥党的思想政治工作的优势，注意平衡各个利益群体，真正同教授等交朋友（直到现在，我还与许多教授保持着密切的联系）。教职工的向心力、凝聚力非常强，在奉贤校区搬迁中，虽然地理远了，但是心却没有远，因搬迁离开学校的教职工非常少。

2007年8月，中国共产党上海应用技术学院第二次代表大会召开

2010年10月，学校举行奉贤校区落成暨合校十周年庆典大会

　　精神状态好的一个方面，是要不断加强文化建设。好的校园文化能够涵养学校的精气神。一个学校要把师生凝聚在一起，就要形成具有自身核心价值观的校园文化。因此，如何利用新校区建设的契机，提升校园文化内涵，成了这一阶段的又一重要工作。我们学校学科专业未必能够做到一流，但是我们的文化建设、精神文明建设和党的建设是可以做出特色和一流水平的。

　　在校园文化建设方面，我们做了很多努力。我常说，校园不是一座生硬的水泥森林，它应该是校园、花园、精神家园的三位一体。做好校园建设，形成良好的文化氛围，我也有自己的思考。

　　习近平总书记高度重视弘扬中华优秀传统文化。当时我想，在校园建设里面，能不能把优秀传统文化很好地融合进去呢？受一位艺术家朋友的启发，当时我在学校里倡导了"先贤语迹"建设，古圣先贤至理名言加上已故书法家的书体，可以构成浓厚的传统文化氛围。经过努力，特别是受眭忠诠、祝尔纯两位先生的捐资，最后建成了"先贤语迹"文化长廊，我们的师生可以在阅读观赏时实现与古圣先贤"心灵对话"。

　　校园建设还要能够反映学校历史并提升文化育人内涵。走进我们的校门，就能看到一个鼎形的雕塑——知识之门。三门鼎立和簇拥的大树形象，寓意着我们三个学校紧紧团结在一起，在新的起点上全面推进立德树人事业；雕塑下面有郁郁葱葱的青草，上面是灵动活泼的飞鸟，象征着莘莘学子如小鸟般被孵化成才，学业有成，飞向四面八方；大红色的色调在我们整体淡黄色的校园里显得格外醒目、格外有生命力。新校区建成之初，为了诠释老三校的历史贡献，我们还做了一件很有仪式感的事：我们从三个学校校内各移植了一棵树到新校区。进行起树仪式时，几位三校老领导饱含深情、眼含热泪地致辞。这三棵树栽在一起，寓意我们学校的发展是立足于老三校的根基。树立在这里，它的根基就在这里，会伴随上海应用技术大学的发展一同茁壮成长。这就是一种文化传承，我觉得很

有意义。奉贤校区落成之后，我们还建了一块"纪念石"，当时大家对到底是使用文言文还是白话文有不同意见，最终认为还是要体现育人功能，使用文言文。现在，上面刻了一篇由当时人文学院院长刘红军同志写的280字文言文，介绍学校迁址的来龙去脉。今天，大家可以通过扫描二维码看到这段文言文的翻译。在校园里还有一处"时空隧道"。主体是一个老火车头，这个火车头的由来颇有些故事。我刚才提过，我是一个"老铁路人"，对火车有一种特殊的感情。新校区建成后，经我们校友——马钢总公司、马鞍山钢铁股份有限公司原常委书记顾章根协调，马鞍山钢铁公司捐给我们一个火车头。这个火车头是1965年制造的，用了8辆大车运到校园里。落成仪式当天，我们请上海铁路局帮忙在火车头底下铺设轨道。两个大大的塔吊把火车头吊起，落下的时候与轨道严丝合缝。当时一道霞光照射下来，现场气氛颇令人感动。我们在火车头旁配上"学校大事记"，为整个景观取名"时空隧道"，寓意所有在学校工作学习过的师生，都能在这里找到自己为学校发展而奋斗的痕迹。同时，学校合并时，教育部文件要求我们成为同类高校的领头羊，火车头也寓意我们要致力于成为同类高校的"领头羊"。当然，伴随学校每向前发展一步，时空隧道也将向前推移一步。还有我们图书馆大厅里的那块玉石，是从鞍山岫岩满族自治县弄回来的一块未经雕琢的璞玉。从购买到装运到安装，都花费了大量心血。为什么要弄这么一块大型璞玉回来呢？在我看来，每一个学生都是一块璞玉。"玉不琢，不成器。"我们要把学生培养成优秀的人才，就要靠知识去雕琢。图书馆是知识的海洋，把玉石放在图书馆大厅是最为合适的。事实证明，全校师生都十分喜爱这块玉石。每年毕业典礼或重大活动时，我们的师生、来宾都会坐在玉石前合影。走在我们校园里，每一处风景都有一个故事，每一处风景都见证了校园的发展。更重要的是，校园处处融入办学理念和人才培养思想，会对师生产生潜移默化的文化浸润。

2013年7月，眭忠诠、祝尔纯夫妇卖掉唯一住房，再次向学校捐款160万元

2012年5月，学校举行詹守成奖学金捐赠仪式，詹守成先生一家三代爱心接力助学，累计向学校捐款800余万元

新校区建设完成后，为了申报博士点和学校更名，我们曾经邀请校外专家来校参观考察，大家都对我们校园建设交口称赞。中国人民大学的党委书记说："学校建设得真好，房子不高也不低，距离不远也不近。"太原理工大学的党委书记说："走了那么多学校，还是这个地方最好。"他还邀请我担任他们新校区建设的顾问。从并校之前相对陈旧的校园到现在被大家夸赞的新校区，充分体现了我们全校师生在校园建设上做出的努力。

在这样的校园之中，宝贵的上应大精神也在传承发展，学校发展的历史，也是学校大学精神继承和丰富的历史。在我们学校的发展过程中，有不少典型人物，总能引领学校的价值和理念。比如，眭忠诠、祝尔纯两位老人就为大家树立起了上应大精神的典范。怀着对党的教育事业的无限忠诚和对青年一代健康成长的关心，眭忠诠、祝尔纯夫妇于2001年向学校捐款10万元（后来又再次捐款），设立了"忠诠-尔纯"思想政治教育奖，在上海乃至全国高校开了首例。他们生活并不富裕，后来又卖掉唯一的房子，继续向学校捐款。两位老人累计向学校捐赠220万元，用于"忠诠-尔纯"思想政治教育奖、诚信生活助学贷用款和校园"先贤语迹"文化景观建设等。两位老人始终以饱满的热情和强大的精神力量关心教育事业。又如，曾任轻专副校长的詹守成老人，退休后在国外定居，他听说学校开始在全国范围内招生后，特地捐出100万元作为帮助贫困孩子学习的资金。老先生去世后，他的子女继承祖父、父亲对学校师生、对中国教育事业的拳拳真心，进一步向学校捐款。这些捐款不仅仅是物质层面的宝贵财富，也成为一种激励上应人的精神财富。

采访组：学校用20多年的时间，从专科到本科到更名为大学、从获批硕士授予权到博士授予权。您认为这种跨越式的发展，最根本的动力是什么？

祁学银：学校之所以能够用比较短的时间实现跨越式的发展，我认为是党的强有力的领导提供了根本保证。

建校以来，学校党委始终坚持社会主义办学方向，坚定自身办学定位和特色理念，每个阶段都能提出正确的发展目标。我们根据学校不同的发展阶段，针对性地选拔任用干部。曾任教卫党委书记的李宣海同志说我校教职工和干部眼里有光、有大局意识，出了很多好干部。我在任期间，精心挑选二级学院院长，就是要聘用最好的人才引领科研和教学发展。党委重视干部的实际才能，我们曾把一名后勤干部（田钦同志）选为党办主任，这种情况整个上海高校可能都没出现过。后来他担任上海电子信息职业技术学院党委书记，工作非常出色。同时，我们高度重视干部队伍建设，举办多期青年干部政治理论培训班，注重从党性要求出发培养人才。新校区建设过程中，我们把基层干部放到最艰苦、最有风险的地方去磨炼。实践证明，我们的干部是经得起检验的。我们充分重视和发挥工会民主管理合力，学校党委行政不能解决的问题，交给工会投票解决，教职工参与解决大事、难事。学校聘任的第一任工会主席还成为了《中国工会》杂志的封面人物，校园位置最佳的2000平方米建筑空间也是教职工之家。同时，校党委还高度重视发挥教授治学作用。建校之初，我们面临科研资源短缺的巨大压力，材料学院的岑永权教授出面叫响了"为教授的荣誉而战"的响亮口号，引发了全体教授潜心推进科研教学的共鸣。

最后，从我的角度，要说三个感谢。

第一，我要感谢三校和一所。三校具有40多年办学历史，积淀了"依托行业、服务企业"的特色人才培养模式，为上海应用技术大学的未来发展打下了深厚的基础；上海香料研究所的加盟提升了上海应用技术大学的高度，这就更毋庸讳言了。

第二，我要感谢我们一起共事过的校领导班子成员和二级学

2009年3月，第十届全国政协副主席、时任中国工程院院长徐匡迪亲切接见学校领导

2018年10月，中老"铁路工程国际联合实验室"签约揭牌仪式举行

院、机关职能部门的中层领导干部。他们遵照党委行政班子的部署，把所有的智慧创造性地落实在自己的岗位上，任劳任怨，没有这样一批充满精气神的人，上海应用技术大学不可能有今天的发展。

第三，我要感谢广大师生。学校今天看起来无限风光，但创业阶段其实充满着各种艰辛。全校师生跟着学校一路发展，承受了许多发展过程中的"阵痛"。今天的成就，是我们上应大全体老师和学生共同创造的。

我离开领导岗位十年多了，退下来后也没有闲着，经常被教委安排考察各地高校。每当我看到其他学校发展的时候，我脑子里都会想到上海应用技术大学应该怎样做，我内心深处总是离不开这块土地。在我看来，其他学校的发展很有自己的特色，既有一些传统优势学科，又能不断对接现代科学技术的发展，在新的理念、新的领域上，敢于进行改造，敢于进行革命。我认为，在这一方面，我们上海应用技术大学还有很大的上升空间。

在今天访谈开始前，郭庆松书记还来看望我，让我对学校发展提提建议。我最核心的观点是，我主持工作的时候，学校主打"香精香料"，那是理所当然；但是如果发展到今天，我们依然只有一个"香精香料"，我觉得就不合适了，香精香料学科支撑不了偌大的上海应用技术大学。我们需要更多有基础、有实力、在前沿同时能对接国家经济社会发展的学科专业。

真诚地希望学校在校党委的领导下，继承和发扬合校以来的精神并结合新时代发展，使上海应用技术大学在更高层次上有更大的作为！

郑惠强

　　建立成熟的大学制度，学校找到的切入口是建立和推行二级管理体制，从而打通学校各个环节。调离学校，我给《校报》发去一篇感言《感谢·感憾·感恩》，把对学校的眷恋和离别的遗憾都化在笔端。无论未来在什么岗位，我将始终关心和支持学校的发展。

口述者： 郑惠强

　　　　　2003年4月至2006年6月任上海应用技术学院副校长

　　　　　2008年1月至2018年1月任上海市人大常委会副主任

　　　　　第十一届、十二届全国政协常委

　　　　　上海现代服务业联合会会长

采访组： 杨　明　姚　霏

采访时间： 2023年9月4日

采访地点： 上海应用技术大学徐汇校区办公楼

采访组：您长期在同济大学求学、工作，是怎样的契机让您来到上海应用技术学院担任副校长的？刚到学校时，您对学校的整体印象如何？

郑惠强：1973年我进入同济大学，在工程机械专业学习，毕业后留校工作。除了1985—1986年我获得世行贷款奖学金公派前往联邦德国达姆斯塔特工业大学做访问学者，从1973年至2003年整整30年的时光，都是在同济度过的。从学生到教师，再到行政管理人员，可以说，对于同济我有着很深的感情，而且也自以为将从一而终，在那工作一辈子。所以，当组织上找我谈话，安排我到上海应用技术学院任职时，我的第一个反应是"不走行吗"？调任来得突然，虽然内心深处有种种不情愿，但我还是服从了组织安排。

2003年3月，到上海应用技术学院报到。对于我来说，这里人生地不熟，一切工作都将重新开始，确实是一个考验。学校当时的整体情况并没我想象中的好。一个小插曲至今难忘：刚来学校一周左右接待了一批访问者。祁学银书记向对方介绍我，说是学院新来的副院长，见对方好像不以为然，就补充说，刚从同济大学研究生院调过来的。没料那人一下子站起来，热情地伸出双手与我相握。我当时有点诧异，后来明白了，他是对从全国重点大学愿意来这所新建地方学院任职的我表示敬意。同时也反映了当时的上海应用技术学院，在外界眼中是一所与名牌大学差距较大的新本科高校。

可以理解，毕竟是三所大专刚完成合并，底子薄、基础差。教师虽然一夜之间从专科教师变成了本科教师，但学术水平、教学能力还依然处在原有层面。要将学校上下的观念意识统一提升到本科水平，是一项非常艰难的工作。当时的学校领导班子也有不同看法，还经常交锋。有些同志急于求成，希望参照研究型大学的要求，比如，要求教师都必须搞科研写学术论文；有些同志认为不能急于求成，该慢慢来，如果教师不情愿同频共振的话，就没法齐心

协力。说白了，班子成员代表了两种不同的发展观，在发展途径上还没能完全一致。我报到时，"三合一"之初的学校正处于艰难磨合期。

作为班子新成员，我看在眼里也分外着急。依我看来，学校发展确实要高目标，但节奏进程急不得。当时，就尽力和班子同志沟通交流。我认为，观念改变不是一朝一夕的，教师们也需要一定时间慢慢适应新环境，欲速则不达。教师必须写学术论文的规定遭到非议，是因为一些教师之前没有思想准备，这并不等于他以后不行。而如果要求他到实验室指导学生做实验，其能力绝对棒。所以要因势利导，久而久之就会趋向一致。

刚到学院时，印象深刻的是校园环境。有个故事常被人提及：老"化专"校园的绿化特别美，我常感叹是20世纪50年代前辈们留下的财富。但不少建筑物却不怎么与校园整体般配。于是，我就向领导班子提出，能不能把校园建筑做一些改观，以适合绿化环境。在大家支持下，我邀请了一位同济大学专家就校园环境建设给班子成员上了一课，引起了共鸣。这位专家给出的建议是，在所有建筑物上加一顶"大盖帽"，即加套一个中式坡顶。这样一来，老建筑与绿化环境就融入一体、相得益彰。如今大家对徐汇校区的校园环境赞不绝口，那一顶顶"大盖帽"也许起了添砖加瓦作用。当然，学校的外观改造简单，内涵建设却谈何容易。事实上，无论外观改变还是内涵提升，都需要找到合适的切入点，都离不开循序渐进、因势利导。可以说，入职之初，这个体会给我的印象特别深刻。

采访组：刚到应用技术大学担任副校长时，您具体分管哪些领域？您能谈谈当时是如何推行校院两级管理的？这对于促成学校逐步建立起成熟的大学制度究竟有着怎样的意义？

郑惠强：到学院之前，我从未在校一级领导岗位上工作过。报

2005年5月，首届"大学生利达香料杯"咸味香精技术创新颁奖大会在校举行

2005年9月，学校代表团出访蒙特克莱尔州立大学

到后，校主要领导很照顾我，安排分管工作都是我比较熟悉的领域。考虑到我曾经在同济大学研究生院工作过，对学科建设较为熟悉，所以分管工作之一是学科建设。那时学科建设对学校来说还仅仅是个陌生的概念。没有研究生教育就谈不上学科建设，最多是专业建设而已。但是学校还是下决心做了前瞻性布局，设了一个学科办。记得还安排让我分管图书馆和档案馆工作。这对喜欢阅读和文史的我来说，正中下怀，图书馆我去得比较勤快。正因为这个原因，后来学校新建图书馆时，我有发言权。再后来，承蒙领导班子的信任，陆续给我增添一些新的分工，甚至分管起人事和财务这两项责任重大的工作。

提起人事和财务，就要聊聊当时推动的校院二级管理体制改革这个话题了。当时是一个怎样的背景呢？三校合并以来，学校办学规模不断扩大，正逢国家扩招政策实施，规模结构出现了新变化，对高校内部管理体制改革提出了新要求。如果管理过于集中在学校这一层，显然不利于学校的长远发展。领导班子和中层干部逐渐形成共识：实施院、系二级管理，即把学校办学资源配置的主体从学校向学院转变，使资源配置和教育活动相匹配。于是，成立了文件起草小组，其实就是改革小组，校主要领导任组长，我是副组长。

那几个月里，我与人事处和财务处的同事们一道，经常到各个院系调研，反复听取意见，以求共识。最终成果是以18个配套文件为支撑，形成了一套《二级管理体制改革方案》，提交学院首届第五次教代会讨论。围绕这个方案及相关文件，教代会11个代表团用了整整两天时间进行了认真而热烈的充分讨论。当时的我，听着团长们的汇报，又翻阅了讨论记录及代表团书面汇报意见，被代表们对二级管理体制改革的热情和认可深深感动。代表认为，"二级管理模式是我校发展的必由之路""二级管理体制将带给我们新的办学理念""并校五年后实施二级管理是发展需要，势在必行"……这些评价，既是对这个方案的肯定，也是对学校未来改革与发展的看好。

代表们在充分肯定方案的同时，也实事求是地提出了许多好建议。

在闭幕会上，受校党委和校行政班子委托，我代表文件起草小组做了讲话。我把代表们在讨论中比较集中的问题，进行了归纳整理并做了解释说明。谈了五个问题：一是关于方案的修改和完善，二是监督条例的制定和出台，三是系（院）部实施细则的制定和确认，四是机关职能部门的功能和职能转化，五是改革方案何时实施。讲完后，我又把推动这一改革的前因后果向大会进行了汇报。强调这次二级管理体制改革，遵循"整体设计、分步推进、分时实施"的基本原则，力求体现中国特色、教育特征和学校特点。

大会闭幕后，又进一步把改革措施及时推出，包括事权下放、人权下放、财权下放。方案的推行，其过程是非常艰难的。因为，行政权力原来都集中于机关处室，如今要一块块给分割出去，难度可想而知。当时，经常周末加班，我组织人事处和财务处同事们研究讨论，还要求两位处长主动到各学院进行解读对接。同时，我自己也不断与二级学院院长保持沟通交流。很多时候，是端着饭碗在食堂里寻找院长，然后一边吃饭一边聊天，听取他们对改革措施的意见和建议，或解释方案条文的意图背景，然后不断修正方案内容和实施措施。

在我看来，二级管理体制的改革，对于站在新起点上的学校再发展有着重要的推动作用。举几个例子。二级管理体制推行之后，我对学校师资队伍发展的瓶颈有了清晰的认识，发觉有两个问题最严峻：一是中层干部的能力水平达不到学校快速发展的要求，二是各学科各专业骨干教师数量严重缺乏。我常与人分享一个小故事。刚入校报道时，我问人事处同志："听说学校有6位教授，能告诉我是哪些人吗？"他拿出一份名单，我一看只有5位，就纳闷了，怎么少一个？回答："您还没来学校任职，我们就把你算进去了。"这令我哭笑不得。你看，全校教授算上我也才6位。6位教授岂能撑得起一所本科学校的教学质量呢？我向校领导班子提出，尽快做好人才

2006年3月，郑惠强作为全国政协委员出席参加全国"两会"

2007年3月，郑惠强应邀来校为师生传达全国"两会"精神

引进计划，把师资队伍建设提上重要议程。

我认为，如果学校有足够的骨干教师，其中一部分就可充实到中层担任领导要职，岂不一举两得。这个思路得到了大家认可。于是，学校开始加大力度，着力引进教授等高层次人才。结合校情，引进高端人才的标准除了学历和职称，更看重的是，能否与学校现有重点学科和拟发展新专业需求相匹配，是否具有企业工作背景和工程实践经验，以及是否有海外留学或管理工作经历等。

基于这样的思路，同时，对各学院施加压力、分解引进指标并列为年终考核重要内容。经过全校上下锲而不舍地努力，引进人才与自己培养两手抓，终于逐渐形成了一支像样的师资队伍。到我离校时，全校教授人数突破了30人。师资队伍层次的整体提升，也为行政岗位干部的水平提升奠定了基础。对于一些具有管理能力的专业教授，就安排其"一肩挑"成为中层干部，特别优秀的青干列为校级领导后备重点培养；与此同时，对那些原有的中层管理人员，则要求尽快强化能力，提升管理水平，不然就让贤。可以说，二级管理体制改革对学校师资队伍的稳定和品位的提升起到了至关重要的作用。

刚才你问，怎么才能建立起成熟的大学制度，在我看来，建立成熟的大学制度是所有高校的共同目标，也是一项系统工程。但由于各个学校的定位和发展目标不同，所以实现目标的途径也没必要相同。当时的上海应用技术学院找到的切入口，就是建立和推行二级管理体制。横向可以实现各学科间的延伸，纵向可以促进学校上下间互动，从而把整个学校各个环节都打通。二级管理体制建立起来后，强化师资队伍建设就提上了重要议程。除了采取措施对现有人才的加速培养，从外部大力引进人才，不仅可以实现学科建设的快速提升，也为学校发展输入了一批优秀的管理干部资源。可以说，实行二级管理体制和加强师资队伍建设这两招，对学校当时的发展确实起到了关键作用。这也是我在上海应用技术学院任职三

年，感同身受，印象最深刻的体会。

采访组：您在上海应用技术学院工作了3年，又被调到市里工作。离开应用技术学院时，您的心情和最初来到这里时有了怎样的变化？

郑惠强：调离学院对我而言又是一个意外。记得2006年暑假，我突然接到通知，调任上海市信息化委员会副主任。因为毫无思想准备，又正值暑假，而且正式公布前有规定不能声张，也就无法与同事们道别。为了弥补这份遗憾，开学前夕我给《校报》发去一篇感言，把对学校的眷恋和突然离别的遗憾都化在笔端。我对时任党委宣传部副部长小潘说，能发表就发，不能发也不要声张。小潘看了稿子说，特感动，应该发。于是就有了那篇《感谢·感憾·感恩》。文中我表达了三个感受。

首先是感谢。感谢祁学银书记和卢冠忠校长给予我的信任和支持，感谢班子成员们的帮助和宽容。从他们身上，我学到了很多工作方式、领导艺术及如何合作共事；感谢曾经分管或协管过的人事、财务、外事、退管，以及学科建设、高教研究、图书馆、档案馆、保卫等部门的同事，没有他们的支持和配合，我将一事无成。我还比喻在校工作三年为读"博士后"，专业是高等教育管理，研究方向是人力资源和财务管理。而学校党委、行政班子成员及同事们都是我的导师。我对母校表达谢意。

二是遗憾。留下的很多工作没来得及开展：人事方面，很想牵头拟订新一轮岗位聘任和人事分配制度改革方案，切合校情重新设置岗位和完善聘任，且尽多地提升教职工收入待遇。还想抓紧落实新引进教师的教学能力考核，出台从企业引进人才入校、新一轮骨干教师出国培训等文件；财务方面，想就教代会报告中指出的存在问题，深入调查研究提出改进措施，使财务运行得更加合理。还想与所联系的化工系领导班子拜访高桥石化公司建立合作关系、参加外语系的教学管理和教学方法研讨会、与社科系班子一同去有关部门落实大学生社会实践基地、为环能系大学生再次做考研辅导报告、完成本学期进教室听课十次的计划⋯⋯

当时的学校正面临教学水平评估和新校区建设这两个重大任务，我却"临阵撤退"了，于心不忍。说实在的，在上海应用技术学院，工作我还没有干足，本事还没有学够，同事相处才刚刚熟悉。突然离开，真是倍感眷恋，深感遗憾。

文章最后表达了感恩之情。上海应用技术学院是我人生从政的第一步。三年尽管不过是漫漫人生旅程中的弹指一挥间，但这片土地良好的环境、同事真挚的感情，足以给我留下永不磨灭的印象。记得在最后那个暑期，一次随机关干部外出活动时，知情的祁书记特地点了一首《把根留住》邀我同唱，那时我的心情极其复杂，边唱歌边掉着眼泪，最后几乎泣不成声。当时我心中发誓，无论未来在哪个岗位上，一定要常回家看看。而且将始终关心和支持学校的每一项发展。永远感恩、知恩、报恩。

采访组：2006年您离开学校去到市里工作，但始终心系学校建设发展，多次前来学校调研并指导工作。这其中，有没有令您印象深刻的事情？

郑惠强：学校后来的一系列重要发展阶段，我确实都尽力而为，问心无愧。那是出于对学校的深厚感情，感情源自感恩；也出于对学校的深度了解，知情才能出力。只要学校有需要，我必定尽力而为，全力以赴。例如，2007年学科评估前后，我出面与教育部有关部门牵线，就评估工作进行全面汇报、有效沟通；又如，学校申报硕士学位授予权单位，我作为审核专家同时又是"校友"抢先发言，现身说法陈述学校这些年的飞速发展和取得成就；再如，在

与北京方面沟通学校更名工作过程中，我也尽可能配合，以"校友"的身份站台。当然，只是尽我所能做了一些牵线搭桥的事情，关键还是我们学校自身争气，凭的是实力和努力，使学校这些年一步一个脚印，踏实地朝着一个又一个目标成功攀登，真令我高兴。

说到"校友"对学校的感情，令我印象深刻的要数那次陪同韩正同志回母校视察。记得在市里工作时，某天，时任市长韩正同志说起"我们俩是校友啊"。与领导同为"校友"身份让我深感荣幸。因为早在20世纪80年代韩正同志在上海市化工局任党委副书记时，也在化专兼任过一段时期的党委副书记。我当即就向韩正同志发出邀请"咱俩什么时候回娘家看看？"当初他就一口答应了。

经过我的联络，2009年4月18日，韩正同志以校友身份回到母校视察。他先参观了香精香料专业和艺术学院聋哑学生教育，前者是应用技术学院的品牌专业，后者曾获国家级教学成果奖。那天，韩正同志与当年共事的老同志们亲切座谈，并在绿意盎然的校园里种下了一棵代表百年树人的树苗。临行前，他还专门来到当年的办公楼，寻访曾经工作过的208办公室。可以说，这次回母校，是作为校友的韩正同志对母校深情厚谊的一种表达。

离开学校后，每当全国两会一闭幕，作为全国政协常委的我，就第一时间回校传达两会精神。每当看到会场中反响热烈的师生们，仿佛又回到了曾经在应用技术学院和大家共事的那几年，特别开心。

退休之后，组织上安排我参与一些社会工作。我目前所在的上海现代服务业联合会为本市最大的一个经济类社团组织，拥有包括200多家行业协会商会在内的1500余家会员单位，汇聚了全市服务行业各个领域的头部企业及丰厚的社会资源。虽说退休了，依然事务繁忙。最近我正在思考，想运用联合会丰富的行业企业平台资源，引导若干个行业优势企业与我们学校建立深度产教融合。通过构建行业企业与学校深度产教融合平台，共建以新工科、新文科、

2010年10月，时任上海市人大常委会副主任郑惠强，上海市副市长沈晓明，上海市政协副主席王荣华、钱景林等出席奉贤校区落成暨合校十周年庆典大会

2023年10月，上海现代服务业联合会会长郑惠强走访我校洽谈合作

新农科为主的行业产教融合联合体、区域产教融合联合体或现代产业学院等产教融合体。这也算是我作为一名"上应人"老兵，为建校70周年的母校奉献的一份小礼。

采访组：明年，学校将迎来70周年华诞。站在新的历史起点，您对学校发展有怎样的希望和建议？

郑惠强：很巧，我今年也是70岁了。70岁，对一个人来说，是人生中非常重要的节点，对一个单位也是如此。尤其是我们这样的学校，从由三所大专合并的地方院校成为具有博士学位授予点的高校，从一片"高原"发展为一座"高峰"，这是几代"上应人"努力拼搏的结果。站在建校70年的高起点，回顾历史，面对现实，展望未来，我认为是一次非常重要的契机。要我对学校发展提些建议，我还真不敢说，毕竟离开教育领导岗位时间太久了。但是，从当前的经济和教育发展形势来看，或者从我目前所从事的行业组织及面向的产业需求来看，我认为学校的未来发展，需要锲而不舍地坚持这么三点：定位更加清晰、特色更加凸显、应用型人才培养模式更加符合产业需求。

首先，从高等教育发展大局和趋势来看，眼下中国经济社会发展更需要的是大批高质量的应用技术类高校。我们学校历来高举"应用型""技术型"旗帜，这也是初心赋予我们的定位，因此，应当毫不动摇、心无旁骛地坚守好这一定位不动摇。

其次，正因为有了这科学的定位，使得学校的办学特色、学科特色进一步凸显。也正因为这么多年来，我们抓住几大特色、亮出几张王牌，才使得学校在短时间内完成了一个个奋斗目标，获得了博士学位授予点。因此，凸显特色是我们学校发展的生命线。

至于为什么要提人才培养模式更加符合产业需求，在我看来，中国高等教育的发展必须与产业发展紧紧融合在一起。城市在更新

发展，产业在转型变化，在这过程中，高校不能故步自封，置之度外，必须主动与城市更新和产业发展相融合，这是必由之路。产教融合，其实也是教育部对我们这类学校的一再要求，是个硬任务。但真正做到这点谈何容易？目前，我常有机会接触到各类企业老总们。由于我是高校出身，与很多大学领导也很熟。这几年，老总们常因企业缺乏大量合适人才请我支持，而校长们因就业难很希望我给企业推荐毕业生。这种"有人没岗，有岗没人"的现象，已成为当下社会的焦点和痛点。

事实上，近些年，很多用人单位频繁出现用工缺口，甚至是"用工荒"现象。尤其是新技术、新业态人才更是短缺，各类人才供需出现失衡的情况越来越严重。其中高校的人才培养与产业需求的不一致，是导致人才供需结构性矛盾的主要原因之一。

所以，我希望学校能在产教深度融合方面继续下大力气。能不能率先创新产教融合方式、创新产教融合的人才培养模式，促进教育链、人才链与产业链、创新链有机衔接，从而更好地提高人才培养质量，为行业输送紧缺应用型人才？能不能在产教融合制度创新和模式创新方面走在全国同类学校前面，形成学校教育与产业发展统筹融合、良性互动的发展格局，为全国提供可复制借鉴的成功经验？这些，就是我对学校的期望。

刘宇陆

　　一所名校的成长在于一代代的传承和发展，其中有很多重要的事件和节点，更名成功便是其中之一。它使得学校在全方位迈向更高的层次，同时对于申博上点有重要的助力。优秀校园文化是学校最宝贵的财富，也是学校水平和特色的重要载体。无论学校发展到什么水平和阶段，上应大的特色和文化是产教研高度融合，源于行业企业、回归行业企业、为社会经济发展服务始终是其初心。

口 述 者： 刘宇陆

　　　　　　2005年2月至2014年6月任上海应用技术学院副校长

　　　　　　2014年6月至2015年10月任上海应用技术学院校长

　　　　　　2015年9月至2020年1月任上海应用技术大学党委书记

采 访 组： 杨 明 吕 客 姚 霏

采访时间： 2023年9月21日

采访地点： 上海应用技术大学奉贤校区图书馆

采访组：您在2005年来到上海应用技术学院担任副校长，请您简单介绍一下您在此之前的工作经历。

刘宇陆：我从上海交通大学研究生毕业以后，在上海大学工作了21年，之后到了上海应用技术学院工作。在上海大学期间，我主要从事教学和科研工作，以科研为主，加盟了由我国著名科学家、教育家、政治家、杰出的社会活动家钱伟长先生创立的上海市应用数学和力学研究所。这是上海大学第一个由上海市建立的研究机构，同时，也是上海大学的第一个博士点。我在这样的一个学术平台工作了21年，从讲师、副教授、教授一直做到了博士生导师。

我先后师从钱伟长和蔡树棠两位先生。钱伟长先生大家比较熟悉。蔡树棠先生是北大老校长周培源教授的研究生，研究生毕业以后又担任华罗庚和钱学森两位教授的助理，后又与钱伟长先生共同创建了力学所。在两位老师的指导之下，我在学术上取得了一定进步，35岁就被破格提拔为正教授。在行政方面，我从研究所的所长助理到副所长再到学院的副书记、副院长，然后担任上海大学研究生部主任，之后进入党委办公室、校长办公室担任主任，最后做到校长助理。2005年，我调任上海应用技术学院副校长。

采访组：上海应用技术学院在2007年顺利通过教育部本科教学工作水平评估，这离不开您当时的努力。针对教学评估，当时学校是怎么根据"迎评促建"这一理念开展工作的。

刘宇陆：在来学校前，我对上海应用技术学院的了解停留在改革开放后第一批新建本科院校，前身是三所示范性高职高专。来到学校以后，我主要分管本科教学工作，一度也兼管科研工作。当时，对我而言，最大的挑战就是如何管理本科教学。作为一所新晋本科院校，从2000年成立发展到2005年，基本框架已经形成。当时

2005年5月，上海先进制造业、现代服务业人才培训就业园揭牌仪式在我校举行

2007年1月，学校开展第四届教学工作会议暨教育思想大讨论

学校最重要的任务就是迎接教育部的本科教学工作水平评估。这次评估的重点在本科教学水平。也就是说，985、211学校和我们新晋本科是以同一标准来评估的，这对于当时的学校来说压力巨大。

本科教学的核心是三个要素——专业、课程、教学，但是这三个要素对于新晋的本科院校来说都是挑战。因为本科专业有高水平的学科支撑，才能实现高水平的人才培养。尽管我们学校从三校合并之初就确立了学科建设的理念，但毕竟时间尚短。所以，学校一开始接受本科教学工作水平评估任务时，提出"合格"是我们的底线，在"合格"的基础上争取"良好"。

一所优秀的高校，要有合适的办学理念来引导和规范本科教学，这是我关注和思考的重点。上应大主要的优势是源于行业企业，形成了产教融合的鲜明特色，而弱势是没有优势的学科基础。回顾学校过去20多年的发展历程，之所以能够实现快速发展，在全国800多所新晋的本科院校中位列前十甚至是前五，很大程度上得益于我们在三校合并之初就确定的、始终坚定不移的办学理念。当时大多数新晋本科院校，提出的办学理念多以专业建设为主体。因为很多新晋的本科院校是从专科升上来的，本科专业建设从零开始，所以提出以专业建设为主体不失为正确的选择。但我觉得这考虑得还不够完善，因为只加强专业建设是无法体现出本科院校与专科院校最本质区别的。

学科建设的内涵有三个方面：第一个方面是队伍建设，就是师资队伍的建设，包括学科带头人、学术骨干、教学骨干等。第二个方面是平台建设，包括本科平台、硕士平台、博士平台、博士后平台、重点学科平台、重点实验室平台、重点研发中心平台，以及后来的产学研融合中心等。第三个方面是科学研究、技术开发与应用。这三个方面构成了学科建设的核心内容。一所高校，特别是本科院校，如果没有这三个点来支撑学科建设，学校是无法达到高水平的，更不能办出高水平的本科教育。

如何把学校的办学理念和思路变成全校的共识而付诸行动是我的主要任务。我当时做得最多的事情就是通过不同的途径、在不同的场合，先把院长、系主任和骨干教师等聚集起来，与他们进行交流和沟通，培养他们本科教学的意识和能力，然后逐渐形成规范的制度。有了规范的制度才能一步步进行落实，最终构建起一个本科教学的体系。经过不断的努力，我们的收获是巨大的。当时，一所985高校的老教务处处长讲了一句话，他说："现在有那么多新晋本科，依我看，上海应用技术学院是一所在办真正本科院校的高校。"我认为这是很高的评价。很多人都认为从专科升到本科只是时间的延长，但我们是在认认真真地办本科教学。最鲜明的例证就是我们以教育部和市教委对本科专业的要求来制订教学计划，规定教师上课必须具备五大件、七人要，教材、教学大纲、教学计划、备课笔记、PPT都是要检查的，而且质量要达到本科教学的要求。在这个过程中，推动教学理念更新的校领导们固然辛苦，更辛苦的是我们一线的教师。他们既要有理念和想法上的更新，还要付诸实践。所以，我们的课是教师一门一门教出来的，学生也是一届一届培养出来的。

到了2007年上半年，市教委派了当时高教处处长了曙东同志来到我们学校做本科评估动员，让我们再加把劲儿。他带来的消息是：市教委对上海应用技术学院本科评估的要求是必须争取"优秀"。这就把要求进一步提高了。评估"优秀"的标准除了教学规范、能显示出本科应有的课程教学水平之外，最核心的一个要求就是学校办学必须有特色，如果没有特色，直接一票否决，优秀就免谈了。我认为，一所学校的办学特色，主要体现在本科教学的特色上，而本科教学的特色又集中体现在学生培养特色上。这三者是相互联系的。当时摆在我们面前的问题就是如何提炼学校在学生培养方面的办学特色。学校刚刚成立六七年，短时间内要展现出自身的办学特色是很困难的。但我不这么想。从1954年到2007年，学校有

2007 年 11 月，学校以 18 个 A、1 个 B 的成绩通过教育部本科教学工作水平评估

2015 年 10 月，奥克兰理工大学来访我校

50多年的历史，我们是一所有历史、有文化、有传承的高校。虽然当时是专科，现在是本科，但是有些东西是继承下来的，最显著的就是学校根植于行业，为企业服务，长期以来就确定了培养理论基础够用、有一技之长、能适应社会经济发展的高层次人才的培养目标，这不就是学校的办学特色吗？

当然，说到办学特色，还有一个学校的核心价值观问题。记得当时我问祁学银书记："学校办学六七年了，要评估了，我们有没有校训？"书记回答还没有校训。我说："没有校训，评估怎么办？"于是，我们就决定制定校训。校训一般有两个特点；第一要简洁明确，第二不要跟其他高校有大量重合。于是，我们在全校范围内动员广大师生们对校训提出建议，最后确立了"明德、明学、明事"的"三明主义"。尽管文字上非常简单，但是德的要求、学的要求及做事的要求都在其中，并将其融入本科教学当中。校训在学校党委一致通过后公开，在全校上下形成了共识，最终由书法很好的卢冠忠校长亲自写下"明德、明学、明事"六个大字。

教学规范了，办学特色和校训有了，培养的人才在社会得到好评。于是，通过全校的努力，2007年下半年专家进校后，在19个指标给了18A1B，这是办学特色鲜明的结果。最终教育部总评是"良好"，之所以没有得到"优秀"，是因为学校当时没有做十点。通过这次的教学水平评估，学校的办学理念和思路更明确，学校的综合水平也发展到更高的平台上。

采访组：更名为大学是学校发展的一大跨越，请给我们介绍一下学校申请更名的情况。

刘宇陆：首先，我必须强调，我从不认为学院就一定比大学差。很多国外的学院，比如麻省理工学院就是一所一流的高校。但具体到国内，在很多指标上，学院和大学是被分在不同层次的。具

体来说，当时教育部明确规定技术学院都是高职高专。一方面，我们学校的名字是上海应用技术学院，虽是本科，这给学校的具体工作带来了很多不便。教育部把"技术学院"作为专科来看待，我们作为一个本科就感觉名不副实。另一方面，由于社会上对技术学院先入为主的认识，校名也影响了社会对学校的认可度。当时，我们计划过改成别的校名，但后来在市教委专家论证时没有通过。于是，我们就有了干脆申请更名大学的想法。

当我们真正开始启动更名时才发现，从学院更名为大学，并不只是名字的更改，而是一次真正的蜕变，我们意识到作为一个学院和真正的大学还存在很大差距。这个过程中，还有一件事对我们触动很大。事实上，在更名大学前，我们先启动了博士点申请。2011年，根据教育部的要求，全国启动了特需专业硕士点和博士点的申请，于是我们就启动了特需博士点的申报工作。这件事情是由我来负责的。因为2011年上半年，我的分管领域从本科教学变成了科研、学科和研究生及人事工作。当时有人问，学校为什么要申报博士点。我告诉他们，我们学校始终强调学科建设引领，学科点的建设对于学校来说是非常重要的一项工作。当时学校已经有了硕士点、重点学科，当然就要建设博士点。但是在申报特需博士点的过程中，我们明显感觉到了学院和大学的区别。2012年，教育部开始启动学院新一轮的更名工作时，我们就觉得，无论是从申请博士点还是其他方面来考量，把学院变成大学很有必要，所以就把更名工作提上了议程。

更名大学是有几个核心指标和具体要求的。比如，要有三大学科门类，每个门类的学生比例不得低于15%，研究生占所有在校学生的比例不得低于5%到10%；必须有两项国家级的奖励，包括科技进步奖和教学成果奖；必须有省部级以上奖励25项；要求教授要有一百名以上；还要有国家级的课题，科研的课题和总经费也有要求。实际上，更名只是一个形式，其本质是对学校整体发展水平的更高要求，也是推动学校全方位提升的契机。

2016年4月，学校马克思主义学院成立揭牌

2019年9月，刘宇陆为全体2019级新生上第一堂思政课

从2012年开始，我们启动了第一次更名工作。因为第一次接触更名工作，又是一个提升学校层次的过程，需要有充足的准备，学校要上下齐心协力。于是我们又回到了2007年本科教学评估时的状态，提高对教师的要求，要去争取国家级课题，争取科技进步奖、教学成果奖等。所以在2012年启动更名后，做了很多工作，大家都很辛苦。我记得当时，教育部派了一个小组到学校，我每天都去沟通更名的事情。尽管上海市教委很支持，学校上下也都付出了巨大的努力，但学校实力是硬指标。当时我们只有八十几位教授，实力不够。所以第一次申请更名没有成功。

但是我们的目标非常明确。更名就像指示灯一样，指引着我们前进的方向。到了2014年，我担任了校长。经过两三年的努力，当时学校有一项国家级教学成果奖、一项科技进步奖，科研项目和总经费都没问题。我感觉条件基本符合了。但在跟别的高校比较，我们还是发现了短板。当时一起申请更名的有在1960年就有本科的上海对外经贸大学、在1985年有本科的上海电力大学，此外，还有老牌的上海体育大学。跟这些兄弟院校一比较，15年本科办学资历成为我们的短板。加之校名的原因，很多人仍然以为我们是一所专科学校。最终，在全校师生的不懈努力下，经过激烈的竞争，我们在上海高校中脱颖而出，成功更名。

更名成功后，对学校的影响是巨大的，不仅对于我们成功申报博士点有重大助力，更使得学校全方位迈向更高层次。学校在短短20多年时间取得跨越式的发展，正是因为我们在先进办学理念的引领下，脚踏实地，抓住机遇，乘势而上。

采访组：您将文化建设作为上海应用技术大学发展的重要抓手。更名大学后，学校更换了校徽，发布校歌《为着上应的荣光》，请说说您对学校文化建设的思考和实践。

2016年7月，学校校徽在2016届学生毕业典礼上正式发布

2019年7月，校歌《为着上应的荣光》在2019届学生毕业典礼上正式发布

刘宇陆：更名大学之后，学校提出口号：要建设成为中国第一所具有国际影响力的高水平应用技术大学，形成中国应用技术大学的品牌。经过三校合并之后十几年的奋斗，随着学校声誉的不断提升，我们意识到品牌的核心是学校文化。这是社会能够认可一个学校的根本要素。文化有有形和无形之分，很多时候，需要通过有形的事物来强化无形的文化。因此，在加强文化建设方面，我们分硬建设和软建设两部分。

硬建设是整个校园的硬环境建设，它就像无声的语言，使师生在校园环境中受到有形和无形的教育。比如，我们在建设奉贤新校区时提出了一个理念，建筑要反映出老三校有代表的文化元素。学校还制订了整体的文化建设规划，新校区的建筑之于老校区是要有联系和传承的，甚至对于屋瓦的结构都提出了要求。又如，在校园中可以看到很多不同的景点和文化区域，像先贤语迹，展现了从古至今、从现代到当代的很多历史事迹，这就是一种文化建设。

文化的软建设包括前面讲过的校训——"明德、明学、明事"，但是只有校训是远远不够的，于是我们想到了学校精神。寻找跟学校相契合的精神，当时找了很多，后来宣传部建议可以用徐匡迪市长题的八个字"厚德精技、砥砺知行"。我觉得契合学校的历史，能够成为学校的特色，所以我们把校训和校园精神结合了起来。

校徽设计也是文化软实力中很重要的部分。我记得，我到学校后第一次参加常委会。当时，就有同志提出我们的校徽设计跟不上时代。祁学银书记提议改，我表示改校徽不是那么容易的事情，一方面，需要合适的时机，另一方面，要有成熟的理念并获得认可。这件事当时就作罢了。更名大学成功后，我再次想到了这段往事。因为学校从上海应用技术学院更名为上海应用技术大学，内涵扩大了，这就是一个改换校徽的好契机。因为校徽是无形资产，一旦形成了再想去更改是很困难的。在征集新校徽方案时，还有一个小插曲。当时，我们从二十几个方案中筛选出六个方案提交党委讨论。

这个工作最初是由副书记、副校长张艳萍负责，后来她调到市信访办工作，所以就由副书记宋敏娟代管宣传工作。上常委会讨论校徽方案前，宋敏娟找到我说："马上要上会了，您看看，还有一个草稿要不要讨论？"（这个草案是由学校时任人事处副处长陈青长教授提出的）我说："前面已经经过几轮评选了，投了那么多次票，怎么还有草稿要讨论？"她拿出来给我看，结果一看，那个草稿的方案就成了今天的校徽。当时我一看这个校徽就喜欢。因为主体形象是一个宝鼎。宝鼎是中国古代的器物，它具有历史感，也是中国古代制造业的经典。这是我的第一个感觉。于是我问宋书记："这个图形结构是什么意思呢？"她说："宝鼎上面是个'应'字，下面是个'用'字，正好代表应用技术大学。"我当时就拍板说："细化的事情慢慢做，马上要开会了，这个作为6+1方案进行讨论。"讨论的时候，大家也很喜欢，一致同意这个方案。然后，我们在此基础上把文化内涵进一步丰富，就形成了现在校徽的样式。校徽公布后，全校上下都说好。我又拿去给兄弟院校的同行们看，他们也都认为这个校徽从寓意到设计都很好。虽然，校徽的产生是非常偶然的，但我们对待校园文化建设的态度是十分认真的。

校歌出台的过程也是如此。2018年，党委副书记、纪委书记何足海同志来校任职，我请他牵头、宣传部负责推进校歌创作工作。因为上海中医药大学的校歌是他牵头创作的，他也有经验。同时，还有学校的教师李建民一起参与工作。我的想法是，一来校歌要反映学校历史，特别是要把校训融入歌词，要反映校园精神；二来校歌要适合年轻人唱。学校于2018年3月正式启动校歌创编工作，经过校内外公开征集歌词、工作组集体创作、公开征求意见、作曲家谱曲、录音制作等环节，最后形成了一首能够完美诠释上海应用技术大学特色的校歌。这个创作过程中也有一个小插曲。关于歌词的最后一句，我跟李建民老师有过争论。我希望用奋斗收尾，他和我争论了半天。最后我说："'斗'字加进去后，读音不那么顺，我们要服从于文字、音乐

2019年6月，学校举行"扬帆新征程·逐梦新时代"毕业晚会

2020年，刘宇陆教授团队获批国家自然科学基金重点项目，是我校作为第一单位获批的首个国家自然科学基金重点项目

的要求，尊重你的意见。"最终，这首校歌由中国音乐家协会会员、国家一级作曲左翼建同志作曲，何星海、杨明、李建民等同志集体参与作词。2019年5月，经校党委常委会审议，决定将《为着上应的荣光》确定为上海应用技术大学校歌。校歌在2019年的毕业典礼上第一次唱响，大家都觉得好听，有一种奋发向上的感觉。

优秀校园文化是有历史、现代和未来的。从这三个角度来讲，它一直处于建设过程中。上海是中国工业的摇篮，上海应用技术大学起源于中国现代工业的起步。随着改革开放和我国教育事业的发展，学校从工业领域脱颖而出，这也是学校的特色文化能够形成的根源。我们一定要明白，无论学校发展到什么水平，将来都是要回到为行业、为企业、为社会经济发展服务的初心。事实上，我们校徽里的宝鼎，也有这样一层含义。校徽中的"鼎"上方有一点突起。很多人问我为什么要突出来。我说："本来应用的'应'字上就有一点。更重要的是，这一点代表了应用技术大学是一所脱颖而出的高校。"我们是上海第一所、全国为数不多的通过教育部2007年本科教学水平评估的新晋本科；同时，也是新晋本科当中第一所或是为数不多的几所成功申请硕士研究生授予权的单位；连续5年在上海高校分类评价中蝉联应用技术型高校第一……这些也是学校文化不断发挥作用的结果。我希望这种文化能够一代代传承下去。以后人们讲到上海应用技术大学时，就会想到它来源于行业和企业，服务于行业和企业，是中国经济发展不可或缺的力量之一。

值此70周年校庆之际，我想给学校送上寄语。三校合并以后，经过20多年的发展，学校成为中国应用技术类高校的一面旗帜，在学科建设、人才培养、师资队伍建设、平台建设等方面，都已经站在了新的起点上。我希望未来在先进校园文化的引领之下，学校有进一步的提升和发展，能够为国家社会经济发展做出更大的贡献，进而成为世界上应用技术类高校的一面旗帜，在世界高等教育之中占有一席之地，为世界的高等教育和科技进步做出贡献。

柯勤飞

　　"应用导向、技术创新"是对学校办学定位上的延续，也是学校在办学理念上对时代主题的主动回应。成功跻身博士学位授予单位，是学校具有里程碑意义的重大进展，开启了学校事业发展的崭新纪元，为未来高水平大学建设打下了坚实的基础。

口 述 者：柯勤飞
　　　　　2018年4月至2023年9月任上海应用技术大学党委副书记、
　　　　　校长
采 访 组：杨　明　吕　客　姚　霏
采访时间：2023年10月19日
采访地点：上海应用技术大学奉贤校区行政楼

采访组：您2018年4月来校担任校长。到校之后，经过反复调研和缜密思考，提出学校的办学目标是"建成一所具有国际影响力的高水平应用创新型大学"。对于这一办学目标的提出，背后有何考量？

柯勤飞：对于"建设具有国际影响力的高水平应用创新型大学"这一办学目标，主要基于两方面的考虑：一是对于学校定位的传承和创新，在传承"应用"的基础上，对其内涵加以必要的创新；二是开阔国际化视野，坚持"走出去"和"请进来"，增强学校的国际影响力。

首先是"应用创新型大学"这一概念的提出。我认为，学校是在传承创新中不断发展的。就上应大而言，传承的是学校的定位——应用技术。在上海乃至全国，以"应用技术"命名的本科高校，我们是第一所，这个特色定位一定要传承下去。随着国家创新驱动发展战略的深入实施，势必会对创新型人才培养提出新的要求，高校在这一方面必定大有可为。那么，"应用技术"这四个字能不能解读出新的内涵？当时我和书记商量，能不能把"应用技术"理解为"应用导向、技术创新"。

具体来说，一方面，作为应用型高校，我们的人才培养必定是需求导向、应用导向，我们的科研成果必须面向市场、面向社会。同时，现在企业已从原本的技术创新主体逐渐转变为科技创新的主体，企业能不能真正承担起创新主力军的重任，关键是需要更多的高校与其一道，共同参与、协同推动高水平的目标导向研发活动。因此，"应用导向、技术创新"不仅是对学校办学定位上的延续，也是新的历史阶段学校在办学理念上对于创新推动发展主题的主动回应。这样一种对于创新的认知，也逐渐成为一种自觉、一种文化，进而引领全校对建设应用创新型大学达成共识。最终，我们在党代会上将其确定下来，作为我们下一阶段的办学目标。

2021年5月，柯勤飞参加两院院士大会、中国科协第十次全国代表大会

2021年12月，"一带一路"中老铁路工程国际联合实验室揭牌

另一方面，一所学校想要快速发展，我们还需要"催化剂"，那就是国际化。建设高水平的应用创新型大学更是如此，不仅要求我们要立足中国大地办大学，也要具备广阔的国际办学视野，很多工作我们既要看国内其他高校怎么做，也要看国际上的高校有没有成功经验，能够为我们的办学提供有益的借鉴。就我本人而言，我曾分管过多年国际交流方面的工作，加上专业是化学为基础的功能性材料，所以更能体会到国际化这一"催化剂"的强大效果。因为工作的缘故，我曾访问过国外很多地方，每到一个城市必到当地最好的大学学习交流。在我看来，大学本身就代表着一种文化的力量，不管是校园的雕塑还是张贴的海报都是无形的软文化。所以我总是鼓励师生们要走出去看一看，同时也要把专家学者"请进来"，让学生能够更多地接触不一样的文化。此外，高校本身就是一个庞大的学术共同体，通过国际间的学术交流合作，不仅能够让我们的学术研究始终保持与国际接轨，通过在国际高水平学术期刊发表论文、参与国际重要科技合作项目，让我们的研究进展登上国际的"舞台"，也进一步展现并提升了学校的国际声誉。记得我刚来校工作时，学校没有一个学科进入ESI全球前百分之一，但是经过我们的努力，到2020年初，化学学科就成功进入了ESI全球前百分之一，紧接着是材料学、农学、工程学。这是学校在世界学术"舞台"上取得的突破性进展，我想这也是我们提倡国际化理念能让学校快速发展的主要原因。

采访组：2021年，学校成功获批博士学位授予单位，这是学校发展史上的重要里程碑，申博的过程想必也是充满了挑战，这背后有哪些让您印象深刻的故事吗？

柯勤飞：我在东华大学和上海师范大学工作期间就负责分管过博士点的申报工作，所以对这项工作相对比较熟悉，深知其中的不易，尤其是对于我们这样一所"升本"才二十年左右的高校来说难度更是可想而知，因此，这几年我们一直将申博工作作为学校推进高质量发展的重中之重的工作，举全校之力加以推进。

怎样的学科能获得博士点？我们的理解是，一方面是国家和地方有需求，需要这方面的人才；另一方面是学校有实力，有能力培养国家、地方有需要的这些人才。从学校自身看，因为当时学校不是博士学位授予单位，所以要申报开点博士点，必须同时申报博士学位授予单位。从外部环境看，当年，经过各省评审选优推荐，最终报到国务院学位办的全国共有50所高校，最终要从这50所高校中历经多轮评审后脱颖而出，并且开点博士点也要获得通过。我将整个申报过程概括为要过"十二道关"，说实话，过其中任何一关我们都不容易。比如申请报告的撰写，就需要我们将国家所需、上海所需、学校特色实力等方方面面都在文本中呈现出来。这就要求我们字斟句酌，可谓是数易其稿、精修细雕，以凸显优势。

除了自身的努力外，我们之所以能够申报成功，还要感谢教育部、上海市对学校的大力支持，市领导为学校申博组织召开专题会议，各级领导对学校的办学特色和办学实力给予了充分肯定，全力支持学校申报博上单位和博士点。当然，"酒再香也怕巷子深"，再好的东西没有好的宣传，那也只能是被埋没的金子。当时，为了更好地讲好"上应故事"，我们整个班子都动员起来，我们凝练了九句话来概括学校的办学特色。

（一）学校办学始于1954年，原上海市市长徐匡迪院士倡导举办、题写校名并题词"厚德精技、砥砺知行"勉励学校，硕士研究生培养始于1984年，目前纳入上海高水平地方大学重点建设高校，入选国家知识产权试点高校。

（二）学校重点发展以香料香精化妆品为特色的轻化工、药物化工、能源化工和材料化工。

（三）学校化工学科在全国第四轮学科评估中获得B类（6所本

2020年12月，学校获批香料香精化妆品省部共建协同创新中心

2023年4月，柯勤飞会见中国香料香精化妆品工业协会来宾

次申请该博士点且具有 B 类化工类高校之一），化学学科进入 ESI 全球前 1%，另外材料科学、工程学和农学接近前 1%。

（四）目前香料香精化妆品学科专业综合实力位居全国前列，建有全国首个省部共建协同创新中心、首个教育部工程研究中心等高水平创新平台，拥有全国首个香料香精技术与工程国家一流专业和化妆品技术与工程上海市一流专业。

（五）拥有国家质量检测中心、标准化委员会秘书处等行业质量标准平台。

（六）主持国家重点研发计划项目、国家自科基金重点项目等。

（七）获得过国家教学成果奖、国家科学技术进步奖等，在香料制备与构效、香气协同与调控等领域达到国际先进水平。

（八）培养了国内 80%香料香精领域的业务骨干和领军人才，成为技术创新成果的转化基地。

（九）本次申报的化学工程与技术学科是学校的"开点"博士点，是对接"满足人民美好生活向往"国家战略和满足都市产业向新业态、高价值、特色化发展需要，以及打造"美丽健康"产业和"东方美谷"的有力支撑。

当时，我记得就是用这九句话向一位熟悉的院士介绍学校，他回复说道："柯校长，有这九句话，我更有支持你们的底气了。"也正是背后有着一位位领导和专家的鼎力支持，我们申博的信心也就更足了。

最终，学校鲜明的办学特色和学科实力得到认可。至此，学校终于拥有了学士—硕士—博士完整的应用创新型人才培养体系，开启了学校事业发展的崭新纪元，为未来高水平大学建设打下了坚实的基础。

今天看来，成功跻身博士授予单位序列，对于学校而言是一个在发展史上具有里程碑意义的重要事件。申博过程不仅是对学校实力的检验，更是精神和意志的考验，体现出的是我们"变不可能为

可能"的决心和勇气。如果说要总结申博精神的话，我觉得至少包含几个关键词：一是主动进取的精神，二是务实创新的精神，三是奋力拼搏的精神，这些精神，将永远激励上应人开创更大的辉煌！

采访组：学校在2022年正式启动高水平地方大学建设，为此学校都开展了哪些相关工作呢？

柯勤飞：追溯起来，学校其实从2018年底就已开始了应用型高水平地方大学的建设培育，这对于全校师生起到了很好的激励作用，但距离真正的"高地大"还是存在着一定的差距。一方面是培育阶段的高校，能拿到的建设经费有限；另一方面是学校尚不具备建设上海市高水平创新团队的资格。"申博"成功后，按照上海市的政策，学校便有了申报高水平地方大学建设资格。从上海高等教育发展的整体布局上看，"高地大"建设的主体是建设B+以上的学科，进而进一步增强整个上海高等教育学科实力和竞争力，而对于彼时刚刚拿到博士点的我们来说，在重点建设博士点的同时，也十分迫切希望通过"高地大"的建设进一步引领学校的高质量发展。

为此，我们主要谋划了几方面的工作：在人才培养方面，以"爱科技""六融合""双协同"理念引领应用创新型人才培养；在人才培养项目申报方面，学校所有学科专业教师都可以申请，以化工类为主，同时兼顾其他各类，实现了全覆盖；在学科和团队建设方面，将化工类四大学科融合到一起，同时将全校的优秀人才全部吸纳进来，组成跨学科的高水平创新团队，以优势学科带动其他学科的发展，达到整体提升的效果；在国际交流方面，提高学校的国际化程度，逐步增强国际影响力；在大学治理方面，通过构建起现代化的治理体系，让内部管理更加精准高效。学校的办学定位和精神品格更加完善，明确"应用导向、技术创新"的特色定位、"依产业而兴、托科技而强"的办学理念、"协同创新、共创价值"的创新文

交流沟通能力
Effective Communication

创造性解决问题能力
Creative Solution

团队合作能力
Team Collaboration

创新精神与审辩式思维能力
Critical Thinking

国际视野
International horizon

自主学习能力
Self-learning

信息素养
Information literacy

主动学习与欣赏
Active learning & Appreciation

应用技术能力与职业素养
Technology & Professionalism

ASciT

4 5 6
3   7
2   8
1   9

未来工程师 ASciT（爱科技）9 大关键能力

2023 年 6 月，上海市教卫工作党委和市教委组织专家组对学校高水平地方高校二期建设的实施情况开展中期评估

化、"卓而独特、越而胜己"的价值取向、"厚德精技、砥砺知行"的大学精神和"明德、明学、明事"的大学校训写入了新版的上海应用技术大学章程。

除了以上几项工作外，作为"高地大"建设的核心，博士点建设是我们的工作重点。在博士点的四个方向中，香料香精化妆品、生物医药、新材料等都是上海重要发展的领域。近期，学校还准备申报材料与化工专业博士点，培育管理科学与工程博士点，我们的设想是，在上述基础上再培育一些新的方向，比如电子信息、人工智能等。也许目前这些领域我们的基础相对还比较薄弱，但大家齐心协力，每个学院深耕1到2个方向，就能把新的博士点酝酿起来。如果能获得3到5个博士点，那么学校才是一所真正意义上的高水平大学，这是我们的梦想，我们也将为之而不断地努力。

此外，特别要提及的是，我们在拿到"高地大"后，又成功拿到了上海市Ⅲ类高峰学科。很显然，对于一所本科历史不长的高校，要想拥有一个A类学科是极其困难的，需要极强的综合实力予以支撑。因此，学校必须通过优势学科的突破去申报国家"双一流"重点培育学科建设。正是抓住了上海市高水平学科建设的有利机遇，积极申报筹备。最后，我们的特色和实力得到了专家组的高度认可。我们的发展思路是通过高峰学科的建设来带动高水平地方大学的学科建设，然后通过"高地大"建设来引领整个学校的发展。

采访组：这几年，上应大保持着快速攀升的势头，连续五年在上海高校分类评价中蝉联应用技术型高校之冠。学校之所以能够取得如此傲人的成就，您认为这其中的主要原因是什么？

柯勤飞：这几年，学校乘势而上、抢抓机遇，发展成就非凡，有目共睹，我认为这是学校党委的正确领导、全校师生共同努力的结果。在这个过程中我主要有三点体会：

2023 年 5 月，应用型高校产教融合"双协同"创新发展战略与多元评价研讨会在校举行

2022 年 11 月，学校与东方美谷联合举办国际化妆品大会化妆品技术创新高峰论坛，发起国际化妆品名校名企"双协同"行动倡议

第一点，要抓住机遇，主动谋划。申报高水平地方大学便是一个典型的例子。当时我受邀作为专家参与建设方案的讨论，过程中就萌生了学校也参与申请的念头。但是，当时方案中计划全市只建设1到2所高校，竞争激烈程度可想而知。但我们没有放弃机会，立即组织团队，积极参与申报。这其中，我们以学科建设为牵引确定了由三大学科群构成的高度对接行业的学科体系。一是香料香精化妆品与绿色化工，这是我们的看家本领；二是功能新材料和智能技术与先进制造，包括材料类以及机电类专业；三是设计文创与创新管理，涵盖经管类、艺术设计类、生态设计类等。通过我们的顶层设计，不仅将"三校一所"的全部家底梳理融合进来，更为重要的是，无论是香料香精化妆品、新材料和智能制造，抑或是设计与知识产权创新管理，都与上海打造国际大都市、设计之都、化妆品之都等相关重点产业密不可分。最终，经过大家共同努力，顺利跻身"高地大"行列。

第二点，要有特色，"一招鲜，吃遍天"。作为新晋本科院校，坦率地说，我们的基础相对薄弱，更要依靠特色立校。记得我们当时选择以香料香精化妆品为特色的化工申报博士点，有专家朋友半开玩笑地说道："柯校长，你到上应大做校长最多五年，你就把硕士点搞好，把产教融合做好，何必费心费力争取博士点呢？"我想，作为一所高水平地方大学，应该有博士点，特色鲜明的博士点，这既是国内高教界的共识，也是广大上应人的心声。习近平总书记曾指出，"满足人民对美好生活的向往，就是我们的奋斗目标。"香料香精化妆品是满足人民美好生活的重要载体，所以我们把香料香精化妆品为特色的学科建设好，培养高层次应用创新型人才，加强科学技术创新，既是服务国家战略和区域发展需要，又是学校高质量发展的特色之路。

第三点，要以点带面、共同提升、协同创新。以特色去协同，通过特色来带动其他学科或方向一起进步。弱势学科不可能一下子得到非常大的建设投入，所以"借船出海"是能采取的最好办法。这样一来，我们就能够用优势学科来带领其他学科的发展，达到以点带面、整体提升的效果。

采访组：党的二十大报告明确指出："教育、科技、人才是全面建设社会主义现代化国家的基础性、战略性支撑。"您觉得未来学校如何深入推进教育、科技、人才"三位一体"战略，继续保持快速发展？

柯勤飞： 党的二十大报告是对未来国家教育、科技和人才"三位一体"的总体部署，高校正是融合这三方面的"主战场"。在我看来，还有一点非常重要，那就是创新，对于上应大这样一所理工类见长的高校，科技创新更是立身之本。所以我们始终强调要坚持创新驱动教育、科技和人才的"三位一体"。

从趋势上看，应用型大学有一个非常重要的融合路径，那就是产教融合。我们不仅要产教融合，学校还提出了双协同的理念，即"协同创新、协同育人"，按照现在通俗的说法，就是企业出题、高校答题、企业阅卷，换言之，企业能得到真正有用的课题，我们也在这个过程中把"双协同"做好。作为一所应用型高校，在产教融合方面，我们有很多成功的经验。比如，学校与百润集团开展合作，在国家重点研发计划项目的支持下，研发了大家熟知的RIO鸡尾酒，其各种风味经过了学校专家团队的精心设计，非常受市场欢迎，项目成果荣获上海市科技进步奖一等奖。这些都是学校推动产教融合、协同创新，从而实现教育、科技和人才融为一体的生动体现。这一过程中，学校争取到更多的办学资源；老师们通过与企业协同攻关，提升了科技创新能力；企业同样可以物色到自己需要的技术和人才，更为重要的是我们的学生也在这一过程中积累了实践经验，为未来从事专业工作打下了坚实基础。

2021年[illegible]月，[illegible]“永远跟党走 奋进新征程”——“我与青年面对面”主题团日活动启动仪式，柯勤飞作青春党课

2023年7月，2023届学生毕业典礼暨学位授予仪式举行

此外，学校还设立了59个协同创新中心，经过建设，有些已经上升到上海市乃至省部共建级别。比如香料香精化妆品省部共建协同创新中心，这是目前该领域唯一一个省部共建协同创新中心。又如上海东方美谷产业研究院，是学校与上海市奉贤区政府和东方美谷集团进行深度合作设立的高水平创新平台；我们还和一些行业协会和科研院所合作，构建起"政产学研用"的协同创新体系。在这个过程中，学校人才队伍得到了建设，综合水平也有了进一步的提升。

当前，高等教育作为科技第一生产力、人才第一资源、创新第一动力的重要结合点，要为中国式现代化提供基础性、战略性、先导性支撑，要全面给予"强国建设、教育何为""教育强国、高教何为"的战略应答。纵观学校70年波澜壮阔的发展历程，我们在传承中不断地创新，在创新中不断地发展。昨天的业绩，是几代上应人开拓进取、艰苦奋斗的结果！站在新的起点上，我相信，只要我们继续弘扬"厚德精技、砥砺知行"的上应精神，践行"明德、明学、明事"的大学校训，坚持"卓而独特、越而胜己"的价值取向，奋发、奋勉、奋进，上应大一定会迎来更加灿烂辉煌的明天，具有国际影响力的高水平应用创新型大学的办学目标也一定能够早日实现！

郭庆松

在学校事业发展中，我们需要做到三个"己"："阅己""越己""悦己"。首先是审视自己；然后是超越自己；最后是愉悦自己。我们这几年发展顺利，最重要的原因就在于领导体制、管理机制的完善。希望全体上应人，勇于担当，迎难而上，尽显大我的使命担当，不枉明人的使人梦想！

口述者： 郭庆松
　　　　　现任上海应用技术大学党委书记
采访组： 杨　明　吕　客　姚　霏
采访时间： 2023 年 10 月 31 日
采访地点： 上海应用技术大学徐汇校区办公楼

采访组：干部队伍建设是事关立德树人根本任务和高校办学质量的重要内容。2020年，学校完成了新一轮的干部调整，在新时代背景下，请介绍一下您对学校干部队伍建设的思考和举措。

郭庆松：对高校而言，核心问题是人才培养，根本任务是立德树人。对整个学校工作而言，要高质量地运转，干部队伍是关键。我于2020年1月20日到上海应用技术大学任职，之前在上海市委党校工作了20年，做过专业教师、教研部主任、科研处长，后来担任副校长。在来到上应大之前，上级党委、相关领导找我谈话，让我就任之后着重抓三项工作——两个换届、一个党代会。第一个换届是学校领导班子的换届，第二个换届是中层干部第七轮换届，一个党代会就是学校第四次党代会。当年的3月20日，在学校春季干部大会上，我们提出了年度三大建设任务和党委三件大事。年度三大建设任务是高水平地方应用型大学建设、博士授权单位建设、课程思政领航校建设。学校党委三件大事就是上面说的两个换届加一个党代会。

中层干部的换届真正启动是在2021年5月，5月12日召开了换届动员大会，7月3日换届结束。在换届之前，我仔细研判了当时学校干部队伍的状况，总体感觉存在三个"比较少"：80后尤其是85后干部比较少，专业强、管理也强的干部比较少，优秀的民主党派和无党派干部比较少。当时，我对照学校干部花名册，发现了"3+3"现象：80后正处级干部只有3位，80后正教授也是3位。

我认为，一个学校的事业发展，干部队伍是非常关键的资源。以往，我们讲人才，往往偏重专业技术人才，其实干部也是人才，干部的人才地位应该得到正视。为此，在第七轮中层干部换届聘任时，我提出了"三个高看一眼"：对80后尤其是85后干部高看一眼，对专业强、管理也强的复合型干部高看一眼，对优秀的民主党派和无党派干部高看一眼。最终，通过这次中层干部换届聘任工作，学校中层干部队伍结构整体得到优化，学校的气象焕然一新，

2021年3月，郭庆松在学校"百名书记讲党史"活动启动仪式上做动员

2023年10月，学校召开学习贯彻习近平新时代中国特色社会主义思想主题教育总结会

也为学校的改革发展提供了坚强的组织保障和人才支撑。

我对干部工作的思考也体现在这次换届聘任工作中，总结一下，就是三个"着眼"：一是着眼体制机制改革全局选用干部，二是着眼高质量发展选用干部，三是着眼落实全面从严治党和激励干部担当作为选用干部。此外，我们坚持党管干部原则，严格贯彻民主集中制，严格落实选任程序，严格执行干部选任工作监督。同时也坚持严管厚爱，注重人岗相适、人事相宜，激发干部干事创业的精气神。

目前，我们学校80后的干部一共是58位，占整个干部人数的三分之一，其中有7位担任正处级干部。可以说，正是两个换届，尤其是学校中层干部的换届，为整个学校的未来发展打下了坚实的干部队伍基础。

采访组：2021年正值中国共产党建党100周年，学校又获批博士授权单位，您组织召开了学校的第四次党代会。对推进学校党的建设，您有哪些思考并推进了哪些重大工作？

郭庆松：一次党代会对一个学校未来的发展至关重要，事关学校事业发展全局。2021年7月15至16日，学校召开了第四次党代会。会议不仅全面总结了学校第三次党代会以来的主要工作成绩、基本经验和主要不足，也客观分析了新发展阶段学校面临的机遇与挑战，明确了学校发展新的历史方位和时代坐标，并确立了奋斗目标和发展愿景：今后五年，初步建成具有一定国际影响力的高水平应用创新型大学；到2035年，基本建成一所具有一定国际影响力的高水平应用创新型大学；到2050年，全面建成一所具有国际影响力的高水平应用创新型大学。这个目标紧紧围绕党和国家提出的未来30年两步走战略，同时，与后来上海第十二次党代会提出的加快建设具有世界影响力的社会主义现代化国际大都市的目标定位相吻合。这样一个奋斗目标和愿景，是把我们学校未来的发展置于整个

上海发展大框架下，置于整个中华民族伟大复兴的框架之下。

在目标中，有一个关键字段，即国际影响力。当时提出来的时候大家还是有一些异议的，因为总感觉我们本科办学才20多年，提国际影响力是不是有点好高骛远？其实在党代会召开之前，我们开了多场座谈会。给我印象最深的是老三校退休的一些老同志，他们饱含感情，对学校的发展十分关注。有老同志指出，国际影响力提得是不是有点高了？我们就耐心解释道：习近平总书记认为国家未来发展、中华民族伟大复兴是不可逆转的，是一定会实现的。到那时，我们国家肯定会成为国际大家庭中非常重要的一员，世界影响力、国际影响力毫无疑问都会提升。我们身处中国、身处上海，是在国际大都市环境下的应用创新型高校，如果没有国际影响力，肯定很难支撑后续的发展。这样解释之后，老同志们就非常理解我们的目标和愿景了。

事实上，在党代会召开之前，我们的广大干部也非常认真地思考过这个问题。很多干部也觉得是不是立足现实，提相对低一点的目标。但我经常讲一个观点，做人需要三个"己"，组织也需要三个"己"：第一个叫作"阅己"，就是审视自己的优势和劣势。组织也是一样，首先要审视自己，研判自己所处的历史方位以及目前达到的高度。尽管上海应用技术大学本科办学只有21年时间，但我们取得了突飞猛进的发展。比如原来叫上海应用技术学院，仅仅16年就更名为上海应用技术大学；2021年我们拿到了博士点、博士授权单位，这在全国新增本科院校中十分难得，在上海高校分类评价中，我们连续5年在应用技术类高校中排名第一。基于这些发展情况，我们认为学校的发展是稳中向上的。审视自己的现状，不盲目自大，也不妄自菲薄，这就是阅己。第二个"越己"，就是超越自己，设置的目标不能一点难度都没有。要超越自己、重塑自己，就一定要把目标设高一点。最后一个是"悦己"，就是愉悦自己，让自己高兴。虽然我们的目标需要经过努力跳跃才能达到，但最终实现的时

2021年7月，中国共产党上海应用技术大学第四次代表大会召开

2021年6月，"一带一路"澜湄铁路互联互通中心揭牌

候我们的喜悦也会加倍。在老同志们的悉心关怀、全校干部职工的大力支持下，我们对学校的目标达成共识。如此一来，整个党代会的召开非常顺利，也选出了新一届的党委领导班子。

这里，我还想讲讲第四次党代会上对学校党的建设的思考和重大工作举措。主要包括三方面：一是落实《中国共产党普通高等学校基层组织工作条例》。学校要高质量贯彻党委领导下的校长负责制，全方位加强现代大学制度建设和完善内部治理结构。我作为党委书记，一直以来把理论学习作为党委常委会"第一议题"并认真领学，每年都在中央和地方党报发表多篇理论文章，获上海市第十五届哲学社会科学优秀成果奖一等奖，接受央视《新闻联播》的《领航中国》之开篇报道"坚持党的全面领导 开创复兴历史伟业"采访。二是从严从实抓好基层党建，对组织而言就是要不断优化从体系，这样才能推动党建和教育教学以及学术研究的深度融合。总体来说，我们的基层党组织还是不错的，入选了上海市的"攀登"计划培育创建单位和7项上海高校学生"双百"创建名单。三是充分发挥全面从严治党的引领保障作用。我们不断强化政治监督和刚性约束，强化年轻干部教育管理监督的制度建设。我们对标学校博士点建设和高质量发展要求，修订了二级党组织"党的建设与政治保障"考核指标。我们学校年初有部署工作要点，每月有工作协调，年中有督查调研、政治巡察，年末有专项考核、述职评议，这样可以全过程更好地发挥保障作用。

采访组： 近些年，上海应用技术大学积极响应国家"一带一路"倡议。学校为老挝培养的首批9名铁道工程专业本科生给习近平主席的联名信得到了习近平主席的高度赞许和勉励。您可以讲讲这其中的故事吗？

郭庆松： 习近平总书记说，要将"一带一路"的"大写意"变成"工笔画"。何谓"工笔画"？就是要对"一带一路"进行精雕细琢，这就意味着每个单位都有机会去画属于你自己的一笔，我觉得我们上应大画了比较精准、精彩的一笔。我们有一个"小而美"的项目，就是专门为老挝培养轨道交通技术人才。

2009年，学校正式成立轨道交通学院。2011年，在对中老铁路进行勘探的时候，我们的教师就参与其中。当时，学校就产生了一个想法：中老铁路建成之后的运转肯定需要技术人才，但技术人才的提供不能一直靠中国，老挝也要培养自己的人才。基于以上考虑，我们主动跟有关部门联系，提出由我们轨道交通学院来为老挝培养这方面的人才。

在2017年党的十九大之后，经过多方筹备，学校专门派人到老挝琅勃拉邦的苏发努冯大学，和他们签署了一个合作协议。在有关部门的支持下，2018、2019年，我们连续招收了19名老挝留学生，其中本科生较多，也有几名研究生。这些学生现在已经毕业，其中13位回到老挝。前一阵子，我去老挝考察，专门去中老铁路上看望我们培养的留学生。当地的中方管理人员对他们交口称赞，说你们上应大学生的素质很好，不光懂中文，而且技术好。根据管理人员的讲述，这些老挝留学生毕业一两年就变成工长、班长（中国本科生毕业在铁路工作，一般五年以上才有可能当上工长），这说明什么？说明我们中国非常重视老挝的人才培养，为他们培养了一批优秀的交通技术人才。

在2021年12月3日中老铁路开通仪式上，中国国家主席习近平与老挝国家主席通伦视频连线，对话中专门提到了老挝留学生。原来，回老挝的13名留学生中的9人联名给习近平总书记写了一封信，表达了对中国的感激之情。他们感谢习近平主席提出的"一带一路"倡议，这才有了中老铁路的建设，才有了他们在上海的精彩学习经历，他们表示愿意把自己所学的知识都贡献到中老铁路上。为此，习近平总书记还专门讲了一段话："中老友谊的未来在青年，

2022年1月，郭庆松和外国留学生一起欢度中国春节

2022年5月，学校通过线上线下相结合形式推进毕业生就业

互联互通的根基在心心相通。几天前，我收到几位曾在中国上海学习铁路专业的老挝留学生写来的联名信。他们一致表示，要把在中国学到的本领贡献给中老铁路的运营和发展，我对此感到非常高兴。中方愿为中老友谊之路培育更多栋梁之才。"习近平总书记的这段话也是对老挝留学生联名信的回应。

因为习近平总书记没有点明上海哪所学校，媒体就四处打听到底是哪所学校培养了这批老挝留学生？我印象中当时有50多家媒体在追踪这件事。上海市委很快知道了，当天晚上市委副秘书长就给我打电话说："庆松，你们做大了！"我说："什么做大了？"他说："习近平总书记在会上讲的是你们呀，我们都知道了！"很快，铺天盖地的新闻报道了我们上应大为老挝培养留学生、为中老铁路培养人才的情况。

2023年10月6日下午，CCTV-13新闻频道《新闻直播间》（共建"一带一路"上海说）又以"授人以渔 薪火相传 为中老铁路保驾护航"为题对我校进行专题报道。

2023年10月中旬我去了老挝，主要是为了进一步落实习近平总书记的讲话精神，同时也探索"一带一路"人才培养的路径。一方面，我看望了已经在中老铁路上班的青年学生，拜访了三家单位，老挝的国立大学、琅勃拉邦的苏发努冯大学及中老铁路投资公司总部。我去国立大学的目的是为了商讨合作。因为老挝的公立大学，一共是五所，国立大学排在第一位。它是老挝唯一一个拥有本科、硕士、博士授权的大学。我们跟苏发努冯大学主要商谈下一步合作计划，一方面要继续采取接收留学生的形式为老挝培养人才；另一方面，双方互开学习课程，尤其是开发线上课程。此外，我们也达成了每年联合申报铁路方面科技项目的协议。

如果说过去几年共建"一带一路"完成了总体布局，绘就了一幅宏阔壮美的"大写意"，那么今后我们应该聚焦重点、精雕细琢，共同绘制好精谨细腻的"工笔画"。上海应用技术大学为老挝培养铁

路工程技术人才就是"工笔画"的"重要一笔",我们愿意将这一笔继续高质量地画下去。下一步,我们也要按照习近平总书记的重要指示要求,持续扎实推进中老铁路工程高等教育合作项目,以做强做大现有的人文交流与科技合作平台为基础,进一步为中老铁路提供更好的人才支持和技术支持,为服务国家交通强国战略和落实"一带一路"做出更多更大的贡献。

采访组:新冠肺炎疫情发生的三年里,您带领全校师生齐心协力抗击疫情,夺取了疫情防控和学校发展的双胜利,有哪些感人事迹让您印象深刻?

郭庆松:在三年抗击疫情过程中,感动的人和事数不胜数,我特别想讲的是2022年的大上海保卫战。2022年3月4日,我们奉贤校区管控了。原因是一名学生参加了武汉的一个培训,那个培训班里有感染的,所以他成了密接;另外有一个在校园内从事装修的工人也是密接。从3月初管控到6月初解封,这段日子全校上下体现的上应力量、上应精神令我感动,令我自豪,令我终生难忘。

我印象很深的有这么几个感动。一个是全校师生团结一致抗疫。学校管控之后很困难,有几千学生和几百名教职工在学校,但只有一个食堂。让我感动的是,只要学校一声令下,我们的老师、同学就全面执行,闭环核酸采集、封校都非常配合。很多同学积极争当志愿者,老师也以学校为家。有老师进校时一身三月春装,出校时已是炎炎夏日,还是那一身,让人动容。第二个让我印象深刻的是我们党员的志愿服务精神。学校党委第一时间发出党员要争当志愿者倡议后,党员们纷纷报名。在需要志愿者的各个场地,比如,食堂、核酸采集点、物资储备点等处,都能看到党员的身影。此外,值守人员在维护校园安全稳定方面的无私奉献和辛勤付出,我们干部们的以身作则、主动担当,都令我深受鼓舞。

2022年9月，郭庆松接受央视《新闻联播》专题报道《领航中国》系列的采访

2021年10月，郭庆松受聘担任高校中国共产党伟大建党精神研究中心首批专家

正是在这样的团结奋斗下，我们学校在大上海保卫战中成为三个"优等生"。第一个优等生是"疫情防控优等生"。整个上海60多所高校，校园内没有感染的大概有10所，我们是其中之一。而且我们是奉贤、徐汇两个校区都没有破防，一例感染的都没有。第二个是"学生就业优等生"。尽管2022年上半年疫情严重，高校就业形势非常困难，但我们学校学生就业率仍排在全市高校前列。当时我们采取了"访企拓岗"措施，校领导带队并以线上的方式开展。为此，我们受到了市领导的表扬，也让毕业生十分满意。第三个是"学生离校返乡优等生"。封控放开之后，上海高校的学生开始返乡。我们学校因为前期准备比较充分，核酸检测比较认真，所以没有一个学生因为核酸检测证明等原因回不了家，也没有一个学生因为准备了充分滞留在上海。

这次疫情防控对我们的学校管理有几点启发。首先，我们认识到体制机制的重要性。何为体制机制？在我看来，体制实际上就是体系和制度，机制就是机构和制度，换句话说体制机制，这四个字就是由三个词构成的：体系、机构、制度。可以说我们干任何事情、推行任何一项重大工作，第一就是要完善体制机制。先构建一个比较完善的体系，然后在体系下面设立健全的机构，并且在体系和机构里面完善相关制度。只有体系完善、机构完善、制度完善才能确保一项工作顺利地推进。因此，学校未来发展中一定要建构比较完善的体制机制。我觉得我们这几年，包括抗疫期间，之所以发展比较顺利，最重要的原因就在于我们整个领导体制、管理机制是相对完善的。当时，我和柯勤飞校长轮流坚守在学校，快要退休的张锁怀副校长主动要求留下来，跟我说："你放心，要我留多长时间就多长时间。"学校的三级疫情防控领导体系始终处于"激活"状态，非常健全，一旦有事马上跟进。

其次，我们认识到未雨绸缪的重要性，很多事情都要做在前面。封控之后，我基本每过几天就到食堂、后勤保障部门去转，主要是看一下物资储备情况。我和后勤负责人讲，你们一定要想方设法保证食堂有一周左右的食材储备，一旦食堂断供就会乱套。所以，很多事情一定要有前瞻性。当然，能取得这次大上海保卫战的胜利，要感谢上级领导部门对我们的支持。封控期间，市委市政府、教卫工作党委教委，还有属地的奉贤区委区政府、徐汇区委区政府全力保障我们的后勤，确保学校无后顾之忧；在复工期间，市委领导还到我们学校看望，给我们带来信息，更是带来信心。

最后，要感谢全社会无私的帮助和奉献。在封控期间，我们收到捐赠物资170万元、捐赠金额300余万元；在"访企拓岗"中，有百家企业为5000多名学生推介了岗位。我也带头"访企拓岗"并参与组织协调湖南省衡阳市祁东县向上海市捐赠1万斤干黄花菜。这些捐款捐物不少源于心系母校的广大校友，让我在感动之余体会到了由衷的自豪。

采访组：您作为习近平新时代中国特色社会主义思想研究的理论专家，对学校铸魂育人工程高度重视，进行顶层设计并全程参与。请问这几年学校在思想政治教育工作特别是思想政治理论课建设中有哪些举措和成效？

郭庆松：讲到习近平新时代中国特色社会主义思想的研究，我还是可以讲几句的。大家都知道习近平新时代中国特色社会主义思想是党的十九大正式提出的。这一思想提出后，中央在全国批准建立10个研究中心，其中，8个在北京，地方上只有2个，一个在广东、一个在上海。时任上海市委书记李强同志指示，上海的研究中心由市委宣传部牵头，会同市委党校共同建设，研究中心的秘书处放在市委党校，主任由上海市委常委、宣传部长兼任。2018年3月2日，上海市习近平新时代中国特色社会主义思想研究中心在市委党校正式挂牌，由于当时我是市委党校分管科研的副校长，因此就成

为中心副主任兼秘书长，主管中心的运行。所以，我对习近平新时代中国特色社会主义思想在上海的落地、实践了解得比较充分。

基于这样一个经历，来到上应大以后，我领衔了《习近平新时代中国特色社会主义思想概论》这门课程。当时，上海所有高校都在推进"三进"，即习近平新时代中国特色社会主义思想进课堂、进教材、进头脑。因为我曾经在研究中心的工作经历，所以对这一问题比较敏感，建设成效也比较显著。我领衔的《习近平新时代中国特色社会主义思想概论》获得2023年国家级一流本科课程。全国共有5所高校的这门课入选一流课程，我们是其中之一；同时，上海共有5所高校的思政类课程入选一流课程，我们也是其中之一，和我们并肩的都是复旦、交大、同济、华师大等985高校。当然，此前我们的马学科也有一定的基础。我们马克思主义学院于2016—2018、2019—2021年度入选上海高校思想政治理论课名师工作室，2017年入选上海市高校示范马克思主义学院；2019年，我校成为上海高校课程思政整体改革领航高校，同年获批上海市习近平新时代中国特色社会主义思想研究基地。

这种成就的获得对地方高校而言是非常不容易的。我想，这也得益于我们这几年的努力。我记得习近平总书记讲过，现在的思政课存在一些问题，教材内容不够鲜活，针对性、可读性、时效性有待增强。思政课需要补一些分裂的内容，讲好中国发展的历史，讲好学生原意听的中国故事。我们在课程中不仅讲习近平新时代中国特色社会主义思想的理论逻辑、历史逻辑、实践逻辑，不仅讲理论体系、精髓、核心及实践要求，不仅讲思想脉络和体系框架，更主要是，我们结合工科学生的特点，通过鲜活案例讲好中国故事。新时代这11年时间中，伟大的变革背后都有很多故事。习近平新时代中国特色社会主义思想是深刻的、有内涵的，有学理也有哲理的。如果纯粹讲道理、学理、哲理，当然也可以打动人，但是对工科学校的学生来说，更希望听到应用性比较强的事例。在我的100多人的

2023年4月，学校举行建校69周年庆祝大会暨70周年校庆启动仪式

2023年10月，郭庆松为2023级本科生讲授"第一堂思政课"

思政课堂里，没什么人看手机的。究其原因，就是有着生动的案例和故事。另一方面，我们还利用现场教学基地，开发"行走的课堂"，直接将思政课搬到红色历史现场。如南昌路上的渔阳里不仅是中国共产党发起组的起源地，还是上海最早的机器工会成立地，这样的现场教学，既是党史教育，也是工业文化融入，深化了"文化素养+应用技术"的教学理念。这也是我们这几年能拿到全国一流本科课程荣誉的原因所在。

采访组：在开启中国式现代化的新征程上，上海应用技术大学未来将如何抢抓机遇，乘势而上，再创佳绩？

郭庆松：我们常说，中国共产党为什么能够砥砺奋进、上中国人民的力量！因为有愿景，有自己的奋斗目标——中华民族伟大复兴的中国梦。我们也有愿景，第四次党代会提出了一个目标——全面加快建设具有国际影响力的高水平应用创新型大学。这个目标明确了大家的共识，凝聚了大家的希望，就可以推动学校向前发展。

在这个愿景之下，我们有几大具体目标。第一是人才培养。我们工业大学人才培养这一块有个非常坚定的目标，就是要培养具有理想信念、家国情怀、本领过硬、勇担责任的学生。所以我们才提出"厚德精技、砥砺知行"。我印象很深的是我带队"访企拓岗"到相关外资公司，公司中层领导跟我讲，他们每年都招聘顶岗实习生，有985高校的，也有地方高校的，你们上应大的学生动手能力强，愿意埋头苦干，这就是为什么最后留下来的大多是你们学校的而不是985高校的学生。听到这些评价，我由衷欣慰。说到底，一个学校的地位最终还是取决于人才培养的质量，这也是我想特别强调的一个理念。

第二就是要服务于国家战略和地方经济社会发展。刚才讲的中老铁路人才培养就是服务于国家战略，未来我们可能还要到东盟一

些国家去，为这些国家培养铁路技术人才。同时，我们是应用技术型地方高校，学科、专业一定要服务于上海地方经济发展。为此，我们把自己的学科与上海结合起来。比如，上海提出的"3+6"产业体系肯定是我们服务的重点。我们也特别鼓励老师走出去，与企业接轨。我们学校的科技成果转化已经进入全国百强，排在第85位。在全国3000多所高校中，我们能跻身全国前一百，就是因为我们有应用技术特色，很多老师研究的主要方向是服务经济社会发展，解决企业实际问题。接下来，我们还要更为主动地与企业对接，这是我们学校之后发展的重中之重。

最后我还要强调基层团队的建设。无论是领导管理，还是人才培养，乃至高质量服务地方经济社会发展，这些都需要基层力量，包括基层党建的力量。高校里不存在离开党建的业务，也没有离开业务的党建。基础不牢，地动山摇，这几年中央反复强调了基层党建的重要性。一个单位的基层党建是需要全覆盖的，而且要有一支忠于党建工作的基层队伍。高校在基层党建方面的薄弱环节，根本原因是专业好又善做基层党建的人才比较少，容易出现"上面是热的、中间是温的、下面是冷的"的情况。如何进一步加强基层党建，解决基层党建的覆盖问题，把热心基层党务工作、有专业特长的人才吸引进基层党组织来从事党建工作尤为关键。所以，为了支撑愿景目标、支撑立德树人、支撑服务社会经济的战略，建设一支德才兼备的干部队伍，加强基层党建，是我们下一步的目标。

上海应用技术大学即将迎来建校70周年校庆。对于一所学校而言，70年是正值壮年。一路走来，上应大的昨天是辉煌的，上应大的今天是坚定的，上应大的明天理应更加自信。我希望，我们全体上应大人勿忘昨天的苦难辉煌，无愧今天的使命担当，不负明天的伟大梦想！

汪小帆

全体上应人对学校有着浓厚的感情和深切的期许，这既让我感动也让我受教育，更让我感受到作为校长肩负的职责。学校未来的发展，可以概括为：守正创新，合作共赢。我们要坚定不移地将一张蓝图绘到底，我们要勇于改革创新，拥抱教学改革浪潮，培养出一批批勇立潮头的时代新人。

口 述 者：汪小帆
　　　　　现任上海应用技术大学校长
采 访 组：吕　客　吴斯琦
采访时间：2023 年 11 月 15 日
采访地点：上海应用技术大学奉贤校区行政楼

采访组：您曾先后在上海交通大学、上海大学任教并担任行政职务，2023年9月起担任上海应用技术大学校长。来校后您开展了全方位的调研，请您谈谈对学校的认识和感受？

汪小帆：我是2002年元旦到上海工作，在近22年的时间里，16年多在上海交通大学工作，5年多在上海大学工作，2023年9月履新上海应用技术大学。能够有幸在上海三所特色定位都不同的大学工作，对我自己也是一个锻炼。

来到上海应用技术大学两个月内，我一直在思考，学校怎么样能够在充分学习借鉴其他高校发展经验的基础上，更加坚定地走好自己的特色发展之路。初来学校的两个月，我既是校长，同时也是老师和学生。作为一名新上应人，这两个月更多的是向广大教职员工和学生学习。通过广泛调研，我学习了解学校的历史和现状、传统和文化，对上应大有了较深的认知。

我对学校70年的发展和历史概括为一句话：上海应用技术大学的70年是应国家和上海的发展之所需不断发展壮大的70年。20世纪50年代，学校前身的三所专科学校——轻专、化专、冶专，都是应新中国建设之所需而建，香料所也是在那个年代成立的，这是非常鲜明的特征。2000年进入了新世纪后，上海应用技术学院应运而生，成为国家第一所以应用技术命名的本科院校，学校抓住了时代机遇。进入新时代，上海应用技术大学发展进一步驶入快车道，能够在这么短的时间里面从学院到大学再到获得博士学位授予单位，实现了一系列历史性的跨越，实现了从本科到硕士到博士全层次的人才培养，这些都是一代代上应人接续奋斗的成绩。

来到学校的这段时间，通过学习和了解，我感触良多。我与离退休老师和在校师生交流，无论年龄和岗位，大家共同对于学校深情的回忆，还有年轻人激情的阐述，都体现出全体上应人对学校的发展有着浓厚的感情，对学校的未来有很深的期许，这既让我感动

2023年9月，学校师来自批9名博士研究生

2023年9月，汪小帆看望艺术与设计学院特教班师生

也让我受教育，更让我感受到作为校长肩负的职责。

在我来校不久，曾经去特教班看望了学生。我问青年辅导员吴斐老师："你工作中最大的挑战是什么？"她简单说了6个字："做精、做专、做深。"这6个字其实也是我作为校长的挑战，怎样做精、做专、做深？怎样和大家一道在学校70年发展历史的基础上，加快推进高质量发展？这是我始终放在心上的问题。

采访组：您刚才谈到对学校未来的发展，作为新一任校长，您始终在不停地思考。能否请您谈一下有哪些主要的思路或举措来加快推进学校的高质量发展？

汪小帆：学校改革涉及方方面面，可以概括为：守正创新，合作共赢。一方面，一代代上应人有着良好的传承文化，我们要坚定不移地将一张蓝图绘到底。对于今天的上应人来说，那就是要把学校全面建成具有国际影响力的高水平应用创新型大学。我们要始终围绕着这个目标，一代接一代的接续奋斗。另一方面，要实现这个目标，就必须改革创新，保持改革永远在路上，创新永远无止境。特别是在当今时代，许多方面都需要适应时代发展的要求。现在的改革创新，或者说高等教育的重塑，不仅仅是上海应用技术大学面临的挑战和机遇，也是全球高等教育都面临的挑战和机遇。

对学校发展来说，第一方面是师资队伍建设。如何营造一种良好的环境，让广大教师在学校做好教书育人和创新性研究。我尤其关心怎样营造一种环境和机制来激发广大青年教师的活力，因为他们意味着学校的未来。最近跟学校有关部门和各学院进行了很多的探讨，也和老师们做了很多的交流。

第二方面是人才培养工作。如何加快推进人才培养模式的改革，培养适应当今时代发展需要的应用创新型人才。

第三方面是结合应用技术型大学的鲜明特色，更好地开展有组

织的科研，深化产学研合作来推动科技创新。

第四方面是更好地落实共建"一带一路"倡议，推进学校高层次、高水平、实质性的国际合作。特别是作为上海的高校，更加要坚定不移地推行对外开放合作，通过高水平的合作，进一步扩大学校的国际影响力。

第五方面是我特别强调的，学校怎样更好地以师生发展为中心，加快提升学校治理体系和治理能力的现代化水平。

从我来学校之后，也特别关注信息化建设。学校的数字化转型对接学校快速发展的需要和广大师生的需求还有很大距离。怎么样加快推进学校的数字化转型，从而为学校的高质量发展提供有力支撑。

我想，以上几个方面是整个学校始终坚定不移改革推进的重点工作。

采访组： 您谈到了加快推进人才培养模式改革，我们知道您这些年在拔尖创新人才培养方面有不少的思考和实践，作为全国政协委员也积极建言献策。上海应用技术大学强调高水平应用创新型人才培养，目前已开启本硕博全层次人才培养的新篇章。您对加快推进学校的人才培养模式改革有哪些考虑？

汁小顺： 拔尖创新人才培养这个话题一直是我特别关心的，虽然刚来上海应用技术大学，但我经常去的也是教学楼和教室，有空我就想去教室转一转，看看课堂里的师生面貌。

党的二十大报告指出，"要全面提高人才自主培养质量，着力造就拔尖创新人才"，这句话非常重要。跟大家讲一讲我的故事，对于培养拔尖创新人才，我这些年确实做了一些工作，所以一直在关注。2009年，上海交通大学准备成立基础学科拔尖人才培养的试验特区——致远学院，时任上海交通大学校长张杰院士兼任院长。学校希望我能担任常务副院长，其实一开始的时候我是犹豫的。一方

2023年11月，图灵奖得主约翰·霍普克罗夫特教授来访学校并受聘为名誉教授

2023年11月，上应学子获2023"知行杯"上海市大学生社会实践大赛特等奖，进行成果交流展示

面，考虑这么多年来我一直从事教学和科研，确实是比较乐于上课，乐于教学，乐于培养指导学生，但是在本科生的人才培养方面，当时我算不上一个专家。另一方面，要做这么一件改革创新的事情，会不会对我的学术产生影响？那时我刚刚获聘长江学者，还有自身的学术发展。我的个性就是一件事情要做就要努力把它做好。后来经过很多的思考，甚至还有一些纠结，最终决定接受挑战来担任致远学院的常务副院长，回想起来当时确实有些"舍我其谁"的感觉。

做了这个决定，对我自己的学术研究确实会带来影响，但是我大做了这一番尝试，能够培养出一批英才，应该也是一种成就。我想要感谢我的硕士生导师黄开斌先生，她在我读硕士的时候说过一句我至今受用的话："Just try!"这种勇于尝试、敢于接受挑战的精神一直在我的身上，帮助我不断前行。因此，从2009年开始，经过十多年的时间不断地进行探索，我们国家在拔尖创新人才培养改革上面取得了很多有益的成绩。现在基础学科拔尖计划也在进一步地推广和扩大，所以党的二十大报告提出的"全面提高人才自主培养质量，着力造就拔尖创新人才"，在当下的意义就更加重要。

关于上海应用技术大学，如何迎接这样的挑战呢？前面我已经说到了，世界正处百年未有之大变局，我们的国家处于新时代新的发展阶段，全球新一轮的科技革命和产业变革来势凶猛，所有人都感受到了人工智能技术这些年与日俱进的快速发展。在这样一个时代，高等教育怎么办？

我们首先应该承认现在的教学模式，基本上还是沿袭工业时代的教育教学模式。在现在这样一个网络化、信息化、智能化的时代，传统的教学模式还能适应时代发展的要求吗？应该如何革新教育理念、教学内容、教学方法等，这一系列的改革哪一个大学能够先行先试、走出来了成功的经验，就可以更好地为培养适应时代发展需要的人才起到示范和引领作用。

"上海应用技术大学"这个校名起得非常好，学校培养的是在应用技术方面的创新型人才，所以更加应该责无旁贷地拥抱技术浪潮，在飞速变化的时代培养出勇立技术潮头的一批批时代新人。从这个角度来看，如何能够加快推进人才培养模式的改革至关重要。我在教室里面跟上课老师交流，也在探讨教学内容怎么更新，能不能把这些技术趋利避害，因为任何技术的发展都是双刃剑。怎么样把协同育人、协同创新的产教融合机制进一步落实、落深、落细，是需要深思的问题。

技术的飞速发展有一个重要特点，就是很多创新型人才不见得都在高校，企业有一大批这样的人才。学校如何通过深化产教融合实现双赢，使得培养出来的学生能够真正成为我们国家经济社会建设的生力军。我现在常常感到"时不我待"。人才培养是一个"慢变量"，不可能是今天说了一个什么，明天就会产生什么大的变化。所谓"百年树人"，确实非常有道理。但是另外一方面，我们千万不要因为它是"慢变量"就什么都不做，否则就会失去这个时代、失去学校发展的机遇。哪怕在我们这代上应人的身上做的一些人才培养改革不见得马上见到效果，但是只要是时代发展的需要，是国家社会发展的需要，就要有定力和恒心去做，哪怕有再大的挑战也要坚定不移地推动。

采访组：为国家、民族、时代培养人才，是我们的职责使命。刚才从您的谈话中我们可以看到，要培养好人才，教师队伍水平是关键。能否请您对学校的师资队伍建设再谈谈您的想法？

汪小帆：引进人才确实是学校面临的非常大的挑战，来校期间我深切感受到引进人才不容易，留住人才更难。人才问题关键就在于学校如何营造一种机制和环境，让广大的教师通过努力，在上应大能够成就梦想。如果我们做得好，可以成为汇聚人才的一个最大

2023年10月，许小平副书记看望2023级新生

2023年9月，学校召开高层级人才座谈会

优势。

上海应用技术大学如何能够不拘一格引育人才，"引"和"育"同等重要，如何营造一种环境让各类人才都能够在学校拥有梦想、成就梦想，这一点是至为重要的。从营造环境、机制建设方面可以做的事情很多，比如怎么样才能够不断提升学校的管理和服务水平，使得广大教师能够把更多的精力用于教书育人，用于创新研究。

关心人才，是在一些细节方面体现出学校真的关心人才，以人才发展为重。这些关心体现在点滴日常事务性工作当中，提升学校的管理和服务水平，让广大教师在学校里面感受到被尊重、被关怀，感受到他们在学校只要努力，就能够不断成长，能够实现梦想。我最近也在跟人事部门反复地沟通交流，要尽快优化教师职称晋升的标准和程序。评审的周期不宜太长，评审的标准也要不断优化，让各类人才只要他把所长给施展出来，就有发展上升的空间。

再比如，学校如何能够在引进杰出人才、留住高端人才上面有更加可持续性的激励措施。其中可持续性尤为重要。我们经常说留住人才要靠感情、靠事业、靠待遇。如何统筹把待遇、感情、事业有机结合起来，最为关键的还是关注人才的事业发展通道。所以怎么将可持续的激励措施在学校现有的机制下推动起来，让人才能够在学校现有的条件下面继续得到成长，这是我非常关注的。

还有一点我前面就提到了，学校如何能够让广大的青年教师不断成长，让优秀的青年教师愿意选择上应大，这是教师队伍建设的重中之重，而且这点做得好不好，更加关乎学校的未来。我想到比如加强有组织的科研，让青年教师来到学校后就能够体会到他不是一个人在奋斗，能够通过团队合作在学校把自身优势发挥出来。再说更详细一点，我多次跟各学院院长交流沟通，青年教师来到学校后需要上课，教书育人是教师的职责，但是不要让青年教师一下子就上太多的课。一下子让他们上太多的课，怎么可能把这些课全部都上为精品课，一是他上不好课，二是也没有时间和精力去做研

2023年10月，学校召开高水平地方高校建设方案优化调整研讨会

2023年11月，学校第六届国际青年学者论坛举行

究。所以上课的量要适度，要让青年教师从教学的一开始就树立"把每一门课认认真真教好"的信念至关重要。在教学的基础上，教师们有精力去开展创新性研究，提升自身水平，这些对青年教师的发展都有很大的意义。

大家知道我是全国政协委员，几次在两会期间我都是受到鼓励。在两会期间我看到朋友圈里一些青年教师会提到在去幼儿园接孩子回家的路上，还在思考国家自然科学基金的本子怎么写等。我能看到青年教师的压力和挑战非常大，每一个青年人选择到高校当老师，是带着梦想而来的。学校是"以师生的发展为中心"，这绝不是一句空话，它应该变成学校上下所有人的共识，并且落实在一个个小的细节里面。广大青年教师有梦想，学校就有发展；青年教师有未来，学校就有未来。我希望在我当校长期间，能够有一大批的青年教师得到成长，我想这是非常有成就感的一件事情。

在当前以人工智能为代表的技术飞速发展的时代，以前说"教师是人类灵魂的工程师"，在当下教师的这个角色更加重要。我们应该更加尊重教师，让老师努力成为"大先生"，成为人类灵魂的工程师。这样教育教学就可以更多地帮助学生学会学习、学会相处、学会为人、学会做事。

技术的发展，让古人千年以来因材施教的教育梦想有了大规模实现的可能。学校在2007年提出"明德、明学、明事"的校训，到今天看来是非常好的。在技术飞速发展的时代，我们上海应用技术大学的校训和"厚德精技、砥砺知行"的大学精神变得更加重要了。要落实所有的这些，关键还是要靠不断提升学校教师队伍的水平。

采访组：上海应用技术大学即将迎来70周年校庆，回顾历史经纬，擘画美好蓝图，您对学校未来发展有什么样的展望？

汪小帆：我来学校的时间还不长，但强烈感受到广大师生员工

2023年10月，汪小帆在开学典礼上寄语全体2023级新生

2023年9月，迎国庆教职工座谈会暨新进教职工欢迎会举行

对学校深厚的感情，我相信上应大一定会有更好的未来。我看过一篇校园新闻报道，卢冠忠老校长在2011年底时有一次与学生交流，那天交流的主题是"SIT的成长与未来"。卢校长当时说到"我也有一个梦想，我的梦想就是我们的学校终将成为上海的MIT"。新闻报道里提到，当时卢校长的发言获得现场学生们强烈的反响和热烈的掌声，时至今日我看到也同样深受感动。卢冠忠老校长的梦想其实就是我的梦想，也是所有上应人的梦想。

"一张蓝图绘到底"，学校的目标就是全面建成具有国际影响力的高水平应用创新型大学。所以可以想象一下，到那个时候我们的学校会怎么样？到那个时候的上应大，我想肯定是蜚声海内外，能够成为不仅是令全国而且是全球的优秀学子和优秀人才向往的一所高水平应用创新型大学。而且到了那个时候，我们可以骄傲地说，学校培养出了一批批的杰出毕业生，其中一定会有一批杰出毕业生会成为引领这个时代发展的杰出人才，也一定会在技术领域取得突破性的成就，能够为行业的发展和社会的进步做出不可取代的贡献。

在强国建设中，上海应用技术大学一定能发挥应有的重要作用。我们的办学模式将来不仅在中国，在世界都能够在应用创新型高校的办学模式中起到示范引领作用。今天看来，这些梦想距离我们还是有些遥远，但是我相信，经过一代代上应人的接续奋斗，终会把这个梦想变成现实，这一点我是有充分信心的。

2 铸魂育才

经过全校师生两年的不懈努力，当得知学校教学评估获得18个A、1个B的优良成绩时，全体师生为之振奋。学校6个本科专业和1个工程硕士专业领域入选教育部"卓越计划"，获批国家级工程实践教育中心，也是教育教学改革的一项大事，为后续上海市应用型本科专业建设和教育部工程教育认证奠定了基础。

口述者：周小理
　　　　2005年至2017年任上海应用技术大学教务处处长
　　　　上海应用技术大学香料香精化妆品学部教授
　　　　获全国优秀教师、上海市五一劳动奖章
采访组：姜　超　王　玺
采访时间：2023年11月5日
采访地点：上海应用技术大学奉贤校区图书馆

采访组： 您从山西省食品工业研究所来到学校，从一名教师逐步走上学校教务处处长管理岗位，并连续担任教务处长12年。这期间，正是学校本科教学工作体制机制迅速建设与不断完备的时期，历经了许多大事、要事，您都亲身经历并全身心投入其中，能给我们介绍一下这些过程及其对学校发展的影响吗？

周小理： 十分荣幸能够受邀来共同回忆合校后本科教学发展的部分往事和历程，20年已过，这些记忆依旧清晰、亲切。我作为1977年恢复高考后的第一届大学生，来校之前，在山西省食品工业研究所担任副所长，从事食品研究工作20年，是一名教授级高级工程师。2001年8月，我成为上海应用技术学院一员，担任食品科学与工程学科带头人以及生物与食品工程系副主任。2005年8月，由于工作需要，我走马上任教务处处长，一干就是12年，在两次本科教学评估期间我分别担任评估办副主任和主任。这时期正值我国高等教育蓬勃发展，办学规模从精英化走向大众化的转型期，也是我校本科教学发展的重要机遇期。我有幸参与其中并见证了多个历史节点。

第一是"两次评估"。2007年11月，我校接受了教育部本科教学工作水平评估专家组的实地考察，获得了18个A、1个B的优良成绩，这标志着我校成为一所名副其实的本科院校。时隔十年，2017年5月我校又顺利通过了本科教学工作审核评估，标志着我校进一步成为一所特色鲜明的应用型本科院校。

第二是"更名大学"。在2008年至2016年的8年间，学校教育教学以内涵建设和外延拓展并举，在整体搬迁至奉贤新校区同时，启动了地方本科院校"十二五"内涵建设（"085"工程）和教育部"卓越工程师教育培养计划"（"卓越计划"），办学实力实现新的跃升，最终于2016年3月实现了全校师生更名大学的翘首企盼。当站在镌刻着"上海应用技术大学"的校石前，我的内心无比激动与自豪。我亲历了学校跨越式发展的艰难历程，深切感受了"厚德精

2011年11月，学校举行卓越工程师教育培养计划试点工作交流会

2015年12月，学校召开本科教学工作会议

技、砥砺知行"大学精神的鼓舞与感召。

2007年，迎接教育部本科教学评估是我任教务处处长后所面临的首要棘手任务，点滴记忆如今仍历历在目。当时，许多高校专家对我校的评价是"专科痕迹过浓"，这个评价乍听起来十分刺耳，但随后的迎评实践让我深感认同。从专科到本科，原有的教学模式变还是不变，如何变？先入主流还是首保特色？多个问题接踵而至。所幸学校党政及时组织了两次全校教育思想大讨论，对什么是本科，如何才能办好一所合格的本科等关键问题进行了深入探讨。大家坚定了变革的决心，更加深刻地认识到只有步入本科正轨，才能传承和彰显原三校"依托行业、服务企业"的应用型培养特色，也才能成为一所特色鲜明的应用型本科院校。更加深刻地认识到，本科评估恰恰能为我校跨越式发展注入动力，是促使教学工作驶入规范发展快车道的极好契机。

迎评促建工作于2005年11月正式启动。围绕两年时间里，学校统一部署实施了7大建设工程。通过邀请专家进校指导和去其他高校现场学习，我们对本科教育教学规律有了更深的认识，学到了许多教学管理的宝贵经验。面对源自三校、尚缺少统一教学规范的现状，教务处首先以专业人才培养方案为切入口，梳理修订全校人才培养体系。以小小3007所有专业、7万余本科学生的规模进行课划，构建了学校、系部两个层面的基础课程和实验教学平台，搭建了专业层面的专业必修课和专业选修课平台及相应的实践教学平台。打破了原有自成体系的教学格局，从统一课程代码、明确各系部教学任务入手，为后续全校课程、教材、实验、实习等办学资源的建设与共享奠定基础。同时，修订了40项本科教学管理质量标准和35项工作流程、61项教学管理制度，形成了较为完备的教学管理运行机制和质量保障体系。

在迎评促建中，由党政和评估办总牵头，各职能部门和教学系部都激昂奋发，奔着以优良的成绩通过教学评估而不懈努力。教务

处更是一马当先，在确保全校教学正常运行的同时，我和张小全、王莉贤两位副处长，现代教育中心卢康道主任以及马忠才科长等教务处骨干组成迎评工作小组，放弃了寒暑假和双休日，时常加班至深夜。专家现场考察随机抽调材料的那晚更是令人难忘。全校各系部主任及教学主任、教学秘书在接到指令后，快速准确地在规定时间内将材料送至教务处，我们又有条不紊地进行二次检查，确认无误后火速送交到专家驻地。教务处全体包括当时借调至教务处刚刚入职的5位年轻博士，一直坚守到翌日凌晨。令大家欣慰的是，全校上下的努力得到了教育部专家的充分肯定，评估结果优异。消息传来，全校师生为之振奋。

2011年，学校申报并获批教育部"卓越计划"也是教育教学改革的一项大事。当时，我校虽以优良成绩通过了本科评估，形成了较为完整的本科教学管理体系，但又面临如何凸显办学特色、提升育人质量的新课题，申报实施"卓越计划"成为一个重大契机和必然选择。在校党政的支持下，教务处组织相关学院和专业热烈讨论，在广泛征询产业界需求的基础上积极申报，最终6个本科专业和1个工程硕士专业领域成功入选，同时，与上海医药集团股份有限公司共同申报获批了国家级工程实践教育中心。学校的高质量专业建设也因此获得新动力，为后续上海市应用型本科专业建设和参加教育部工程教育认证奠定了基础。

来高校后，无论是从事一线教学还是教学管理工作，我对工程教育都十分执着，对于学校培养卓越一线工程师的目标定位和路径探索，始终充满信心，并满怀激情地付诸创新和实践。这与我个人的成长背景密不可分。我出生在一个工程师家庭，父母曾是我国"一五计划"中156个重点项目之一——"山西太原氮肥厂"的设计者和建设者。我从小耳濡目染了父辈们踏实敬业、一丝不苟、勇于攻坚、乐于奉献的工程师精神，特别是在中苏关系破裂时期，是他们不畏艰难、群策群力，保证了项目的竣工投产。正因这种精神激

励，我在高考时选择了工科专业，立志成为一名食品工程师。毕业后我一直从事食品工程技术研发和成果转化工作，深知生产企业急需基础知识扎实、实践能力强、能够解决实际问题的大学毕业生，也深知一线工程师的培养离不开真实的工程实践环境，离不开与企业界的深度融合。

如何密切校企合作育人的关系，始终是我思考的重点。我先后提出了一系列具体举措，包括每年举办一次大型校企合作办学研讨会，组织和支持行业企业冠名的学科竞赛，支持专业及学院建立小型中试生产线，提出创建100门校企合作课程和100项校企合作实验，开展校企双导师指导学生毕业设计（论文）以提高真题率。2010年，学校搬迁至奉贤新校区之时，在我的提议下，找校与合作企业共建了一片桃李硕果林，以发扬学校五十余年来"依托行业、服务企业，培养应用技术人才"的办学传统，再续水乳交融的校企合作情。

采访组：人才培养是高校工作的重中之重，学校致力于培养卓越一线工程师，聚焦这一目标，您在具体推进教育教学工作进程中，做了哪些思考和举措？

周小理： 大学的发展必须立足长远、面向未来。当时，我与教务处的同事们提出要创办一个学习型的教务处，努力成为"学校办学定位的践行者，人才培养模式的探索者，全校教学活动的管理者，广大师生发展的服务者"。我们凝心聚力贯彻学校的办学方针，敏锐把握社会对应用型人才的新需求，为学校获批国家教学成果奖、国家级实验教学示范中心、国家级精品课程等"国字头"教学项目殚精竭虑。我们主要开展了以下三个方面的建设与创新：

第一是专业建设不断深化。专业是人才培养的基本单元，专业布局和建设水平关系到学校人才培养的结构和质量，学校对此十分

周小理指导学生开展大学生创新创业项目

2020年12月，学校举行劳模、先进与青年教师"结对子"仪式

重视，始终坚持专业建设与经济社会发展相同步。我校专业建设任务始终很繁重，数量从2000年学校成立时的6个，到2005年我上任时的26个，再到2017年我卸任时的49个，实现了快速增长，形成了以工为主、多学科协调发展的专业格局。

2011年，在“085”工程专项资金的支持下，学校按下了专业建设的加速键。我们以现代都市工业学科专业群为统领，勾勒出以三大主干学科为引领，对接上海市重点发展产业领域，重点建设专业、支撑发展专业和辐射共享专业分类发展的新一轮专业建设蓝图，有效促进了专业建设与产业发展，极大地改善了学校的专业办学条件。学校主持并完成了教育部教育综合改革重点攻关项目等多项市级及以上课题，人才培养模式和育人特色得到广泛认可。为适应上海及长三角区域战略性新兴产业的需求，学校增设了材料物理、光电信息科学与工程、地理学、轨道工程、风景园林等新专业；在全国首设了香料香精技术与工程、化妆品技术与工程专业两个目录外应用型本科专业；在市属高校中率先组织开展了中本贯通、高本贯通培养模式改革，开展一系列先行先试的创新探索。

第二是人才培养体系进一步创新。首先是在更新人才培养理念和培养模式方面，自2008年起启动了工程教育认证工作，请教育部评估协会和上海交大工程教育认证专家进行培训，强调落实“崇尚实践、回归工程”，以培养学生的工程实践应用能力为重点，确立了应用技术能力培养的四个“四年不断线”，全面修订了各专业人才培养方案。其次是在创新人才培养机制方面，经过对国内高校卓越拔尖人才培养模式的广泛调研，2009年学校在人才培养机制上进行了又一次重大探索——成立工程创新学院。首届招收电气工程及其自动化专业一个实验班，随后卓越计划试点专业的学生也编入了工程创新学院，统一进行前三年的培养。良好的教育教学改革试验田，孕育了优良学风教风的形成，培养了一批优秀学生在国内外赛事中屡获佳绩。首届工创学院学生曾凯给我留下很深的印象。他2011年获"美国大学生数学建模竞赛"国际一等奖。2012年，他作为唯一一名本科生荣获"上海市青少年科技创新市长奖"提名奖。

第三是育人平台和质量文化持续提升。随着学校在外地招生规模的逐年递增，生源结构呈现更加多样化的特点。我们以"因材施教、人人成才"的理念，建立健全"预科学分必修班""基础课分层教学""教师答疑问学""班导师导学"和"过程辅导"等制度，并通过实施大类招生、转专业、跨国企业国外实践游学、跨专业选修等举措，为学生提供多层次、个性化的更多选择，营造了奋发向上、人人成才的学习氛围。

为了在人才培养中凸显"厚德精技"的印记，夯实卓越一线工程师的综合素质和能力培养，我们整合学校资源，在上海高校中较早地设立了通识教育中心，通过设置三大通识教育模块，实现了通识教育与专业人才培养目标的有效匹配。设立了大学生"三创"（创意、创新、创业）教育中心，组建了首批34个跨专业学科型社团，实现了第一课堂与第二课堂的有效衔接。

为了营造质量为先的校园文化，我们还每年开展主题鲜明的教学质量月活动，并与学校相关部门联合举行"教学名师""教坛新秀""青年教师讲课比赛""我喜爱的课程""我心目中的好老师"、学习标兵及学习型寝室等竞赛和评选。为推动学校全员育人，在各部门的协同下较早地开展课程思政建设，入选了上海市课程思政教育教学改革重点培育学校，引导教师将应用型人才核心素养内化到课程教学育人实践中。

采访组：您在教学、科研领域成绩斐然，科研成果突出，还获得全国优秀教师、上海市教书育人楷模提名奖等荣誉，可以讲讲您在教学、科研工作中的心得吗？您对学校青年教师们有怎样的期许？

周小理：上海应用技术大学为我不断完善自我、追求卓越提供

授予周小理同志：

"全国优秀教师"称号

周小理获全国优秀教师称号

2019年9月，学校举行"不忘初心、牢记使命"主题教育暨教师表彰大会，周小理作为全国优秀教师发表教书育人感言

了平台，我先后获得了全国优秀教师、上海市五一劳动奖章、上海市教书育人楷模提名奖、享受国务院政府津贴专家等荣誉。我领衔的食品科学与工程专业教学团队连续获得四届上海市教学成果奖，通过了教育部工程教育认证和美国IFT国际专业认证，先后获得上海市级优秀教学团队、上海市工人先锋号、上海市三八红旗集体等荣誉。这些成绩都离不开同事们的大力支持。

1975年，我在山西古交山区插队，担任过村里的临时代课老师，望着孩子们渴求知识的眼神，我深感教师的责任与神圣。当我大学毕业工作后将科研成果转化给食品企业时，发现企业急需综合实践能力强的毕业生，我想成为高校教师的意愿越发强烈，想将自己20年来在食品行业一线的研发经验传授给莘莘学子。正因为这份教育情怀，我在44岁时毅然选择走进上应大。执教22年，岗位虽有调动，但作为双肩挑教师，我始终坚守教学一线，主讲的课程被评为国家级精品课程、国家级精品资源共享课程，每学年为本科生平均授课115学时，指导5-7名本科生的毕业设计，指导大学生多次获得全国挑战杯大学生创新创业大赛奖励。时至今日我依然坚持为研究生授课，已培养硕士生80名，很多学生成长为食品产业一线研发和管理骨干。借此机会，我想与青年教师分享三点体会。

第一，学为人师，行为世范。作为一名教师，需要不断地完善自身人格，以己之学识、阅历、经验唤起学生对真善美的向往，树立正确的价值观和社会责任感。我任教的第一门课程是食品工艺学，每次上课前我都要将教案更新充实，使知识点更加贴近行业实际和科技前沿，并在课堂教学中充满激情、寓教于乐，使每一节课都能迸发出澎湃的活力。

第二，追求卓越，勇于创新。教师必须在自己的研究领域深耕出令人信服的成果，才能有"源头活水"，引导学生形成可持续的学术创新和实践创新能力。我们要不断超越自己，使我们的教学内容始终与时代发展同步。鼓励学生把理论知识与科研、产业过程中的

问题相结合，注重创新实践能力的提高。

第三，关爱学生，分享快乐。我们不仅在课堂和实验室里传授知识，还要利用业余时间鼓励辅导学生参与科技创新活动，与同学们一起开展科学研究，通过真情、真心、真诚拉近与学生的距离。用自己的一言一行、一点一滴让学生感受到严与爱的叠加。正像我最喜爱的泰戈尔的一句名言：果实的事业是尊贵的，花的事业是甜美的，但是让我们做叶的事业吧，叶是谦逊地、专心地垂着绿荫。

在上应大的岁月，我与同事们在翩然翻过的岁月中留下共同的印迹，都已成为永远难以忘怀的岁月之歌。值此 70 周年校庆，我想对学校青年教师们说，你们是上应大的明天，面对新时代的召唤，期望你们传承"明德、明学、明事"的校训，勇往前行，让青春在这片热土上绽放。衷心祝福你们在所挚爱的教书育人生涯中，拥有感受、创造和传播幸福的能力，以优美的姿态，去遇见最好的自己和更好的上海应用技术大学！

吴飞飞

学会做明天的老师比做今天的老师更重要，老师的育人空间应该超越课堂空间。我骄傲的是这些聋生通过努力，毕业后在各自的工作岗位上证明了自己，这才是特殊教育的最大意义。

口 述 者：吴飞飞
上海应用技术大学艺术与设计学院教授
获高等教育国家级教学成果二等奖、上海市教学名师
采 访 组：张 叶 刘林枫
采访时间：2023 年 11 月 5 日
采访地点：上海应用技术大学徐汇校区艺术楼

采访组：您是轻专培养出来的学生，学成后又回到轻专工作。您在求学期间，有没有令您印象深刻的经历和故事呢？

吴飞飞：我是"文革"后第一届大学生，小时候看过苏联电影《乡村女教师》，那种精神一直感动着我。当时，我就立志要做一名老师。为了达成我的志向，我必须去读书。1978年，我考进上海轻工业高等学校美术系。那时候，轻专在全国都算很厉害的，几千个人报考，就招这个人，让我记忆深刻的是，1980年，我们学院在市历办过一个海报设计展，那时候我们的作品就轰动了全国。当年国内很少有这么成规模的设计展。我们参展的设计作品也都非常优秀，体现出了扎实的设计基础和超前的设计思维。这个作品展的影响力传播到了全国的设计学院，各大高校设计学院师生纷纷来到重庆观展，好评如潮。后来，我们参展的诸多作品被一些设计学院当作授课示范稿。我们上课的时候，教室经常有外校设计学院的学生来参观，他们都带着好奇的眼神想获得一些专业知识。1981年我毕业，1993年受邀回到母校艺术系任教。在这里上学，在这里教书，在这里退休，我常把我的职业生涯比做回泖。

采访组：作为艺术与设计学院学科带头人，您取得了突出的教学成绩，获得国家级教学成果二等奖、上海市劳模等荣誉，可以请您分享教学方面的心得和经验吗？

吴飞飞：主要有三点感想。第一点感想是，学会做明天的教师比做今天的教师更重要。时代在变化，教学对象的内涵需求在变化。20多年前，学生渴望书本上的知识，教师能说透书本上的每一个知识点就是一位敬业的、被学生尊重的教师。如今随着科技的进步、信息的多元化，学生可以随时知晓世界各地最前卫的艺术流行趋势。教学方法已经从以往的教学生"学会"转化为教学生"会学"。面对这种情

艺术与设计学院"聋聪合一 普特互渗"教学团队

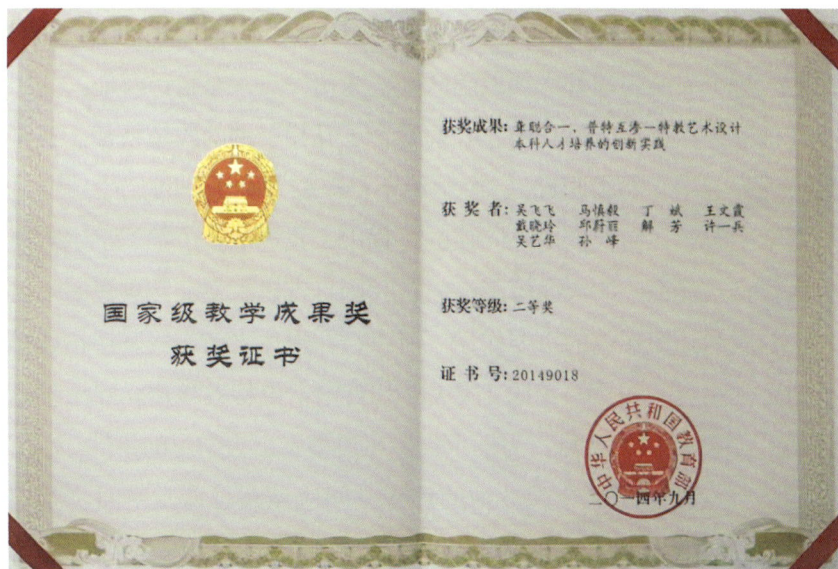

2014年9月,《聋聪合一 普特互渗 ——特教艺术设计本科人才培养的创新实践》获国家级教学成果二等奖

况，我常常思考明天该怎么教？也就是这个问题驱动着我寻找、创造各种机会，让学生走出教室，进入社会，开阔眼界。比如，从2012年开始，我利用自己在英国南安普顿索伦特大学艺术设计学院的影响力，与该校外事办进行数次书信交往沟通后，以非常低的价位谈成了学生在暑期赴该校进行短期游学的项目。在做好发动学生参与、筛选学生、召开学生家长会、准备签证等出发前的大量准备工作后，我自费买机票，放弃17天的暑假休息，带领学生一起体验国外同专业"教与学"的方法，体验不同国家教师对同一个问题的不同解答和引导。由于洽谈的费用比较低，所以不容许学生上课请翻译。白天我与学生一起听课，课余期间，把上课内容尽我英语水平所能理解的与学生分享，晚上同学们做作业的时候，我仍然陪伴在旁边，给予建议和提出问题让他们思考。虽然整个游学过程非常辛苦，但是学生们都觉得值得，他们普遍反映：游学使他们进一步感受了解了西方艺术文化，了解了不同的文化背景、设计理念和教学方式。比如，英国的教师在乎的是学生作品的内心世界，而非技术高超；他们重视团队合作精神，每个人的想法都必须以团队利益为出发点，对自己及他人的想法进行取舍，在这个过程中，我们学会了互相帮助的团结精神。我坚信"读万卷书，行万里路"，游学绝不是享受，而是一种感受。通过带领学生游学，与他们同吃同住的过程中，我进一步了解了学生需要什么？喜欢什么？明天我该怎么教？我国自古以来就非常重视游学对人格养成和知识形成的重要作用。所以，在退休之前，我坚持拓展学生的游学机会，先后与英国2所大学和韩国索伦特大学建立互派学生和2+2、3+1的留学项目，为学生创造了更多走出去学习的条件。

第二点感想是，今天教师的育人空间应该超越课堂空间。我们的专业是随着改革开放发展起来的一个年轻学科。20多年前，设计学科的学生是社会急需的人才，那时候教师不用担心学生的未来就业，企业抢着向学校要人才。如今，随着信息技术、社会经济的高度发展，发生了由用人单位向学校要人改变为学校向用人单位推荐

聋生特教班教学实践场景

2016年9月，吴飞飞获上海市教书育人楷模（提名）

人才的转化。这个转化不是方法上的简单转化，而是对人才内涵质量要求的提升。这样的转化更突出了教学实际上是"教书育人"的本质。我们教师不仅要教学生"学会"知识点，更重要的是要教会学生"会学"。会学，就会滋生出新的创新设想，怎样教会学生学习是我经常思考的另一个问题。

近10年来，招生对象有很大的变化：过去的报考生源大都是热爱艺术、从小就开始接受良好艺术熏陶与基础训练的考生。但现在由于专业大量扩招，相当一部分考生是通过考前绘画基础速成训练进入大学的。面对这样的学生群体，往往常得调常里的"空间"不够了，于是，我关注到一些专业竞赛和实际演练项目，把这些项目引入工作室，带领年轻教师，利用业余时间和寒暑假辅导学生（包括普研学生），通过参与竞赛，获得社会专业人士的评判，检验我们的教学质量。竞赛的成败可以培养学生的创新挑战精神，从成功中学到"会学"，从成功中树立自信。更重要的是，学生在工作室中与教师一起工作，气氛由课堂的严肃性变为温和和谐，相互间的交流多了，交心也多了，学生会把所思、所想、所做告诉你，并希望从教师那里获得支持或者建议。久而久之，我和学生早已不是普通的师生关系，而是成了彼此的知心朋友。

第一点感想是，教师是应该学会传承的。作为一名老教师，不仅仅是培养学生，还要以传、帮、带来影响和培育年轻教师。如果我能影响到一个年轻教师，那么这个年轻教师将来会影响到无数个学生和同事，特别是我身边的年轻女教师们。她们都很不容易，她们肩负着家庭和育人的重任，但仍保持着积极向上的热情，不断地为提升自身的专业水平而默默努力。她们的精神影响着我，促使我经常思考：除了工作中的传、帮、带，我是否能更多地帮助她们，创造一切有利条件，展示她们的风采，提升她们的社会影响力呢？2015年，受英国南安普顿索伦特大学邀请，在校领导的支持下，我带领我系的女教师和她们的设计作品走出国门，在南安普顿举办为期近一个月的"来自上

海应用技术大学的女性艺术设计展",充分展示出来自东方女性的艺术风采,进行零距离的国际交流。当地媒体都报道了我们的展览,南安普顿市市长亲自接见我们,进一步扩大了我校的国际影响力。

采访组:残疾人接受高等教育,是衡量一个国家社会文明和教育进步的重要标志。《解放日报》曾以《将特殊材料雕琢成为艺术品》为题报道您的事迹。能给我们介绍一下这些聋人学生们的故事吗?

吴飞飞:2000年,上海应用技术学院在上海率先创办了聋人高等教育。依托艺术学院的上海市一流专业——视觉传达设计,学校在艺术学院的平台基础上成立了特教部,每年招收一个聋人大学生班级,还配备了专门的手语翻译老师。我们从那时候开始肩负起教聋人大学生艺术设计有关课程的职责。

当时,我们要教普通学生又要教特教学生,这个转折是有点困难的,因为本来上课就是用嘴说,突然沉默,这怎么教?聋人学生语言能力的缺失直接导致他们语文基础差、理解力差,课程的教学光是靠手语根本就不行。翻译老师以他们的知识量去翻译艺术专业的课程难度很大,学生学到的东西很有限。为了将难以翻译的设计理念、创意思维等专业知识传授给特教学生,我们花费了很多心力。当时每个学生都有本子或者白纸,放在桌角上,老师单独辅导时就用笔跟聋人学生交流。

我认为对聋人的教育,是不能偷懒的,一定要面对面教学。艺术设计不适合线上授课,有时候往往教师一个手势、一个眼神,就把一种理念的表现方法传递过去,学生就领悟到了。艺术是很感性的,靠面对面体会。教师上课的时候在你的草图上唰唰两笔,你马上领悟到了是什么意思,尤其是特教学生,更需要意会。

2015年是抗日战争暨世界反法西斯战争胜利70周年,那年,我们依据这个时代背景指导学生创作了不少作品。《和平》就是在"海

2019年11月，聚美化妆品学院与英国雷丁普瑞凯顿伦特小学短期游学项目

2021年11月，学校劳模（先进）创新工作室揭牌

报设计"课上指导聋人学生做的作业。原来那个学生思考的画面是：一个个战士牺牲倒下了，草图表现得很直接很血腥。我看了后这样跟他说：战争残酷的一面可能会导向仇恨，但这次活动的主题思想是要不断唤起全世界人民维护世界和平的决心。这些战士，他们生前为和平而战，死后他们的灵魂变成了和平鸽，还在警醒着世人要珍惜现在的和平。我们学过平面构成，你可以把十字架慢慢演变成鸽子飞向天空，这样的寓意更深远。最后这个学生的作品获得了美国加州国际音乐艺术节"和平奖"一等奖。

让他们去参赛，是因为我觉得不能让聋人学生只生活在属于他们特定的圈子里，要让他们在现实生活中自打自拼，真正成为社会的一员。所以我鼓励他们走出去，去参加各级别的艺术设计大奖赛，和健全人一起同台竞技。

我时时关注、关心、关爱每一个特教生的学习、生活状况。在一次教授包装设计课程的过程中，我发现一位单亲聋哑女生情绪非常低落。通过了解，我得知她与父亲发生了一些矛盾，已经有一段时间没回家了。因为顾及学生的情绪，我选择在课题辅导的过程中潜移默化地引导学生。身为一位母亲，我通过自己教育孩子的经历，让她明白父亲视她为最爱，只有最爱她的家人才会管教她。"一个优秀的学生，不仅要在学业上有所成绩，还应该尊敬自己的长辈，这样才是一个优秀的社会人。"在耐心、细心的劝解及疏导下，她主动回家与父亲沟通，并在父亲的帮助下外出打印自己设计的作品。最终，她的作品在与众多专业设计师、普通大学生的同台竞技中，获得了"华东包装设计大奖赛"银奖。2004年华东地区包装设计大奖赛，整个上海市只有两个银奖，其中一个就是她获得的。

这些年来，特教班学生拿到手的这类高级别的奖项少说有数百项，其中，很大一部分还是国际级别的奖项。我骄傲的不是他们的成就，而是因为他们通过努力，毕业后各自在工作岗位上证明了自己。这才是特殊教育的最大意义。

朱士昌

我们致力于统一教师的教学思想、建设……外语教学改革、营造浓厚的跨文化交际校园氛围。在国际交流工作中，调动各学院参与……加强国际化内涵合作，更好地服务于学校的办学目标。

口 述 者： 朱士昌

　　　　　　2001年至2010年任上海应用技术学院外语系主任

　　　　　　2010年至2012年任上海应用技术学院国际交流处处长

采 访 组： 吴斯琦　迟　娟　刘从文

采访时间： 2023年8月18日

采访地点： 上海应用技术大学徐汇校区图书馆

采访组：您曾在华东理工大学工作多年，担任外语系副主任、硕士生导师组组长，是何种契机促成您来到刚合校的上海应用技术学院工作？

朱士昌：能够履职并校之初的上海应用技术学院，与我的成长经历密不可分。我从复旦大学外文系毕业后，服从学校安排，赴华东化工学院（华东理工大学前身）四川分院参加教学工作。返沪后，我加入了国家教委和英国文化交流协会联合举办的"华东地区高校助教进修班"。1988年至1990年，我赴悉尼大学语言学系学习，获得硕士学位。学成归国后，我以饱满的精神状态投身于华东理工大学的外语教学改革中，并取得丰硕成果。由我负责的English Minor Major（英语副修专业）闻名全国。我受邀在全国大学外语学院院长会议上做主旨交流发言。

针对科技英语专业办学，我与同事们提出了"精英语、懂科技、知经贸"的办学思想，得到了当时全国英语教学指导委员会领导的首肯。任职华东理工大学外语系副主任期间，系里增设了日语和德语专业，成功获批"英语专业硕士点"。华东理工的外语教学在同类院校有口皆碑。英语专业8级考试连续多年在全国排名第一或者名列前茅，我也荣获"上海市优秀教育工作者""宝钢优秀教师奖"等荣誉称号，享受国务院特殊津贴。我在华东理工大学的英语教学与教学管理中得到的历练与经验，为以后在上海应用技术大学的继续发展奠定了坚实的基础。

2001年，时任上海应用技术学院校长徐福缘亲自面试，我受邀参与上海应用技术学院初期的创建工作。许多朋友对我的决定十分不解，反复劝说我三思而后行，毕竟彼时的上海应用技术学院只是一所新合并的本科院校。诚然，单枪匹马开拓新的局面必定困难重重，然而一个人在有限的生命中接受更多的挑战，获得更多的历练与经验，自己的教学生涯和人生才会更有意义。于是，在家人的坚

定支持下，我满怀信心地来到上海应用技术学院。尽管在进校初我所遇到的困难远超预期，但这段时光依旧是我时时回首的美好记忆。

我希望借此机会向在我11年工作过程中，给予我宝贵支持的领导和同事们表示由衷的感谢和敬意。我要感谢时任第一任校长徐福缘教授，是他给予我参与建校初期的艰苦创业过程的机会。我要感谢时任党委书记祁学银、副院长姜海山，他们自始至终地提供全心全力的支持。此外，时任党委副书记、副院长朱国强与基础部党总支书记陈守岗、教务处长周小理在外语系教学改革中和衷共济，给予了具体支持与建设性建议。与我共事的两位"政委"——时任外语系党总支书记马志火和张淑梅，以身作则带领外语团队持之以恒地进行改革，正是同事们无私的付出，外语系才谱写出"一年一个样、三年大变样"的改革与发展的乐章。

坚守教学一线的教师们与我风雨同舟，共克时艰，短短8年时间里，外语系实现了系部年度考核倒数上升到连续位于学校前三名的飞跃。回首过去，往事历历，我对同事们始终怀着感激和敬意。

采访组：创业阶段的定面临各种困难和挑战，您能回忆一下，当初作为外语系主任是如何努力克服这些困难的？

朱士昌： 这是一个 long story，挑战首先在于充分认识到教师和管理者在教学理念上的差距，这就要求找立足实际，有重点、有步骤地开展教学和管理工作。

教学改革的当务之急就是统一教师的教学思想。起初，教师的教学模式固化，分三步进行——带领学生朗读课文生词，逐词逐句解释课文、讲解语法，最后按照课后要求完成作业。课程考核也缺乏创新，复制粘贴以往试卷，拼凑而成。显然，这种教学阻碍外语教学改革发展步伐，"转变教学理念""改变教学方法""使用不同的教材""执行不同的教学大纲""改变课程评价方式"等工作迫在眉

2002年8月，学校选送青年教师赴澳大利亚昆士兰科技大学进行短期进修

2006年9月，学校举行教师节庆祝大会，朱士昌代表外语系受表彰

睫。我们组织全体外语老师认真学习理工科院校本科英语教学大纲，引导教师们在教学要求、教学方法和教学测试等方面尽可能实现了统一。

其次，教师队伍成长对于外语系的未来发展至关重要。在教学思想统一后，外语系以"用事业留人、用感情留人、用待遇留人"的思想为指导，组建了一支教学能力强、具有科研热情、勇于开拓进取的教师队伍，为外语系持续发展保驾护航，打了一个漂亮的翻身仗。

在校领导的强有力支持下，我们选送具有发展潜力的青年教师赴澳大利亚等国和本市—些科技大学进行短期进修。如今这些教师大多数已经成为学校办学中的中坚力量。之后，又选送两名青年骨干教师赴澳大利亚和美国攻读博士学位，学成后委以管理和教学的重要职务。我们借个科教学水平评估之机，贯彻学校"筑巢引凤"人才建设方案，延揽一批年富力强的全国其他高校的英语教师加入，为外语系实现可持续发展注入了新鲜血液。

外语系教师的学术背景和教学经历不尽相同，利用"扬长避短"的思维充分发挥大家的特长，"心往一处想，劲往一处使"形成教学改革与发展的合力。每年寒暑假，外语系党政班子对教师进行"家访"，大家围绕发展过程中的困难及解决方案等问题深入交流，彼此之间的感情也变得更加紧密。工会每年组织系迎新晚会更彰显着凝聚力，我们用感情留人，使外语系呈现出一派蓬勃发展的新气象。

我们还以外语教师队伍发展为契机，用前瞻思维考虑教师的个人发展。鼓励原三校青年教师就读上海外国语大学举办的英语硕士班，我多次主动与上外同行共同研究如何提高教师们的语言理论学习和科研能力。我们还与外省市高校主动联系，与大学核心期刊联合办"特刊"，解决了科研"老大难"问题，使青年教师锻炼了科研论文写作的能力。

外语系的发展成就了教师队伍的成长，教师队伍的建设为后来的外语教学改革奠定了坚实的基础，这是外语系发展过程中浓墨重彩的一笔。

采访组：教育教学改革一直都是外语系的工作重点和前进方向。您是如何开展外语教学改革工作、推进学校外语教学发展并且取得显著成果的？

朱士昌： 通过把握外语教学改革的总趋势、吸取其他高校外语教学改革的经验，我们圆满演奏出外语教学改革三部曲——教学练兵、团队实践和课程结构改革。

第一，教学练兵。我们从教学思想大讨论为起始，赴外校学习取经，组织以青年骨干教师为主体、丰富教学经验的老教师积极参与教学讲课竞赛，在教师中形成了"比学赶帮超"的教学氛围。在改革过程中，我始终坚持以身作则，率先垂范，用榜样力量来鼓舞带动教师，受到了大家的尊重和支持。

第二，团队实践，加强教学管理队伍的建设。遵照学校发展要求，外语系成立了公共英语教研室一室和二室、中外合作教研室、英语德语专业教研室，教研室主任基本上是由参与澳大利业进修的骨干教师担任。教研室从抓教师的备课着手，组织集体备课，讨论和确定课堂教学的重点，以及对学生实施教学检查等方式，使老师们形成步调一致、整齐划一的教学管理。

第三，课程结构改革。我们集思广益，提出"外语菜单式课程"教学的改革思路与举措，受到本科教学水平评估专家们的一致肯定。"外语菜单课程"的特色在于"拓宽学生知识视野和阅读能力——英文报刊选读""提高学生中英文表达能力——中英初级口译""打开学生认识和了解英美国家的窗户——英美国家概况""初步掌握与英美国家人士交流沟通的技巧——跨文化交际"。这种课程结构是对原有课程框架的大突破，符合教育部所提出的提高学生"听说读写译"能

2006年11月，学校举行第四届外语节

2009年5月，外国语学院举行迎世博青年教师演讲比赛

力和跨国文化交际能力的要求，也与学校教学发展步伐相契合。该框架受到时任上海市外文协会会长卢思源教授的多次高度评价。

除了外语改革三部曲之外，我积极推动学校开设德语专业。在以理工见长的上海应用技术大学设立英语和德语专业，既能够为国家培养更多具有理工背景的多语种语言应用型人才，也彰显我校外语学科专业建设的全面性。这开始了我人生中"第二次栽树"的过程，也是外语系为学校发展应尽之责。事实证明：语言类专业的发展只有深植于理工科发展的土壤之中，才能从中不断地汲取养分。

我们还注重培养学生的课外英语应用能力，组织举办了外语节、英文辩论赛等，多姿多彩的活动为学生们提供了锻炼的平台和机会，学校兴起了一股学外语、说外语的热潮，在同类院校中产生了轰动效应。

路虽远，行则必至；事虽难，做则必成。在师生的共同努力下，外语系创造了一年一台阶的佳绩，也成就一段骄傲自豪的历史记忆。

采访组：国际交流对于高校高能级发展至关重要。作为学校国际交流处的首任处长，请您分享一下您当初采取了哪些具体举措去大胆开拓并大力推动学校国际交流工作？

朱士昌：建校之初，国际交流成为发展的重要举措。在徐校长的亲自领导下，我们成功举办了中外教育研讨会，中外嘉宾齐聚研讨中外理工院校（尤其是新成立的理工院校）办学特点。在学校接受教育部本科教学评估前夕，我还飞赴加拿大汤姆森河大学（Thomson Rivers University），与加方进行了广泛交流，达成了深刻共识，成为我校中外合作办学的标杆。

2010年，学校决定成立国际交流处，由我担任第一任处长。其间，我利用自己的语言优势，与加拿大、新西兰和美国的合作院校

保持良好沟通。在与外方交流过程中，我充分理解和尊重外方大学的教学管理条例和教学要求，而且努力宣传我校对中外合作办学的思想、举措及其要求，努力寻找双方办学的契合点，稳定中外合作教学的秩序，确保办学质量。

学校对我委以重任，我深知责任重大，国际交流工作与提升学校办学水平、实现办学目标息息相关。我们凝聚全校力量开展国际交流，坚持调研学习制度，与各学院院长认真研讨所在学院外事工作思路，如何将开展国际交流与本学科发展结合起来，各学院开展国际交流的积极性为之空前高涨。我们经常组织各学院开展国际交流工作的经验交流、制订外事交流的发展规划、拍摄外事交流的视频，国外高校外国友人纷纷来校交流探讨开展国际合作交流的途径，学校形成了浓厚的外事交流氛围。

在市教委国交处的指导下，我们认真分析了如何利用学校的专业特色和优势，开展更加卓有成效的国际交流工作。

首先，充分利用学校领导出访外国合作院校的契机，努力做到出访之前与对方交流，明确访问和交流的主要任务，出访结束后，与国外合作院校和本校相关学院具体落实访问成果。此外，既注意引进国外高校的先进教学理念和实践，也十分注意维护我国高校的教学主权。比如，与新西兰奥克兰理工大学校长的交流过程中，围绕对我方学生的外语要求，我坚持"以历届学生的学习和毕业去向"等为基础，与新方校长进行多次协商讨论，最后新方学校接受我的建议，适当调整了相关外语要求。

其次，我深知学校国际交流工作服务于学校在同类院校中知名度的提升，创建国际交流特色需要花大力气。结合我校香精香料学科在国内高校和业界的影响力和国际知名度，我们决定将该专业介绍到科摩罗——世界上香精香料原材料最为丰富的国家，也是法国香精香料原料的主要来源国。当时，我们排除万难，促成学校领导对该国的访问。出行任务是促成我校香精香料专业与科摩罗大学的

2007年10月，瑞典哈尔姆斯塔德大学、瑞典威斯特大学专家团来访，推进国际化人才培养

2012年7月，加拿大皇家大学副校长来访，为学校外事工作颁发奖章

相关专业建立合作关系，并且努力将该项目建设成为我国外经贸部的重点援外项目，成为我校国际交流发展史上的一张绚丽名片。访问取得了空前成功，科摩罗前总统、当时教育部长和我国驻科摩罗大使分别接见我校代表团。我国驻该国大使馆的官员们对我校的设想给予了高度评价，他们认为，上海是中国经济发展的龙头，科摩罗是西非比较贫穷的国家，该合作项目的启动，必将对我国在非洲的地位及我国高等教育与国外合作方面产生深远影响。遗憾的是，项目并未获得实际启动，没能取得预期效果，这也成了我至今难以释怀的事情。

学校还举办了学生利用假期赴英美等国家进行学习考察的活动，我们前期做好组织筹划工作，协调跟踪随访，学生回国后及时开展交流活动，取得了很好的效果，留学生项目也有所起色。

我任国际交流处处长一职仅两年有余，但是工作得到了学校、学院领导们的高度认可和赞赏。加拿大汤姆森河大学和加拿大皇家大学在我退休之前，专门从国外送来了镜框，以示感谢和敬意。

在上海应用技术大学工作的11年中，我收获颇多，感受深切。首先，无论作为外语系主任还是国际交流处长，必须具有高度的责任感和使命感、勇迎挑战和攻坚克难的勇气和信心，将其转化为推动我持续前进的动力。其次，努力学习，提高理论水平和执行政策的能力。我努力学习国家对高等教育改革的宏观要求，深刻领会学校的发展战略，始终坚持前瞻思维，进行具有开拓意义的改革与创新。工作期间，我非常注意党政合一，凝聚外语系和国际交流处同事们的力量，形成团结向上、完成使命的合力。自我表率也发挥很大作用，它是动员和鼓舞教师们积极奋进的力量之源。我为自己能在学校的发展中贡献涓埃之力而深感荣幸。以70年校庆为契机，我衷心祝愿上海应用技术大学在新的征程中再攀高峰，早日实现学校提出的宏伟办学目标！

薛纭

　　在长达40年的教学实践中，我有一个深刻的体会，那就是教学工作既是学术性质的工作，也是艺术性质的工作，要做好它是无止境的。要想成为一名优秀的教师，就要在教书育人中学会不断地探索、总结和提升自己。

口 述 者： 薛　纭

　　　　　　上海应用技术大学机械工程学院教授

　　　　　　2016年至2018年任上海应用技术大学教学指导委员会副主任

采 访 组： 郭东波　谭　霞

采访时间： 2023年8月25日

采访地点： 上海应用技术大学徐汇校区图书馆

采访组：您曾被学生选为"我心目中的好老师"，荣获科技英才和"忠诠–尔纯"思想政治教育奖（教工一等奖）等荣誉。能否请您结合教书育人工作，谈谈作为一名优秀教师应该具备怎样的素养？

薛纭：我从事教学工作已经有40年了，退休至今也有6年了。回想起自己的教学生涯，体会和感悟油然而生。我认为，作为高校教师，首先要记住自己的初心和使命，那就是要为党育人、为国育才，培养又红又专的人才。

要想成为一名优秀的教师，应该有几个追求。其一是要有正确和坚定的政治方向。具体来说，就是要自觉地深入贯彻落实社会主义核心价值观。其二是要有较强的教学和科研能力，这二者应该是相互融合的，教师不仅要提升自己的教学能力，还要积极开展自己感兴趣的课题研究。其三是还应该具备突出的教学管理能力，包括学科建设、专业建设，还有教学大纲的制定等，这些也是一位优秀教师应该积极承担、敢于探索并要认真做好的工作。所有这些，最终都要落实在教学上。

在学校的快速发展中，涌现了许多优秀的青年教师，比如，在我熟悉的机械工程学院，尚慧琳教授曾获得上海市育才奖及国家自然科学基金项资助，张而耕教授团队建立了上海物理气相沉积(PVD)超硬涂层及装备工程技术研究中心，侯怀书教授建立了"侯怀书无损检测工匠创新工作室"。教师们的科研发展其实和学校发展是同步的。一方面，老师们的科研团队在学校发展的助力下形成，并同学校一样乘上快速发展的列车；另一方面，这些科研团队发展的同时也为我们学校的发展做出了积极贡献。

在长达40年的教学实践中，我有一个深刻的体会，那就是教学工作既是一个学术性质的工作，也是一个艺术性质的工作，要做好它是无止境的。要想成为一名优秀的教师，就要在教学工作中学会不断地探索、总结和提升自己。我们学校在2000年由三所专科学校

2016年1月，学校召开《上海应用技术学院学报（自然科学版）》第四届编辑委员会全体会议

2023年6月，机械工程学院举行青年教师教学竞赛，薛绘担任评委

合并组成，当时的起点还是比较低的。为了加强师资队伍建设，学校制定了鼓励教师进修的政策。我是较早去进修的老师，当时，去了上海大学攻读博士学位。在我之后，也有很多老师去攻读博士学位。合校初期，我们学校的博士屈指可数，但是现在学校的情况已经完全改观，青年教师具有博士学位的比例越来越高，师资队伍的整体水平已经有了很大的提高。

我们教研室引进了很多青年教师，早期的有尚慧琳、王波、庞有绮、蒋扇英，后面有柳爽、谭霞，这几位年轻教师都获得过国家自然科学基金青年基金的资助，其中两位还接着获得了国家自然科学基金面上项目的资助，这无疑是他们较高学术水平的体现。看到这些局面，我十分高兴，这是学校发展和高水平教师队伍形成的写照，也说明老师们在不断提升自己。教师之间互相学习、互相进步，这也为学生树立了很好的榜样，为迎接学校的进一步发展做好了准备。

采访组：您刚刚谈到了一名优秀教师应具备的教学能力，我们知道教材是教学建设中重要的一环，也是教学质量的重要保证。您曾是《大学物理》期刊的编委和我们学校学报的主编，合作编著了《理论力学》教材，能给谈谈您在教材建设方面做出的努力吗？

薛纭：我们学校是全国第一所以"应用技术"命名的高校，这是很有开创性的。我认为，我们要紧扣学校"应用技术"的特色，在教学工作中把它全面和充分地彰显出来。教材是教学工作的一个重要方面，作为一所应用技术类大学，在教材中体现"应用技术"的特色就十分重要。我一直都想编一部理论与应用相结合并突出"应用技术"特色的教材。但应用型教材又应该怎样呈现出它的"应用性"呢？在编写之初我一直在思考这个问题。我认为，要想体现"应用性"，就必须在教材中用到来源于工程实际的实例背景，也更要能从教材中学到能解决生产实践问题的方法。

考虑到我们学校的办学特色，这本教材在突出工程背景和应用的同时，还要有它的理论深度。因为学生读了这个教材以后，还面临着未来的深造，需要有一定的理论积累。两方面都要处理好是有一定难度的。这个教材我当时是和上海大学陈立群教授一起编写的。陈老师是杰青和长江学者，理论水平很高，实践能力超强，我们一起编著了这本教材，然后在清华大学出版社出版，我还是比较满意的。这本教材也得到了兄弟院校的好评。

采访组：学校一直非常重视教学质量的提高，您曾经担任学校教学指导委员会副主任委员和教学质量监控与评价分委员会主任，能介绍一下主要职能吗？为提高教学质量，开展了哪些工作？

薛纭：我在担任学校教学指导委员会副主任委员和教学质量监控与评价分委员会主任期间，主要是负责教师和教学相关的工作。教师的教学工作评价有几个方面，主要包括学生评教和督导评教。学生评教由学生在网上完成。督导评教是先由学校在职和退休的教师组成督导组，督导组通过听教师的实时课堂来完成评教。要申报职称晋升的教师，还需提出申请，由我们教学质量监控与评价分委员会委员专门去听课。委员会再开会对教师的教学能力投票，来决定其是否符合职称晋升的要求。委员会的职责就是严格把控好职称晋升中的教学关。过了教学能力这一关以后，申报职称的老师才能进入下一道程序。教学在职称晋升里是有一票否决权的，如果教学能力这关过不了，你也没办法去评职称。此外，教学事故的认定、教师的全英语教学的能力认定也都是我们分委员会完成的。

我担任学校教学质量监控与评价分委员会主任时，在教学工作方面还负责了一件比较大的事情，就是把原来占比很高的期末考试，改革成了过程考核。也就是把该课程在教学过程当中进行考

181

薛纭编写出版教材《理论力学》

2023年11月，机械工程学院举行研究生党支部专题学习会，薛纭与研究生们同上党课

核，降低期末考试成绩的权重。这个过程考核以前都没做过。刚开始实施的时候，是由教务处组织各二级学院的老师先申报，待批准已经在实施或完成以后，我们再去进行检查。这个检查就是对照老师制订并获得批准的过程考核、成绩评定等方案的全面检查。从这整套流程来看，过程考核制度对教师和学生都提出了很高的要求。实践表明，过程考核获得了教学双方的欢迎，教师的积极性很高，学生更加努力。通过这一改革，教师的教学水平有所提高，学生的学习积极性也上去了，虽然老师辛苦了一点，但是效果还是很明显的。据我了解，目前，过程考核已经由二级学院落实和完成。

学校70年的发展历程，我参与和经历了后三分之一的岁月。当学校由专科发展为本科，先后拥有多个硕士学位授权一级学科和1个博士学位授权一级学科时，我为学校这些突破性成果而到骄傲，真想为学校再工作20年！70年寄语想说的很多，想了很久，我这么说吧：70年岁月如歌，铸就了学校今天的辉煌，预示着更加灿烂的明天。祝福我们学校的本科、硕士、博士教育和科研工作取得更加辉煌的成绩！

将最新的科研成果以案例教学方式融入教学中……那些吸引学生听课让他们有兴趣学习，也让学生理解很多问题在本质上相似，问题是可以通过灵活运用类似的原理来解决的，提高学生解决复杂工程问题的能力。

口 述 者：毛海舫

上海香料研究所有限公司总经理

上海应用技术大学化学与环境工程学院教授

采 访 组：吴斯琦　赵　韵

采访时间：2023 年 8 月 9 日

采访地点：上海应用技术大学徐汇校区图书馆

采访组：据我所知，您在2006年担任上海香料研究所所长，这一年，正是香料所并入上海应用技术学院的时期。您能给我们介绍一下香料所的基本情况吗？香料所对于学校的发展带去了怎样的影响？

毛海舫：上海香料研究所始建于1956年，原来直属于国家轻工业部，是当时国内唯一的香料香精专业研究所。1999年7月香料所转制为科技型企业，并实行了属地化管理。2006年3月31日，经上海市政府批准，香料所正式并入上海应用技术学院。我校历史沿革中所说的"三校一所"中的所就是指上海香料研究所。香料研究所科研能力强，业内认可度高，在并入后对我校教学、科研等方面都起到很大的作用。

首先，上海香料研究所的科研能力强，明星产品不断，对我国香料行业的发展起到了重要作用。作为一家香料香精专业研究所，主要的研究范围包括香料合成、天然香料培育和加工、香精创拟和应用，标准制定和产品检测等。香料所历史上承担了多项国家及市级科研项目，并实现了从研究成果到现实生产力的高效转化。在香料所60多年的发展历史中，对推动行业进步方面作用比较重大的科研项目有78项。其中，合成香料实现产业化的产品有香兰素、苯乙醇、檀香208、檀香803等，香料所培育的天然香料品种有687亚洲薄荷、香叶、薰衣草等品种。这些产品都已成为我国目前生产的主要合成与天然香料品种。香料所在香料香精领域开展了系统的科学研究与产品研发，使我国成了除西方发达国家以外唯一具备香料香精系统研发和工业化生产能力的发展中国家。

其次，上海香料研究所业内认可度高，专业性很强，并入后促进了学校学科建设的发展。上海香料研究所拥有国家香料香精化妆品质量检测中心。它是于1991年根据国家技术监督局指示开始筹建的，是首家专业从事香料香精、化妆品质量监督检验的国家级检测

机构，可承接香料香精、化妆品及日化产品、食品添加剂、洗涤产品等样品的检验检测工作。此外，上海香料研究所还有全国轻工业香精香料行业生产力促进中心，该中心是在1997年经国家科委批准成立的。该中心以科技中介服务为纽带，积极推动产学研合作，可以为行业内企业提供多层次的优质服务。

应该说，这些省部级教研平台架起了学校和研究所之间的桥梁，推动了我校化学工程与技术学科的内涵建设，形成了学校"芳香科学与技术"的独有特色，助力我校相继获批博士学位授予单位、化学工程与技术一级学科博士学位授权点，化学工程与技术学科也入选了获批上海市III类高峰学科。特别需要提的是上海香料研究所在1984年就获得应用化学硕士学位授予点，不但为我国香料香精行业培养了众多的科研骨干，也使我校的研究生培养历史向前推进了20年，大力推动了我校研究生教育的发展。

采访组：工程教育认证是实现工程教育国际互认和工程师资格国际互认的重要基础。2017年，学校化学工程与工艺专业率先通过中国工程教育专业认证，您能和我们说说当时为什么会想到去做专业工程认证这个工作吗？

于海船：为什么要进行工程教育认证，首先要说工程教学专业认证对专业建设的作用和意义。我觉得专业认证对专业建设至少有四个方面的作用：

第一，工程教育专业认证是有国际通用的专业标准的，专业通过认证就标志我们的专业符合工程教育专业的国际标准要求，可促进专业、学院与学校建立起科学规范的教学质量管理和监控体系，从而提高专业和大学教学的管理水平。

第二，通过认证，促进专业教育与行业企业的联系。邀请行业专家全面参与人才培养方案的制订、培养过程的改进与培养成果的

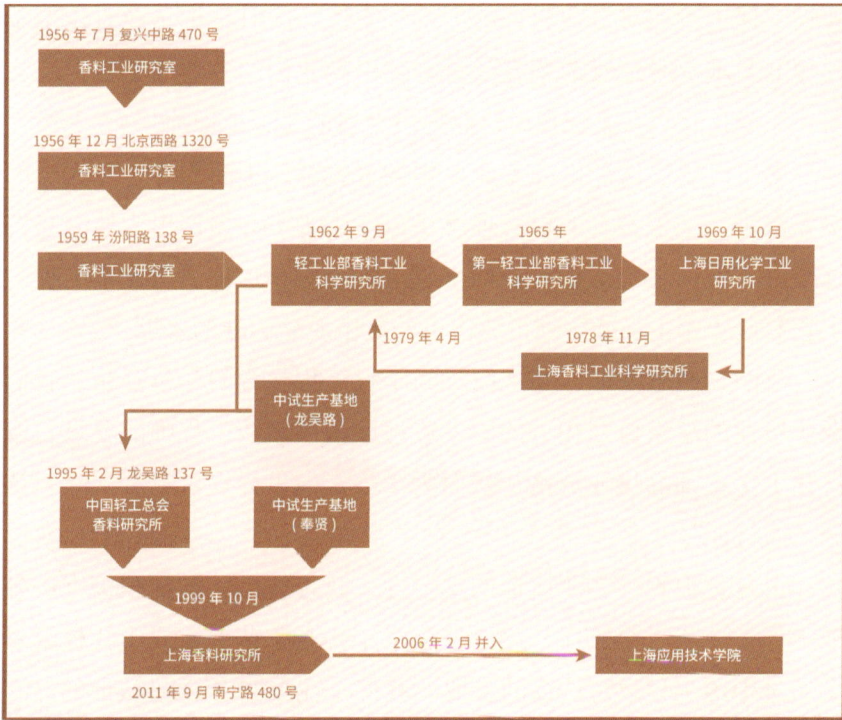

上海香料研究所历史沿革

2006年10月，上海香料研究所成立50周年庆祝大会

验收，促进行业对专业教育的了解和支持。同时也把企业对化工工程师的要求及时地反馈到教学过程，引导我们的专业改革与发展方向，保障我们的专业教育为行业提供合格的化工工程师。

第三，通过认证推动专业工程教育改革，不断提升专业人才的培养水平。工程教育的核心理念是以学生为中心、产出为导向与持续改进，也称之为工程教育OBE理念。目标是保证所有化学工程与工艺专业毕业生都能达到行业认可的既定质量标准的要求。

第四，通过认证，实现国际间本科工程教育的学位互认。我们专业毕业的学生可在相关的同意协议的所在地申请工程师的要求，取得他工工程师的执业资格，从而为学生走向世界提供具有国际互认的"通行证"。

正是意识到了专业认证的重要性，我带领团队教师积极推进各项工作，一步一个脚印，最终使化学工程与工艺专业成了我校第一个通过中国工程教育认证的专业。我们是在2017年通过认证的，有效期6年，需要在第三年提交改进情况报告，根据问题改进情况决定"继续保持有效期"或是"中止有效期"。为顺利通过中期审核，我们组织所有教师按专业认证标准要求重新编写课程教学大纲。我审核了所有化学工程与工艺专业课程的教学大纲，并和每位授课老师进行沟通，确保所有理论课的教学大纲符合认证标准要求，最终顺利通过了中期审核。

在提升专业建设水平的同时，完成专业认证的过程也帮助学校和学院建立起科学规范的教学质量管理和监控体系，从而提高专业和大学教学的管理水平，掀起了我校进行工程教育专业认证的高潮。目前，我校已有6个专业通过中国工程教育专业认证。

采访组：您刚刚提到了OBE理念，请问化工专业是如何在OBE理念引领下进行人才培养模式改革的？在"以学生为中心"的教学改革中，您具体推进了哪些工作？是否有一些有特色的举措能和我

2017年，学校化学工程与工艺专业率先通过中国工程教育专业认证

2021年9月，毛海舫被聘为安徽海华科技研发团队专家

们分享一下呢？

毛海舫： 我校化工专业进行人才培养模式改革是在OBE理念的引导下进行的。OBE理念简单来说就是三句话：一是以学生为中心，就是所有教育活动要以学生为主开展；二是以产出为导向，就是先明确人才培养的目标，并确保学生毕业时能够符合要求；三是营造持续改进的质量文化，不断提高人才教育水平。

我从2013年6月起，担任化学工程系主任兼化学工程与工艺专业的专业责任教授，负责专业方面的教学与科研活动。我们专业从2014年起，在OBE理念引领下，以新型化工行业对复合型应用人才的需求为导向，加强工程毕业生中调查、教师对比与用人单位调研，再结合行业企业专家意见，建立起符合化工学科发展与行业需要的人才培养方案与人才培养目标。我们化学工程与工艺的人才培养目标是基于上海及长三角区位优势，主要聚焦香料、医药等化工行业，培养掌握行业关键产品生产工艺与装备，熟悉化工过程自动化、连续化、高效分离等新技术，主要从事化工领域生产运行、生产管理、工程设计、技术应用等岗位的应用型、复合型工程技术人才。

确定人才培养目标后，我们专业的所有教学活动就必须围绕这一目标进行，以确保所有毕业生在毕业时成为既符合行业需求，又有化工专业知识与能力的应用型、复合型工程技术人才。在所有的教学教育活动中，我们都坚持以学生为中心进行开展，为此我们进行了一系列的工作安排。

首先，为提升教师的育德意识、育德能力，我们以"绿色化工"为主题，在化工环保与安全等课程中率先开展课程思政教学改革。我认为课程思政要实现无痕化的思政教育。具体的教学方法是结合化工学的特点，在教学过程全面实施案例教学，提升学生的专业认同，并提升职业伦理水平。我主讲的《化工环保与安全》成为上海市课程思政荣誉课程，由我主持的《绿色化工》课程思政教学团队也成了上海市课程思政领航团队。

其次，我们根据工程教育认证标准的基本内容和框架结构，修订了人才培养方案，根据培养目标设定了毕业生应具备的12种能力，增减了部分课程，使课程体系能够有效支撑毕业要求所需能力的培养。

此外，我参与并审核了专业所有专业理论课教学大纲的制订与修订。保证每位授课教师理解所教课程在专业人才培养方案的地位与贡献，确保专业教学水平。我们多次在教研室教学研讨活动期间为教师上示范课，从PPT制作、教学内容安排，到案例教学方法、考试内容进行分析与讲解，实现教学内容与教学目标的匹配，以提高青年教师的教学水平，提升化学工程与工艺专业学生解决复杂化学工程问题的能力。

总的来说，在OBE理念的引导下，我们坚持以学生为主体，以产出为导向，营造持续改进的质量文化，最终使得人才培养水平得到了极大的提高。

采访组：最后想和您聊一聊关于您个人价值取向的话题。您自1996年参加工作以来，从企业到研究所再到高校，并且一直将高水平科研融入教学之中，是什么原因让您最终选择三尺讲台作为自己的"归宿"？在教学过程中，您的科研经历多大程度上反哺了教学？

毛海舫：我在研究所、企业、高校均有工作经历，在企业的工作时间有12年左右。在企业工作期间，我真正理解了一线科研人员需要掌握什么知识与技能。之所以最终还是选择三尺讲台作为自己的"归宿"，一是对教学工作的热爱，二是希望以工作经历告诉学生，在大学生涯应该学什么和怎么高效地学。

由于我们的教师多数是博士毕业后直接来学校工作，在课堂教

2019年4月，学校与普洛药业进行校企合作签约

高水平科研融入教学，毛海舫主讲的《化工环保与安全》入选国家一流课程

学内容是书本上的基础知识与基本技能，不能结合企业或行业实际技术需求进行教学。这样的教学会比较空洞，学生学习起来枯燥，记忆也不会深刻。而企业及科研院所则要求毕业生在充分理解基本原理、掌握基本技能的基础上，能够合理并综合运用所学理论知识与基本原理，去解决复杂的工程技术问题。而我恰好可以利用自己多年的企业工作经历和我对化工行业生产现状及未来发展趋势的理解，告诉学生在大学期间需要学什么、怎么学、怎么用，提升学生的主观能动性，更主动地学习。因此，我非常感谢学校给了我很好的科研平台，能让我从事科研和教学工作。在解决实际技术难题的同时，赋予我科研反哺教学的机会。

在化学工程与工艺专业原先的人才培养计划中，《化工环保与安全》与《化工技术经济》是两门选修课。由于课程涉及很多跨学科的教学内容，没有教师愿意上。但是化工环保、安全生产和技术经济又是培养综合性化工人才必须教的知识内容。因为有企业工作的经历，相对熟悉相关的教学内容，我主动承担了这两门课程的教学任务。

在备课过程中，我对标产业发展的新理念、新标准、新技术，结合自己的科研成果对课程内容体系进行了重构。在教学过程中，引入案例教学和综合项目训练手段，在学生掌握化工基本原理的前提下，注重启迪学生的创新思维，引导学生具备发现、分析和解决问题的能力，最终提升学生灵活解决复杂化工工程问题的能力。比如，在讲授"绿色化学"十二条实践原则中的高效性原则时，我结合在解决香兰素生产过程高效回收愈创木酚的实际技术难题进行讲解，我对每一届学生都提出有没有什么更加节能和环保的方法？让学生通过查阅资料和小组讨论后给出答案。有学生就提出利用酸碱中和原理，用碱水洗涤愈创木酚甲苯溶液，将愈创木酚转化成钠盐，利用钠盐在水中有更大的溶解度特点，将愈创木酚转移到水相中的回收方案。这一方案利用的基本原理就是酸碱中和，利用酚与

酚钠盐在不同溶剂的溶解度差别，来解决困扰香兰素生产多年的实际技术难题。这一思路和我实际生产中的解决方案是基本相似的。

教学过程中，在讲解每个知识点时，我均会引入类似的实际案例。将科研成果以案例教学方式融入教学中，既能吸引学生眼球让他们产生学习兴趣，也让学生理解很多困扰企业的技术难题是可以通过灵活运用类似原理来解决的，有效提升了学生结合化工、环保、安全及经济等制约条件下解决复杂化工工程问题的能力。我认为科研与教学是相辅相成的，高质量的科研可以提升教学水平。同时，在教学过程又提升了对基本原理的理解，以反过来提升科研水平。

通过案例化教学，这门课程加深了学生对化工基本原理的理解和运用，引导学生正确认识化工行业的环保、安全等问题与经济效益之间的对立统一。我的这门《化工环保与安全》入选了国家一流课程，我想这也是我相对丰富的工作经历在教学中发挥作用的体现吧。

最后，在学校70周年生日之际，我衷心祝愿上海应用技术大学积历史之底蕴，以本科教育为根本，为国家培育更多符合时代需要的应用型人才。祝愿我校早日建成具有国际影响力的应用创新型大学！

胡洪江

高等数学，是进入大学阶段 门最能体现大学教育特色的公共基础课。夯实数理基础，支撑应用技术。作为高等数学教师，必须以学生为中心，着眼于学生未来的专业发展、社会发展。

口 述 者：胡洪江
　　　　　上海应用技术大学理学院高等数学教师
采 访 组：吴斯琦　焦贺丽
采访时间：2023 年 9 月 28 日
采访地点：上海应用技术大学奉贤校区第四学科楼

采访组：2000 年您来到上海应用技术学院任教以后，曾多次被评为"我心目中的好老师"，是学生心目中的"高数男神"，能谈一谈您多年来从事高数教学的经历和体会吗？有没有一些让您印象深刻的学生和事情？

胡洪江： 我是 2000 年 6 月调入咱们学校工作的，经历了三校合并升级，从上海应用技术学院到上海应用技术大学，是伴随着学校一起成长的一线教师。

说到高等数学，人们的第一反应是枯燥、深奥、难懂、刻苦、学不会，尽管觉得它很重要。关于高等数学还有两个"传说"，一个传说是，大学校园里有棵树，叫"高数"，上面挂了很多人。另一个传说是，一天我在上高数课，弯腰捡起了一支笔，从此再也没有听懂高等数学课。第一个传说，说明高等数学课是大学课程中挂科人数最高的课程，没有之一；第二个传说是说，面对高等数学这一阶梯式、递进式学习的学科，只要你有一个环节没听懂、没搞明白，从此你真的可能与高等数学无缘了。面对这两个传说，作为高等数学的教师，你必须思考为什么，分析产生问题的原因，探究和找到解决问题的方法，并尽自己最大的努力，避免这些事情的发生。

我的做法是：第一，让学生重新认知数学。

什么是数学，这是一个从小学到中学到大学，教师都需要讲解的问题，每一个时期的认知都是不同的。学生的大学时期该怎么认知这个问题呢？每学年开学的第一节课，我都会首先讲解这个问题。数学是科学的语言，能够更精准地表达科学的含义。例如 $S=S(t)$，通过两个变量之间的关系，精准地揭示物体运动过程中路程与时间的内在意涵；数学是思维的体操，学生在学习数学过程中，通过对数学知识的再发现、再思考，和对数学问题的探索、思考、解决等一系列过程，传承人类文明过程中积累的智慧和解决问题的方式方法。高等数学第一章第一节开篇的第一个数学概念：集合。就是人类分类思维的体现，你一直生活在数学的空气中，它的存在、它的美好，需要我们用心去体验、去感知。

第二，数学老师应该怎样教高等数学。

作为大学的高等数学老师，想要培养应用型、创新型、研究型人才，你应该怎么教高等数学呢？

我举个例子。$\frac{1}{2}+\frac{1}{3}$，正确的运算是这样的：先找分母的最小公倍数，通分，利用分数的性质把它化成 $\frac{1\times3}{2\times3}+\frac{1\times2}{3\times2}=\frac{3}{6}+\frac{2}{6}$，然后等于 $\frac{2+3}{6}=\frac{5}{6}$。我想问的是，为啥要这样算？回答这个问题其实很简单。一个苹果加一个梨，等于两个什么？你会脱口而出，等于两个水果。为什么呢？单位，相同单位的事物才能相加。$\frac{1}{2}$ 的本质是什么？是一个单位分成两等分的 部分，$\frac{1}{3}$ 呢，是一个单位等分成三等分的一部分，能相加吗？单位不一样不能相加。怎么办，继续分割，把一个单位分割成六部分，这样，$\frac{1}{2}$ 就是 3 个 $\frac{1}{6}$，$\frac{1}{3}$ 就是 2 个 $\frac{1}{6}$，加起来就是 5 个 $\frac{1}{6}$，这才是分式以及分式运算的本质。把概念讲透、本质讲清还不够。分数运算的要求是需要学生在做题之前，提前设想解决问题的预案，提前规划做题的步骤，并在做题过程中去完美体现。"凡事预则立，不预则废"，这就是数学教师该教给学生的数学。数学的用在于数学的教，从学生认知的角度引入问题、分析问题、讲解问题，既要讲清数学的本质，又要在数学学习与数学做题的过程中，帮助学生学会分析问题、解决问题的数学方法、数学思维，并把它应用于日常生活和其他学科的学习过程之中，提升学生的思维能力。

第三，认知高等数学课程在大学教育中的地位和作用。

高等数学是学生进入大学之后第一个面对的具有大学特色的基础课程，从学习形式、学习方法、思维习惯等方面都是全新的开始。

从学习形式上来看，高等数学，两节课连上，十几页书，一堆全新的知识点。教师忙于知识点的讲解，很少有时间讲例题，几乎

胡洪江创新高等数学教学形式，深受学生好评

2005年9月，胡洪江作为教师代表在开学典礼上发言

没有课堂练习。一切的一切，都要等你下课后自己去吸收与消化，但是下课后又要面对其他课程的学习，而且这就是接下来大学学习的新常态。

从学习习惯上来看，大学，一切都要靠自我管理、自我约束、自我规划，学生必须有一个成长的过程，而这个过程就是在高等数学的学习期间完成的。高等数学课程在整个育人阶段中占有天时地利的优势。高等数学教师，有责任有义务，帮助学生完成从中学生到大学生的蜕变。

说到让人印象深刻的学生和事情，让我想起了一位来自新疆的学生。刚开始的时候他的数学水平也就是20分左右，学习高等数学完全没有自信，而且性格叛逆。一年高等数学的学习，他的高等数学从第一学期的及格，到第二学期接近80分。快放暑假的时候他的父亲专程来上海看我，看一看他孩子嘴里一直念叨的高等数学老师。学生家长一直谈论的都是他的孩子这一年来的变化，从学习状态到为人处世。这就是做教师的幸福，这也是做教师的责任。

回想我们的学生时代，总有那么一两个老师，他的严谨治学、他的人品和人格魅力，影响了我们的一生。作为大学教师，我也想成为并努力成为这样的老师！

采访组：您曾荣获上海市课程思政教学名师，有一门课程入选了教育部课程思政示范课程，想请您谈谈是如何将课程思政理念融入高等数学教育之中的呢？可以介绍几个具体的事例吗？

胡洪江：教师这个职业和其他职业是不同的，是培养下一代人的职业，关乎民族的希望和国家的未来，要对学生负责、家长负责、国家负责、民族负责。大学教师，作为学校教育育人体系末端部分，直接面对的是向社会输送什么样的人才的问题，容不得你有一丝一毫的懈怠，更不允许你有一丁点的错误，因为它可能影响到

学生的 生。作为大学教师，我想为家长、为社会、为国家培养合格的人才是你的职业必须完成的任务。

高等数学课程思政，要理顺思政与课程的关系。盐溶于汤，本质是汤。一锅好汤加入适量的盐，增其味、添其香。学生到教室首先是来学习高等数学的，教师要用优质的数学课堂教学，把学生吸引进高等数学的殿堂，用知识捕获学生对老师的尊重，用爱心拉近老师与学生的距离，让学生喜欢听你的课。一堂好的课程思政课，首先是 好的高等数学课，课堂思政的加入，是一个相互奔赴的过程。

师以德为本。高等数学课程思政，教师要以身为范。作为教师，你站在讲台之上，你的一言一行、一举一动都可能成为学生品评的对象，学生会把你说的话与你做的事相对比。你的言谈举止都是课程思政的 部分，尤其是严谨的治学态度，更能引发学生的共鸣。在我的日常高等数学的教学中，我有教案，但我上课从来不看教案。我告诉学生，如果哪一天我看教案了，说明我上课之前没有认真备课，我可以下课了。对学生的作业，尤其是开始阶段我都会批改，关注学生对作业本的规划、作业的认真程度、书写数学作业的格式等，一一批注他们的不足。个别学生还会找时间进行一对 的谈话，因为这些关系到学生对待学习的态度，通过作业的要求让学生养成良好的做事认真的习惯，这也是育人最核心的一环。

以知识为载体，思政育人更容易入脑入心。数学是伴随着人类文明进步最为悠久的自然学科。从公元前的周髀算经、牟合方盖，讲到刘徽的割圆术、祖冲之的缀术、祖暅原理、陈景润的哥德巴赫猜想，教师的引经据典，博学广才，既是加深学生对数学知识本身的理解，也是对学生的价值引领，更是宣讲中国文化，增加学生对中国文化的好奇心，从而促进学生对中国传统文化的学习，增加民族自豪感和自信心。

数学是讲思维方法的。学习数学的本质是对数学思维方法的理解、掌握和应用。以函数为例，一元函数的本质是通过两个变量之

胡洪江主讲的《高等数学》入选教育部课程思政示范课程

2005年9月，学校举行"忠诠—尔纯"思想政治教育奖颁奖仪式，胡洪江荣获教工一等奖

间关系的研究，揭示事物发展的内在规律，我向学生展示了2021年中美两国在新冠疫情期间患者人数与时间两个变量之间的函数关系图，让学生分析产生差异的原因和这两个函数图背后的制度和国家治理之间的关系，既加深了学生对数学中函数概念的理解，掌握了学习函数、应用函数的意义，也使得思政教育做到润物无声。

高等数学课程思政，教师还必须加强思政理论的学习。加强学习强国的学习；把控对时政热点事件的正确理解和精彩分析；向其他老师学习，借鉴其他老师的经验，挖掘与积累课程思政的素材。在高等数学的教学过程中，在恰当的时间，一句话、一个词、一个小故事，就能起到画龙点睛的效用。

总之，优质的高等数学课堂、品德高尚的教师、严谨的治学态度，会让学生喜欢上你的高等数学课，认真思考你讲的话，你的课程思政才会入耳入脑。而课程思政产生效果，正确人生观、价值观、世界观的形成，就会让学生更加努力的学习，数学成绩必然越来越好。课程与思政，良性循环的形成，你的课就会越来越受学生喜欢。课程与思政，达到相互成就、互为倍速的效果。

采访组：不忘初心，方得始终，20多年来，作为一名公共课教师，您是如何去保持教书育人初心的呢？学校步入高水平应用创新型大学建设新征程，您对学校人才培养工作有哪些建议？对青年教师有哪些寄语？

胡洪江：大学教育的目标是育人，学科育人、思政育人，都是以学生为中心，着眼于学生未来的专业发展、社会发展。高等数学教师，必须结合学生的专业、结合学生所具有的时代特征服务于学生未来专业的发展和社会发展。我更喜欢理学院的一句话：夯实数理基础，支撑应用技术。不同专业的学生、不同年级的学生，同样的一本书，你的教学是不一样的。

高等数学教师，每一个新的学年都将面对一群新的不同时代的学生，每一个新的学年，也可能面对不同专业的学生。探究学生的时代特征，结合他们的专业特点，探索适合他们的教学方法，需要你不断地去看书学习，认真地思考，实现学校的、国家的育人目标，这是多么有意义和挑战的一件事啊。

从2000年三校合并以来，咱们学校的进步可以说是突飞猛进，一年一小步，三年一大步，高水平的学科建设、硕士博士的招生，取得非常大的成绩。学校的进步必然会要求教师也跟着进步，优秀教师的引入、成长与进步，也必然促进学校的发展。

学校的主体是通过课程教学，实现育人目标。所以，我希望学校在步入创新型应用型大学建设新征程的过程中，要加大对教师的培训和轮训。在以学生为中心办学的主旨下，建立服务于一线教学的服务思想和服务体系，让老师以愉快的心情，把更多的精力和时间投入服务于学校目标的教学研究和教学创新中去，督促和带领全体教师，和学校一起成长。与此同时，对于青年教师，要把更多的时间和精力放在学习教学、研究教学、研究学生的时代特征、认知特征中去。通过向老教师学习，认真参与各种培训，博览群书，加深对专业理论的认知，寻找适合学生认知的对专业知识的解读方法，尽快胜任自己的教学工作。加强自身的品德修养，不忘初心，为国育人，为民族谋未来，担当起学校育人的重任。

明年是学校70周年校庆，作为一名老教师，我对学校的感情是很深厚的。我真心地祝福学校越来越好，我也真心希望大家跟着学校一起去成长、去发展，走得更远，实现人生的价值。

3 科技服务

瞿志豪

在学科建设思想的引领下，学校科研工作进展很顺利。我们动员专业课老师到企业争取科研项目，再号召他们争取纵向项目，逐渐培养教师的科研意识，慢慢地学校开始有了国家科委的基金等项目。2008年我离校时，学校教师的科研能力与科研状况有了很大改观，学术氛围也发生了变化，学术活动成为常态。

口 述 者：瞿志豪

　　　　　1998年5月至2000年9月任上海冶金高等专科学校常务副校长

　　　　　2000年9月至2008年7月任上海应用技术学院副校长

采 访 组：吕　客　姚　霏

采访时间：2023年8月4日

采访地点：上海应用技术大学徐汇校区办公楼

采访组：三校合并是学校发展史上的一个里程碑。您作为三校合并的主要推动者和亲历者之一，可以介绍一下三校合并的历史契机吗？

瞿志豪：我是1994年开始担任上海冶金高等专科学校副校长的，分管教学。1998年，老校长退休，我开始担任常务副校长并主持工作。

2000年三校合并，组建了上海应用技术学院，专科提升为本科，其中的一个重要契机得益于教育部对全国高等工科学校进行的一场教育教学改革的要求和后来扩大本科层次办学的要求需要。

1998年，全国高校扩招已有雏形，教育部认为面对国家工业与经济形势的发展，需要发展一批技术应用型人才培养的新高校，于是提出让一些有条件的老专科提升为应用型本科。因为这项工作对教育部是一个新的尝试，所以升本的考核要求是比较高的，归纳起来主要有三条：一、有办学历史；二、有行业需求、专业特色；三、有明显的教学改革成果，毕业生受企业欢迎。

面对这样的升本条件，让我们再次认识这样的名言：“机遇是给有准备的人的。”冶专是1954年建校的，时为重工业部直属上海冶金机械学校，专业特色是冶金装备技术，是为华东地区培养冶金工业机械专业人才的，至今为止，已累计为全国和地方钢铁企业提供了数以万计的一线技术应用型人才，这就满足了升本的前两个条件。

1993年国家教委号召高等专科学校进行“全国高工专示范性专业建设”项目申报，学校听到消息后，觉得这是提升学校办学能力的一个极好机会，于是整合优势申报了生产过程自动化、工业炉与热能利用（计算机控制）两个专业。事后证明，全国示范性专业的申报与建设成功极为重要，因为在实际考核评价里，国家教委用它作为衡量学校有没有教学改革成果以及有没有资格升本的重要条件。

“全国高工专示范性专业建设”对提升学校的管理能力和教育教学水平确实起到了重要作用。首先，事业凝聚了党政班子思想的高

2014年12月，原上海冶专72级校友联谊会成立大会举行，联谊会名誉理事长瞿忠豪书写"发展是硬道理"书法作品敬献母校

2005年9月，学校学报第二届编辑委员会第一次全体会议召开

度统一；其次是建设项目激发了全校教职工奋发向上的精神状态。利用专业建设，学校重构了人才培养规格，重新明确了专业目标，修改和完善了专业培养计划。利用专业建设的目标要求，我们新建了一批有影响的专业实验室，培养了教师的专业能力与教学水平。两年的努力，到"全国示范性专业建设"成果的成功验收，学校的教育教学面貌得到了长足的进步。

1997年国家教委确定学校为示范性普通高等工程专科重点建设学校，记得当时全国高等工程专科学校共有98所，全国申报的学校很多，首批获批的只有27所，上海同时获批的还有轻专。冶专还被国家拔尖点被司邀请进入国家教委高工专改单试点领导小组，成为成员之一。

开办的三个条件，包括轻专都是满足的，我们和轻专两校十分高兴，上海地方政府、市教委以及学校所主管工业局都非常支持学校升本。但是当教育部专家组来两个学校考察后，认为两校升本的校园面积严重不够，专家组的意见是作两校合并升报。过后教育部副部长周远清来上海调研考察，看到化专与冶专门对门，仅一路之隔，提出化专、冶专、轻专三所学校可以考虑进行合并，这样规模更大。市政府及市教委领导听过汇报，认为周部长的意见很对，于是就组建了三校合并的升本领导小组，由市政府正式提出了三校合并方案，当然也马上得到了教育部的批准。

所以，三校合并的契机：一是全国本科高校的发展机遇，二是三所老高专锐意改革，挑战自我，从而赢得了机遇。

采访组：从冶专走向合并后的上海应用技术学院，您的身份和工作内容都发生了变化，您是如何适应这种身份变化的？在工作中又有效应对了哪些新挑战？

瞿志豪：上海应用技术学院的首届班子由七位同志组成，党委

书记祁学银来自苏州铁道师范学院；校长徐福缘来自上海理工大学，留法博士、教授；朱国强、王维龙任党委副书记，任淑淳、姜海山与我任副校长。

合校时办学经费严重短缺，又面临机构统一、干部精简、制度梳理、相同专业合一、场地调整、在校人员优化的"开门七件事"，诸多的问题考验着这个新建领导班子的领导水平与治理能力。对新班子，还有一个绕不过去的问题，就是对这所新型应用性本科如何作办学定位。

我的分工是负责科研（含学科、研究生工作）、基建、产业、后勤（货币化分房）这四块工作。说实在，前两项都是建设性的或者说是推进性的工作。后两项工作则不那么好做，因为三校合并留下产业与后勤一大堆人和事的历史问题，归纳起来是：问题老、账目乱、人员杂、关系烦，实在是一个难啃的骨头。

例如产业一块，三校的校办企业大大小小有十多个，职工数有300多。这些产业一些是以前学校的教学实习工厂转变来的，更多是学校为解决教育负担过重而批准的小微企业。各校的政策都差不多，由于长期得不到学校资金的支持，产品无市场竞争力，设备老化，技术能力差，职工与学校的劳资矛盾尖锐，现状就是一个烂摊子。

后勤一块，矛盾最大的是食堂，合并之初学校经费少，又赶在所谓后勤社会化的风潮里，学校提出后勤财政补给少量燃油水电费，职工的工资福利主要从食堂的餐饮经营里获得。市教委有规定，餐饮价格不能够随意提高，而职工对食堂的伙食要求是很现实的——当然是又好吃又便宜，这样菜价的利润空间就少，后勤职工意见很大，真是应了"巧妇难煮无米之炊"之老话。

后勤的问题还接踵而来，上述问题还在头痛，又接上级指令，轻专校区要整体划归复旦，所有职工一个不留，全部转入漕宝路校区。于是原本三个食堂的工作空间突然变成了两个。轻专在邯郸

2005年12月，学校召开第二届科技暨学科建设工作会议

2006年1月，学校与德国威尔德有限公司共建"威尔德香料香精研发实验室"

路，要赶到漕宝路，当时交通又不发达，来回时间就近四个小时，职工的怨声可想而知。

产业与后勤的问题严重拖累了新升本学校的教育教学发展。学校决定对这两大块臃肿的人员实施分流，总体计划压缩300人左右。

鉴于学校财政的困难，社会就业环境也不好，学校给出的指导意见是：一、动员与同意职工停薪留职，允许职工到市场上去创业，劳动关系保留在学校；二、部分接近退休的职工，允许提前退休。政策一出，手上有些技术或有关系的职工响应积极，反倒造成了业务骨干的流失，使企业更困难。而后勤职工由于历史原因，很多是职工子女的回城顶替工，家庭条件差，文化水平低，如果下岗，生活马上发生困难。所以一段时间，我的办公室总见一些哭哭啼啼、拖儿带女的人来寻求解决办法。我只能够苦口婆心地讲些愿景，不失时机地打些同情牌。那个时期工作时心情除了沉重还是沉重，真是没有其他办法。

当然，放在现在的经济状况下，解决这些问题办法会多一点。二十年过去了，回想起来，当时这些被分流的职工还是很顾全大局的，他们努力克服了自身困难与家庭困难，帮助学校渡过这一历史时期的困难。

讲这段筚路蓝缕的故事，不是为其他，主要是让现在以及后来的年轻人知道学校能够发展到今天是来之不易的。

再谈基建工作。合校后教委给学校的专项经费是充分的，特别是基建费，我的工作主要是与职能部门讨论、提方案，再经党政讨论通过，下面的工作就是组织实施。当看到一栋栋旧房危楼修缮一新，校园面貌日新月异，教职工开心，我也很有成就感。特别在漕宝路南校区的改造工程里，我曾提议这个校区无论是修缮还是新建，必须保留红墙黑瓦的大屋顶特色，这个动议取得了党政班子的一致赞同。今天南校区的建筑不仅成为漕宝路上的一道亮丽风景线，也是上海应用技术大学校园精神与文化的写照。

采访组： 对于一所应用型工科大学，科研工作是立身之本。合并之初，您担任副校长主管科研和学科建设。您是如何理解学科建设的重要性的？又是如何推进学校的科研工作，特别是如何既能发挥三校原有优势，又开创新的科研高度？

瞿志豪： 前面讲过，新学校成立后我一直分管科研。虽然在高工专建设时期领导了示范性专业的建设，又很长一段时间负责教学管理，但是新岗位的实践告诉我：本科与专科在教育教学建设的内涵上或任务目标上是有根本不同的。

本科建设有一句俗话，叫"学科建设是高校发展的生命线"。我们从专科走来的领导一开始并不懂这句话的含义，也不知道科研在学科建设里具有怎样的作用。当时校长徐福缘教授对学校的学科建设有重大的功劳，他在制定上海应用技术学院的教育教学发展纲要时言必学科，始终把贯彻学科建设的思想融入管理制度中，努力探索应用性本科的学科发展道路。毋庸讳言，他对我们今天学校的教育教学发展具有奠基式的功劳，我们应该记得他。

专科历来重视的是专业建设，专业建设的人才培养本质重在与产业技术的衔接，是教会学生"1变0"的工程技术知识，而应用性本科则不同，它的重点和培养目标是学生的博创工程技术能力，是让学生有从现"0到1"的想象力。

这样，科研在学科建设里扮演的角色就显得十分重要了。因为从通俗概念讲，学科建设三要素：人才培养、实验室建设、科学研究，而科学研究是抓手。学科建设的终极成果是打造学校新的硕士点、博士点，这就再次推高科研水平，依次循环，学校就变得越发强大。

所以，这与专科的要求目标是完全不一样的。

但是不得不说，合校之初，教师主要从专科走来，因为长期的办学目标不同，教师的专业教学能力是有的，但是科研能力就先天不足，合校时教师里具有研究生学位的很少，有博士学位的才4

2006年7月，学校与上海家化（集团）有限公司签订合作协议

上海应用技术学院
法国乐尔福(中国)有限公司
新一轮产学研合作
签约仪式

2006年11月，学校与法国乐尔福签订新一轮产学研合作协议

位，正教授6位，几乎没有满足科研条件的实验室，仪器设备精度差。由于不提倡，学校一般没有省、市级基金项目，也很少见高质量的论文。

现实就是这样，怎么办？只有从改革中寻求发展。为了解决这个科研工作瓶颈，学校一是积极引进高学历高职称的人才，在财政十分困难的条件下，还是勒紧腰带省出引进人才的费用；其次是调动现有教师的能动性，校长冲破阻力提出教师绩效分配制度的改革，提出以平均绩效为基、两头仰抑的做法，建立新的人事考核办法，让考核不讨的教师削去当年绩效的5%到10%，再把这部分钱加到出成绩、有贡献的教师身上，所以大大激发了获奖教师的工作积极性。这是动了吃惯大锅饭的人的奶酪，喜一看激起千重浪。在制定工作方针时，当时产生了两种意见，一种是学校初升，还是要以稳促进；另一观点是以进促稳，认为时不待我，必须通过改革要红利。今天上海应用技术大学的发展事实证明，积极进取的态度是对的。

在学科建设思想的引领下，科研、学科工作进展很顺利。我们动员专业课老师到他们熟悉的企业争取科研项目，从小做起，锻炼自己。当他们拿到企业项目后再号召他们争取市教育基金会的联盟项目，逐渐培养教师的科研意识。我们也协助有条件的青年教师争取"曙光计划"项目，慢慢地学校开始有了市科委、教育部、国家科委的基金项目。起初教师们不会写高级别的项目申报书，我们就请外校教授来开讲座，徐福缘校长在这方面经验丰富，开始几年对上报的本子逐一审核修改，大大提高了纵向课题的申报成功率。

在我2008年离校去二工大工作时，短短的升本八年时间，学校教师的科研能力与科研状况有了很大改观，合作的企业项目数过百，高水平科研课题逾十多项，到校的科研经费逐年增加，从开始的不足300万到我离校时（按教委统计口径）近亿，这确实是一个不小的进步。可喜的是，学校的学术氛围也发生了变化，学术活动成为常态，教师除了关心教学任务，已经普遍关心起谁争取到了什么项目，谁获得什么奖项，谁的论文发表在核心学术期刊的第几区及影响因子是多少，等等。

当然，在这样的校园文化态势下，硕士点与研究生培养被提上了议程，全校教师也希望学校具有硕士点。于是，学校联系了上海水产大学（现上海海洋大学），提出联合培养研究生。当时的合作协议是这样的：招生与学位指标是水产学院的，我们推选的指导教师自带研究课题，学校拨付全部研究生培养经费，第一成果人可以记在水产学院等。很多不明其理的老师说这是一个十足的赔本买卖。但是校长的算盘不是这样打的，他说我们现在没有点，教师能力底子薄，只能先到人家家里去锻炼，知道了研究生培养的过程，当机遇来了我们就不会被动。果然，当卢冠忠任校长后，学校遇上了一个好机遇。我们获悉原轻工部所属的上海香料研究所由于管理体系的变化，一度发展非常困难，职工们希望加盟到我们应用技术学院。这个所在1984年就获得了硕士点，学校便积极展开引进工作，市教委、市国资委都很支持，学校党政意见也高度统一。因为研究生工作是我分管，又引进的是产业属性的企业，具体工作由我主要落实，过程里也有困难，但在党政领导的积极支持下，最终都被一一解决。

让我高兴的是，在2008年，当组织宣布我去二工大工作的同一天，学校收到了教育部批准上海应用技术学院获得硕士学位授予权的文件，虽然是一个时间巧合，但是我自我安慰了一下：这是否可以算作对我在应用技术学院工作八年的一个肯定与褒奖呢？

时间过得飞快，今天，上海应用技术学院更名为上海应用技术大学，不仅本科教学成绩卓越，学科门类齐全，专业丰富，而且还具有8个一级学科硕士点，11个专业硕士学位点，最不易的是我们还获得了博士单位授予权，这是一个何等伟大的进步！

看到学校今天的辉煌，再回想学校开初时遇到的种种困难，其实已经不算什么了，我由衷地想讲：面对学校的进步，昨天的工作再辛苦也是值得的。

孙小玲

合校之初，学科建设办公室最重要的工作是要让全校统一认识，我们把学科建设的概念进一步扩大，将人才与科研平台也纳入其中，变成专业建设和学科建设一体化。后来，大家的思路逐步从专科建设转向了本科建设。

口述者：孙小玲

1991年至2006年任上海应用技术学院学科建设办公室主任

2007年至2020年任上海应用技术大学化学与环境工程学院党委书记

采访组：吴斯琦　姚　霏

采访时间：2023年8月18日

采访地点：上海应用技术大学徐汇校区图书馆

采访组：三校合并之后，您担任上海应用技术学院的学科办主任。当时，学校是怎样看待学科建设的？您所在的学科办又是如何思考和推进学校学科建设各项工作的？

孙小玲：三所学校合并的时候，我当时担任化专校长助理兼科研处处长。得知三校要合并后，无论是从学校的角度，还是科研处的角度来看，都是很好的一次机遇。

我讲个事例。我在担任化专科研处处长期间，经常要参与市教委会议。当时市教委的科研处会议有个特点，本科和本科一起开会，专科和专科一起开会。为什么要分开开会呢？因为本科的任务和我们专科的不同啊。当然，偶尔也会一起开会。有一次，我记得是2000年4月，我们接到通知去松江开会。市教委科研处蒋红处长主持会议。照惯例，他要通报一下前一年各高校的科研经费情况。1999年全上海市高校科研经费11亿多，其中，1亿以上的高校有上海交通大学、同济大学；当时的海运学院，就是今天的海事大学是2000万；最后开始报专科学校。我特意记了一下我们老三校的情况。轻专好像是184万、冶专是39万，我们化专是29万，加起来总共252万，连一些本科院校的零头都不到。所以，当时确实是非常感慨的。因此，当知道三校要合并建本科，这对学校发展而言是一件大好事，很开心的。

开心归开心，但是压力也很大，毕竟我们起点低。在合校初期，大家都在思考找一个怎样的抓手来开展工作。有一次，记得我在食堂吃饭，遇到徐福缘校长和王维龙副书记，他们问我对新学校发展有什么看法。当时，我对学科建设的事情思考得比较多。因为上海市教委强调重点学科和科研的结合，市教委的重点学科建设就放在科研处，这也为上海高校的学科建设工作提供了借鉴。因此，我对学科建设的相关工作并不陌生。当时我就提出学校要重视学科建设。他们听了之后很高兴，纷纷表示支持。后来，学校就准备成

立学科建设办公室，任命我来负责。

在成立学科办的时候，其实是有争议的。有些教师认为，学校现在本科教学都还没搞好，没必要去考虑学科建设的事情。因此，我们学科办成立之初，最重要的工作是要让全校统一认识。在学科办设立以后，我们把学科建设的概念进一步扩大，将人才与科研平台也纳入其中，变成专业建设和学科建设一体化。当时，我们一方面做研究发论文，拼命推广学科建设的概念，另一方面，我们在很多场合宣传学科建设的重要性。后来，大家的思路逐步从专科建设转向本科建设，这个转变也是挺顺利的。我想这也是我们的宣传起到了一定的作用。

此后，从学科建设的角度来讲，我们学科办理做了不少工作。

一是设立重点岗位。我们当时分成六档，即重点学科带头人、一般学科带头人、专业带头人、科研骨干、青年骨干、主讲教师。然后，我们就跟这些重点岗位教师签订任务书，两年一个聘期，第一年结束时要进行中期考核。中期考核时，如果没有完成原定指标，就要停发工资。虽然当时工资不是很高，但是这项措施起到了很好的激励作用。现在学校最厉害的几位重点学科带头人，都是当时涌现出来的，学校现在的一级岗、二级岗概念也是从那个时候延续下来的。

二是组建教授联谊会。二校合并初期，学校教授很少，老三校原有的加上后来引进的总共只有22位。这些教授虽然是学校师资队伍里面的佼佼者，但业务水平也有高有低，我们就通过教授联谊会来给大家提供交流学习的机会。教授联谊会不仅是一个学术机构，通过开研讨会的方式交流学术，同时，也是学校的智囊机构，给学校发展提出一些建议。教授联谊会第一届理事长是冶专老校长李大经。

当然，学科办的主要工作还是重点学科的培育。当时，老三校都有机械系和经管系，这些系部要进行整合，一些专业也要进行整

2003年11月，"应用化学"联合硕士学位点启动

2008年5月，学校硕士学位授予权接受教育部专家来校评审

合，学科办和教务处一起进行专业整合，再将专业放到各学院去。比较幸运的是，我们在合校初期就拿到了两个上海市教委重点培育学科。一个是应用化学，包括轻专的电镀、香料专业，化专的紫罗兰酮、灭多威这些精细化工品专业。另一个是材料加工工程，合校没多久就引进了一批人才，材料加工工程很快就发展起来了。这两个重点培育学科也是通过一个一个系跑过、了解过之后确定的。可惜的是，当时申报重点学科，一般需要有研究生培养。我们学校刚升本，没有研究生，所以上海市教委就给我们的重点学科加上了"培育"两个字。

除了重点学科的培育之外，我们还将一般学科进行了整合。有些学科基础可以的，但是有的学科带头人不齐全，有的科研范围较窄，各种原因导致学科发展水平欠缺。所以，我们就设立了十八个一般学科，督促这些学科的带头人加强建设，定期进行考核，争取早日成为重点学科。后来有些一般学科就变成了重点学科，比如，机械、安全工程、艺术这些学科，我们最多的时候有五个市教委重点学科。

总的来说，学科办的主要工作就是培养、整合、孵化学校的重点学科。

采访组：2000年，学校获硕士学位授予权单位。您从2001年起担任上海海洋大学、上海应用技术学院硕士研究生指导教师，也一度担任研究生办公室主任。可以说说当时学校是如何开展硕士点申报和研究生教育工作的吗？

孙小玲：学校的研究生工作办公室和学科建设工作办公室是一起成立的。当时，我们的校长考虑得比较长远，两个机构成立的时候挂的是一块牌子——学科建设工作办公室暨研究生工作办公室。学校从合校初期就特别关心研究生工作，因为我自己是博士毕业，

对研究生的事情也考虑得比较多。2000年11月，刚刚合校，我就去了市教委科技处的学位办，向他们请教怎么开设硕士点。他们说，要培养十届本科生后才能申请硕士点，你们刚升本科，操心这个事情太早了。我又追问，能不能跟其他学校合作。其实，徐福缘校长一直在想办法，我们讨论过这种"借壳生蛋"的办法。但教委工作人员回复说，你跟人家合作的话当然可以，但那就是人家的点。对你们来讲，还是要等到十届后。尽管如此，我们还是没有死心，特别是徐校长非常积极。他四处打听，了解到景德镇陶瓷学院在管理学方面有一个点是跟别人合作的，这就为我们联合外校合作培养研究生增添了信心。

除了争取硕士点以外，这一时期，我们还想了很多办法实现硕士生培养。一方面，我们在引进人才时，希望他们能够有培养研究生的经历。如果新引进的人才在原来的学校是硕士生导师或者博士生导师，可以继续担任原学校的兼职导师，研究生可以来我们学校培养，导师的经费和学生的住宿都由我们来负责。另一方面，我们主动出击，鼓励老师去外面兼职做硕导。那个时候学校有二十几位老师去做兼职硕导，我自己也去了河北师范大学兼职带研究生，这样一来，我们的老师就有带研究生的经验了。当时，学校很重视研究生的培养，专门制定了很多鼓励性的条例和政策。

事实上，尽管有"十届本科毕业生"的硬性规定，但我们一直在尝试，一有机会就向上海市教委申请。大概2002年，我们又去跟教委联系，教委给了我们几天时间去准备申报材料。我们回去就把学校情况、学科情况及学校建筑面积、图书数量、学生数量等这些数据填好表后，一起寄到了国务院学位办，可惜最后仍然没能批下来。但学位办对我们拟申报硕士点的评价还是蛮好的。此后，徐校长又给国务院学位办主任写信，向他介绍学校情况，做了很多努力。

仍是2002年，我们有了和上海水产大学联合培养研究生的机会。两边的校领导接洽好以后，我去水产大学找到他们的研究生部

2006年，孙小玲赴英国格拉斯哥大学做高级访问学者，和英国导师合影

2008年9月，校领导教师节看望教师代表

主任施志仪，他带我到食品系参观。食品系领导对合作很感兴趣，因为他们在食品领域实力很强，但是化学这块水平不够，而我们的应用化学水平很高。就这样，双方一拍即合。当时的政策是申请硕士学位授予权单位需要到国务院学位办，而申请硕士点的话，到上海市教委学位办备案就可以。由于上海水产大学本来就是硕士学位授予权单位，市教委支持我们与水产大学联合开办硕士点。就这样，我们实现了联合培养研究生，诞生了第一个硕士点——应用化学。

学校与水产大学联合培养研究生，对于两校来说是互惠互利的。水产大学原来的应用化学基本上是办不成硕士点的，我们来了以后才慢慢发展起来。这个点的五个方向里有三个方向是我们学校的，水产大学那边勉强凑到两个方向。第一批我们去了五个导师，第二批又去了五个导师。虽然导师是我们学校的，但是学生都是水产大学的，他们缺的课我们上，他们的学生我们带，我也带了好几届的研究生。当时，上海市教委的专家们对这个硕士点的评分很高。

在跟水产大学签完合作协议后，学校还举行了硕士学位点申报成功仪式。这是一个很好的开端。通过学校领导的支持和大家不懈的努力，我们在合校初期就通过与其他学校合作的形式申报了一个硕士点，这也为学校在2008年成为硕士学位授予权单位打下了坚实的基础。

当然，在我们成为硕士学位授予权单位的过程中，还有一个重要契机：2006年，我们抓住了上海香料研究所并入学校的契机。当时，我们虽然与水产大学合作办了一个应用化学的硕士点，但是我们的目标没有变过，始终都是拿下硕士学位授予权单位。上海香料研究所从1984年开始就有应用化学的硕士点，所以，当时研究所经历转制，面临较大困难的时候来找我们学校，我们卢冠忠校长果断接纳了他们。其实，由于研究所一度隶属于企业，企业对研究生培养不够重视，常常一年才招一两个学生，后来就被教育部挂了黄牌，要求整顿，不然就停招。研究所很着急，找到了我们研究生办

公室。我们动了很多脑筋，把学校所有有用的资源和力量全部充实进去，写申请要求教育部复审，最终将这个濒临停招的硕士点给救活了。

之后，我们依托这个硕士点，进一步申报了化学工程与技术的一级点，最终在2008年顺利拿到了化学工程与技术的学硕和专硕两个点。我们真正成了具备硕士学位授予权的单位，上海香料研究所硕士点也在2008年申请将授权单位转为上海应用技术学院。

如果按照硬性指标，学校应该到2014年才有资格申报硕士学位授予权单位，但我们2008年就实现了这一目标。在当年和我们一起成立的300多所高校里，这是绝无仅有的。这里面当然有各种机缘巧合，但如果不是我们一开始就有学科建设和硕士点建设的意识，也就不会有这些机遇。

采访组：回顾学校成立以来的70年，特别是您在上海应用技术大学工作的经历，最令您骄傲的有那些大事？对70岁的上海应用技术大学，您又有怎样的期望呢？

孙小玲：我在学科办和研究生办工作到2008年，后来机构精简，学科办就归入了科技处，我做了一段时间的科技处副处长。但时间比较短，因为我很快就去英国进修了。2006年底回国之后，我就回到化工系去了。当时，学校已经设立二级学院，我在化工学院做书记，一直做到2022年退休。

回顾合校之后的工作经历，最令我骄傲的几件事，应该就是学校成功获得硕士学位授予权单位和上海市重点学科的不断增加。当然，还有就是我们化工学院拿到了博士点。这些显然都是学校重视学科建设而结出的累累硕果。

回想当初，我们刚刚完成合并，就开始大刀阔斧搞学科建设、搞研究生培养、搞科研，这在很多学校看来是不可想象的。但纵观

这二十几年的历程，通过学科建设，我们能看到学校的变化，特别是科研实力的进步十分明显。如果合校之初，我们只讲教学，不去抓科研，硕士点很可能刚刚拿到，更别提博士点了。因此，想要教学提升，科研一定要跟上。成天讲课本上那些东西，对科研前沿不了解，对学科发展不了解，是做不好教师、教不好学生的。事实证明，科研好的教师，上课也不会差。就像周小理老师，科研能力强，教学水平也很高。正是她将科研成果融入教学，才有了那么多喜欢上她课的学生。科研不会妨碍教学，相反，一定会促进教学。

另一方面，在对外合作和扩大学校社会影响方面，一个学校如果没有科研实力，谁会跟你合作？现在到处都有单位来找我们合作，那是我们有科研实力。如果没有科研实力，不仅老师出去缺乏底气，学生也无法开阔眼界。我们学校本科生的大创项目非常多，很多都是国家级的项目。这背后就是依托教师的科研项目，经由教师指导、研究生带领，本科生就能取得不错的成绩。科研经历对本科生的培养意义重大。

从1992年进校工作到2022年退休，我在这里工作了30年。学校始终对我关爱有加，给了我足够的信任，让我能够在岗位上发挥自己的特长。我也见证着学校的发展，学校每每取得突出的成绩都让我倍感欣慰，同时，也感慨自己当初选择这所学校的决定是多么的正确。

今年是学校建校70周年，我想趁着这次机会向学校说说心里话。建校70年来，学校能够发展到博士授予权单位这个层次，这是非常耀眼的成就。但是，在发展的道路上仍然任重道远。学校始终强调"不前进即落后，前进得慢也是落后"的精神。真心希望我们的老师、同学们将不断进取精神发扬光大，再次实现学校的跨越式发展，在80周年、90周年、100周年校庆时，能够创造更大的辉煌。

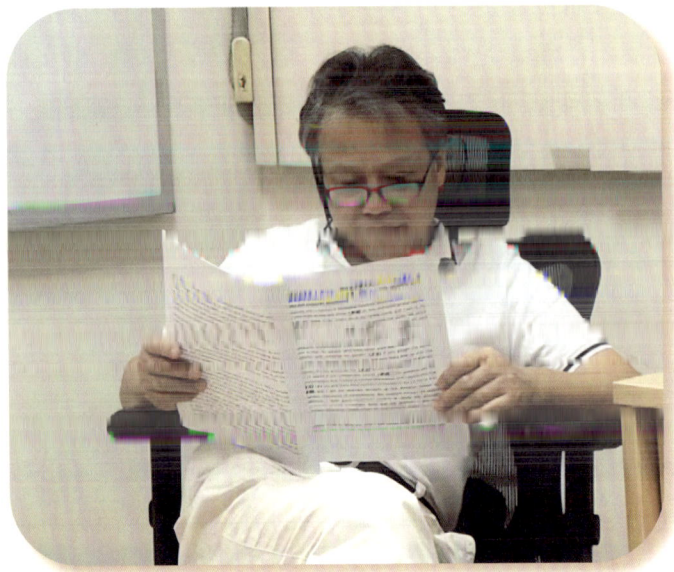

金鸣林

服务于学校的战略构思和学科建设发展，科技处的任务就是做好对外营销与对内服务。我们跑过浙江、安徽、江苏的很多县市，把学校营销出去，整理出明白账和协议，从思路引领、管理理念上面进一步推动学研一体化。

口述者：金鸣林

2010年至2012年任上海应用技术学院科技处处长

2013年至2014年任上海应用技术学院规划与学科建设办公室主任

采访组：王　玺　王晓瑞　姚　霏

采访时间：2023年8月6日

采访地点：上海应用技术大学徐汇校区办公楼

采访组：您是合校之初加入我们学校的博士，参与筹建了材料工程系，又在2001—2007年间担任系副主任、主任。能介绍一下材料工程系的建设过程和取得的成绩吗？

金鸣林：我是1982年毕业于安徽工业大学，1986年在华东理工大学化学工程研究生班毕业，1997年又去南京工业大学读博士，2000年来到上海应用技术学院。我学的是化学工程，长期从事的是冶金行业的化工副产品资源综合利用，也是宝钢专家组成员。我来上海应用技术学院是机缘巧合。1999年，我的导师、国际著名冶金学家冯安祖教授到上海宝钢开展工作，带着我和杨俊和两个学生。当时，冶专校长、冶金专家李大经校长请冯院长吃饭。李校长曾经是安徽工业大学副校长。在饭桌上就说起三校合并，希望冯院长给些支援。冯院长就说："你把金老师、杨老师调过去吧！"所以，就是这样一个机缘。1999年，在李大经校长的举荐下，我们调到了上海。这个过程也是颇为波折。安徽方面迟迟不肯放我们走。这里，非常感谢祁学银书记、朱国强副书记、瞿志豪副校长前后多次为我们的调动，去往安徽工业大学协商。最终，直到三校合并前才拿到调令。所以，我们成了三校合并后第一批调入学校的博士。

来到上海应用技术学院后，我参与的第一件事，就是筹建材料工程系，开启学科引领专业建设。材料工程系是由原冶专的冶金系（冶炼、金属压力加工、金属材料热处理三个专业）和化专的高分子与化学建材专业两个专业，再新加入一个无机非金属材料专业共同组建而成。为什么会这样组合？我们考虑到专业的继承性和发展性。高分子与化学建材专业在橡塑加工方面独树一帜，进入本科院校后，希望引进高分子和化学领域的博士教授以提升。金属压力加工专业，在华东地区是第一块牌子，特别在半工业化及实验规模、压力加工装备方面独树一帜。需要引进金属材料方面的博士和教授来提升科学内涵。至于新建无机非金属材料，是希望在炭材料的基础上，发展稀土、晶体材料。采取送出去和请进来的办法，如送年轻的教师房永征去中科院读博士，成就了今天的国家重点研发计划首席科学家。如此一来，我们既满足了上海地区的实际需求，同时，融无机、金属、有机高分子三大学科于一个系，这在全国院校中也十分少见。

在开展总体规划之后，学校同意材料工程系所有专业一次申报"材料科学与工程"一级学科，下设三大方向：金属材料加工、高分子材料加工及无机非金属材料，快速实现了从专科向本科招生的过渡。这里要感谢徐福缘校长、祁学银书记的支持。因为当时学校的要求是由专科向本科快速迈进，材料工程系就成了标杆。校领导问我们有什么要求？我们需要在博士引进和科研条件提升方面得到学校支持，学校确实给了了我们很多的支持。比如，当时，学校在制订战略规划时明确"以科学为基础、崇尚技术、以培养工程师为根本"，所以在博士引进的时候，采取一个科学博士，配两个工学博士，适当地去引进理学教授。在三年内完成引进博士和教授十人以上。其中，有两位很厉害的人才，一位是中科院百名学者——王霞教授，化学领域；另一位是贵州大学刘克家教授，物理领域，超前考虑未来的硕士点和学科建设。在科研条件方面，2001年申报了上海市教委nano开发学科平台建设规划项目，批了300万元，当时，突破了上海应用技术学院国家基金项目零的突破。2004年，我们获得国家科技部973专项，再次开拓了高水平研究项目，是学校的一个重大突破。

2003年，申报了"材料加工工程"上海市教委重点培育学科。2005年，第一轮建设完成后，获得了市教委的认可，成为重点学科。学校在光大酒店召开了第一届学科教授聘任工作会议，徐福缘校长还给我颁发过聘书。

这一时期，材料工程系做了两轮六年的发展规划，严格按照规划进行学科建设。在人才引进时，有意识地从不同学校，如清华大学、浙江大学、交通大学、华东理工、天津大学引进人才，希望通

2008年11月，金鸣林主持召开材料学院工作会议

2007年3月，金鸣林领衔的校企合作重点科研项目进行项目验收

过引进博士和教授与外面学校建立学科联系，以此提升和服务学科建设。又如科研项目，重视与行业、企业的横向合作。依靠老三校的基础，以及我们长期与宝钢、石化、华谊等大型企业开展科技攻关合作。新学校及新身份非常辛苦，非常感谢以宝钢为首的几家大型企业集团，几十年来，从来没断过对我们学校的支持。

在办学中进一步明确了目标，着重丰富和提升材料加工，在高分子加工、冶金、压力加工等领域，做到上海地方院校不可企及；在材料表征仪器上，要超过一般企业，在专用设备领域都具情形。2005年，材料加工工程获得上海市重点学科；2007年，材料成型及控制工程成为上海市教委重点学科，2009年，材料科学与工程成为国家级特色专业。学科建设最重要的三大要素是团队、平台和研究方向基本建成。感谢学校在这些领域给予的支持。

采访组：凭借学科建设领域的突出成绩，您后来一路被委以科技处处长、规划与学科办主任等职务。您能介绍一下，在担任科技处处长期间，您是如何推动学校产学研一体化发展的？同时，在规划与学科办期间，又开展了哪些重点工作？

A鸣林：说起我后来承担的工作及他原因。在材料系干了十八九年后，就跟学校说，我应该进入专业，换新人来做系主任了，所以写了辞职报告并推荐王霞教授出任。王教授是中科院化学系出身，有国际教育背景，能帮助材料系再上一个台阶。学校同意我辞掉系主任职务，但不同意我回去仅当教授。当时，学校在本科评估的过程中很困难，两个校区，高职在外面办，面临师资困难、场地困难及异地办学等难题。学校希望我接手办高职，于是服从组织决定，在徐汇校区32号楼和十几个管理人员，办了近两千人的高职学院。办学秉承陶行知先生"学以致用"的理念，提出"以技术为基础，以技能为目标，培养岗位上的人"。依托校内外资源，开启了高职教育教学新模式。

2010年，学校又让我到科技处任职。到了科技处后，给我的第一项任务是做学校的三年规划，目标是硕士点单位建设需要。在我看来，科技处的任务是什么？首先，要知道学校发展究竟需要多少科研经费。经过科学评估，以学校三年来引进的人，连续有项目、连续发表论文。其次，学校有多少教授、副教授长期有项目。向校长汇报，起步科研经费至少每年要三千万，如果有五千万，学校就开始向学科引领方向迈进。学校明确了科研经费后，科技处的任务就是做好对外营销与对内服务。学校党委提出要到长三角地区去实现战略合作，所以我跑过浙江、安徽、江苏的很多县市，把学校营销出去，签署战略合作协议。举个例子，我们曾经带着一大巴的博士到安徽去交流。我们和宣纸厂、墨厂合作，帮宣纸厂做工艺改良、包装设计。可以说，近到长三角，远到新疆，这就是科技处处长干的活。

根据办学定位，我曾经做过测算，学校纵向课题和横向课题的合理比例在1∶3到1∶5左右。在横向课题研究中，引导教师实现思维的转变，按照企业的要求与时间节点工作。举个例子，一家企业曾遇到重大技术事故，要求及时进到现场，与企业厂长和首席技术进行研讨，提出改造方案。同时，回到学校实验证明，一个月内就要改造成功。

总结起来，科技处按照办学使命和要求，从思路引导、管理理念方面进一步推动产学研一体化。首先，作为一个职能部门的工作就是要服务于学校的战略构思和学科建设发展。其次，服务于教师。非常感谢我的团队，具体工作都由大家共同完成的，非常抱歉让同事们辛苦。

学校处于特殊时期，科技处集学科办、规划办、研究生管理于一体，所以工作涉及的面很广。这一时期印象比较深的项目有几个：

第一，就是学校拿到了中央支持地方建设专项。这个项目，原

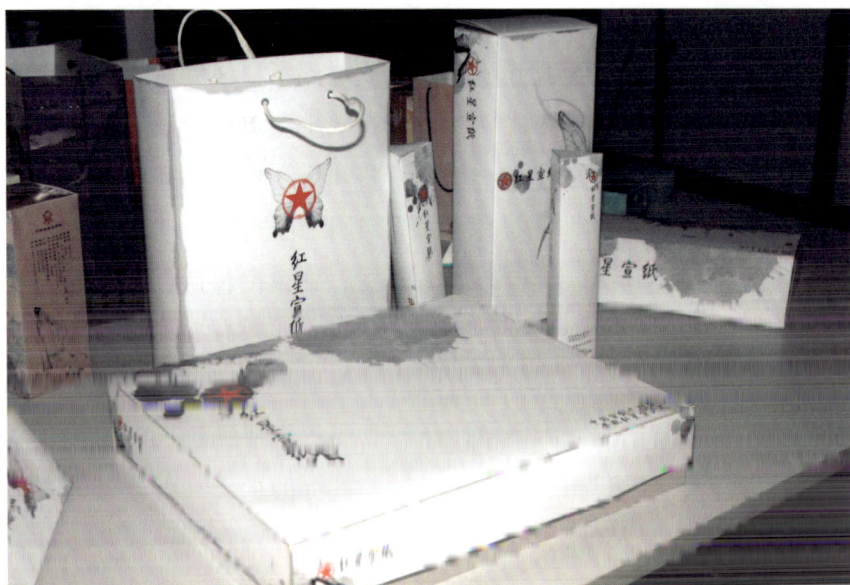

2006年12月，学校与安徽宣城红星宣纸厂开展产学研合作

2014年1月，学校举行上海健康产业技术创新战略联盟签约仪式

本是支持西部地区的。发达地区的高校申报，必须获得地方政府的支持。当时，研讨提出了"中国元素跨界创意艺术设计交互中心建设"项目，依托艺术设计学院和经济管理学院。应用技术学院的艺术设计学院是出过大师的。当时，我亲自参与起草战略组织架构图，主导思想是：中国的制造要想成为走出世界的制造，必须以创意设计为引领。世界设计中心一直在西方。所以，我们要建立"中国元素跨界创意艺术设计交互中心"。最终，这一项目在上海高校竞争中脱颖而出，成功申报。到今天，中国元素跨界创意艺术设计越来越成为产品设计的主流，我们学校的吴飞飞教授团队做得特别好。可以说，这个项目让学校看到了艺术设计的特色和可以达到的高度，对艺术学院影响很大。

第二，是实施"085工程"。上海市启动"085工程"之前，沈晓明副市长给了学校一个任务，对上海人才培养与城市发展之间的关联性展开调研。这个调研由卢冠忠校长牵头，科技处具体负责。当时，我们在上海、江苏、浙江各选取了五所院校开展调研，按照国际上的十几项标准做数理统计，最后得出结果：上海的人才培养和教育投入落后于江苏和浙江。在那之后，上海市就启动了"085工程"，用150亿支持地方高校建设。当时真是时间紧、任务急。学校党委专门开了中层干部与教授会议，希望大家群策群力考虑如何制定预算。由于科技处较早参与"085工程"相关调研，就让我们组织精干班子，明确学校需要打造什么样的学科。最终，我们拟定了学校的三类学科。第一梯队是材料、化工、香精香料，第二梯队是机电、建工、计算机，其余为第三梯队。当时学校正在搬入奉贤新校区，正好可以充分发挥优势学科。学校提出了8个亿的预算，上报市教委。现在看来，学科建设的战略决策和有计划推进，也为后来大学及博士点的成功申报奠定了基础。

采访组：刚刚您提到了战略机遇期这个问题，您在规划办工作

了多年，参与了学校不少战略规划的制订。在您看来，上海应用技术大学经历了哪些战略机遇期？这对于一个学校而言意味着什么？

金鸣林：科技处之后，我还在规划处工作了几年。更名大学时，我又在办公室工作。后来就退休了。回过头来看，我确实参与了学校不少领域的工作，也有幸见证了学校的几个战略机遇期。

学校的战略机遇期有这样几个：第一，是三校合并。第二，是本科评估。通过评估能看到内部的发展缺陷，可以争取外部的支持，能促进学校向本科更快的发展。第三，是硕士点申报。说到这个，不得不提到我们两位校长和书记创造条件、把握战略机遇的超凡意识。按照教育部规定，我们学校不可能在合并短短几年内获批硕士点。学校抓住了上海香料研究所（上海日用化学研究所）合并到上海应用技术学院的契机，解决了硕士点资格问题，同时，还把学校研究生招生的历史一下子提前了20多年。这是迄今为止全国没有第二个的案例。第四，就是大学建设。通过获批硕士授予权和"085工程"建设，上海应用技术学院迈入向大学发展的快车道。学校要纳入大学建设规划，首先要得到市教委认可，纳入上海市"十一五"规划。当时，我参与了更名请示草稿的拟定，经学校常委修改讨论上报。这份报告的核心就是三句话：第一句话，上海未来要代表中国参与世界竞争，辐射引领内地。第二句话，上海应用技术学院继承几十年来的办学思想，以崇尚技术、培养应用型人才为根本。第三句话，学校自身会努力做什么，希望市里给什么。最终，我们在"十二五"期间成为上海市大学建设单位。

感谢学校给了我来这里工作的机会，非常感谢各个阶段共事的伙伴和团队，他们做得比我多得多，我只是有幸参与。

肖作兵

　　近些年我们致力于科研攻关，一方面是着眼于改善人民的生活质量，满足人民对美好生活的需求；另一方面也着眼于打通体系，提升我校或者是这个行业的国际影响力。这是我们精心规划的一幅宏伟蓝图，衷心期待这幅蓝图能够早日实现。

口 述 者：肖作兵
　　　　　　上海应用技术大学香料香精化妆品学部主任
　　　　　　科技部国家重点研发计划重点专项首席科学家
　　　　　　获国家科学技术进步二等奖
采 访 组：郭东波　朱建才
采访时间：2023 年 8 月 3 日
采访地点：上海应用技术大学奉贤校区工会楼

采访组： 您从事香精香料学科技术领域研究近30年，先后主持多项国家重点重大研究项目，并获得过国家科学技术进步二等奖、上海市科学技术进步一等奖等奖项。在从事"香"的研究过程中，有没有对您来说意义非凡或影响深远的经历和故事？

肖作兵： 准确地说，从1995年博士毕业时开始，我从事了28年的香精香料研究。回想和思考这28年，我做了哪些对学校、对区域乃至对国家社会经济发展有意义的事情？我想了想，大概有几件事情，可以从食品、饮料和轻工产品这三个方面讲起。

第一，在食品科技方面，2001年我国最大的肉制品企业——河南双汇集团当时碰到了一个瓶颈，就是他们需要的食用香精全部要依赖从欧美进口。欧美企业一是要以10倍的价格卖给我国企业；二是提出了一些不合理的要求，货物从欧洲运过来的话，空运成本很高而海运时间又长，所以对方要求双汇集团每次要购买100吨，而且要提前半年把这100吨的货款给到对方，他们才发货。

面对这些不利因素，双汇觉得食用香精这个卡脖子技术必须攻克，从而实现食用香精的国产化，所以双汇集团的技术中心主任找到了我。我还记得，当时他们远道而来，到了学校门口让保安把我从餐厅里叫过来。我听了以后，对这个事情很感兴趣，就像我现在跟学生讲的那样——我们要做别人做不了的事情。

当时洽谈的时候，我对这个项目非常有信心，所以我就向双汇集团提出了100万科研经费的要求，当时100万是个很大的数额，同时，在一周内要先往学校账户打进一半经费。双汇是非常配合的，合同签好之后，一个礼拜之内就打了50万经费。这个对于当时学校来说，是最大的项目。

之后团队开始攻关，一年的时间里，从小试、中试到产业化都完成了。这里面有我们很多核心技术，比如，开发了集成技术，来尽可能地使双汇的产品更具有天然风味。这项成果不仅在双汇得到

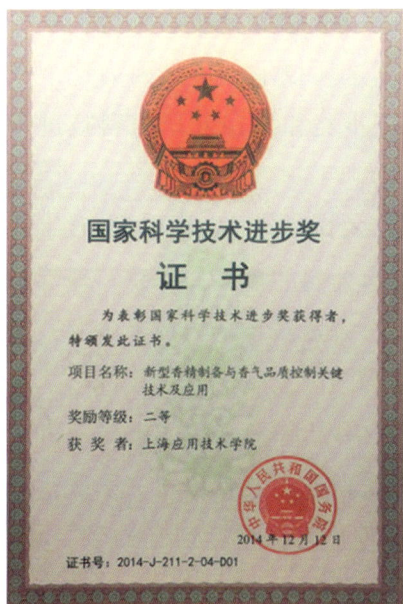

国家科学技术进步奖二等奖证书

2014年12月，肖作兵团队科研成果荣获国家科学技术进步二等奖

了应用，后来在整个行业里实现了推广，除双汇之外，如金锣、雨润、统一方便面、太太乐等都采用了这项技术。正是因为这个成果，让我获得了2012年上海市科技进步奖和2014年国家科技进步奖，也奠定了学校在这个领域的影响力。

第二，在饮料技术方面。国内最大的高端预调鸡尾酒RIO生产企业——上海百润集团公司，这家上市公司的董事长、总经理都是我校的毕业生。我们团队全程参与了该公司新产品的技术研发，项目成果获得了上海市科技进步一等奖和中国食品学会科技进步一等奖，现正准备申报国家科技进步奖。RIO品牌在全国的市场中占了将近60%的份额，去年营收近30亿元。前几天我问公司出调研，公司领导告诉我今年营收预计50个亿，他们目标是达到100亿，我大受鼓舞。

第三，在轻工产品方面。近年来，我们有幸和2017年诺贝尔生理学或医学奖获得者、美国科学院院士、美国国家睡眠中心的迈克尔教授开展合作。大家都知道，在中国乃至世界上有很多人遭受睡眠不好或睡眠障碍的困扰，为了帮助这些人改善睡眠质量，我们跟迈克尔开展了睡眠科技方面的合作。可能会有人问我们在其中做什么？其实有很多天然的香料，像薰衣草和柑橘类香料都是可以安神和助眠的。2016年我主持了一个国家重点项目——芳香材料研究，在5年的项目研究过程中，我们团队实现了把香精香料等制备成纳米尺度溶在不同的纤维里面，从而让香气得以长久的释放。上海泰昌科技有限公司，是一家专门做高端枕头的企业。我们的项目成果运用到高端枕头中后，使用者每天都能闻到枕头中散发的淡淡香气，从而有效提高睡眠质量。这个产品推广以后，中央电视台当时还做了一期节目，叫《超级工厂》，就是专门讲长效芳香助眠产品的研发过程。

除了上述这些例子，我们在各个研究领域还有很多标志性的成果，但我觉得这三个例子是对我们老百姓的日常生活乃至对国民经济的发展都是有比较大影响的，所以单独拿出来讲一讲。

采访组：如今的上海应用技术大学香料学科已撑起了我国"香料香精王国"的"半壁江山"，有着"中国调香师的摇篮"的美誉。您作为香化学部的主任，可以和我们说一说香化学部能够取得这些成就的原因吗？在这个过程中，您本人又有怎么样的经历和体会呢？

肖作兵：说到我校撑起我国"香料香精王国"的"半壁江山"，实际上有两个数据可以体现这一说法：一是我校毕业生在香料香精制造领域就业或者说毕业于我校的领域高端技术人员，目前在业内已经超过了50%；二是全国香料香精行业里的成果转化技术有50%以上都是来自我校。

我校香化学部在建设和发展的历程中能取得这样的成就，关键是因为学校领导非常有远见，从最早的轻专到上海应用技术学院再到如今的应用技术大学，历届领导一直都把香料香精作为特色专业来重点扶持。28年前，我从华东理工大学博士毕业来到轻专时，当时的轻专老校长就明确提出，我们要引进高层次人才，重点发展特色专业。轻专的办学规模小，最好的策略就是以特色求生存、求发展，当时，在全国比较有影响的专业主要有艺术设计、电镀和香精香料。后来三校合并以后，历任校领导都对香精香料这个特色专业十分重视。

现在回过头来想，我觉得在香化学部发展历程中的每一个阶段，都离不开学校的支持。纵观学校发展历程，从专科到本科、从本科到硕士，再到成为博士学位授予单位，学校办学层次不断提升，这一切都离不开校领导的高瞻远瞩和精心谋划。

在上海应用技术大学的28年工作历程中，我和学校建立了深厚的感情，我非常希望通过自己的工作，来为学校的建设和发展做贡献。多年来在科研、教学和团队建设等工作领域，我常常和团队的年轻成员说，做科研，一是要热爱科研，要对专业充满兴趣；二是愿意吃苦，在项目的攻关过程中，不付出努力就很难会有收获。我

2007年5月，学校与华宝孔雀香料香精共建香料香精校外实习基地

2015年10月，学校与广东铭康香精香料有限公司共建联合实验室

自己在几次的项目研发期间，甚至克服了生病和住院等困难，才把项目给做成。45岁之前可以拼命干，45岁之后要适度干，要保证身体健康。清华的体育精神是"为祖国健康工作50年"，身体健康是很重要的。

我们在做一件事情之前，首先要想明白我们到底想要做什么，以及最终想要做到什么程度。就像刚才我讲到的几个项目，当时，我们就做了决定，为了学校的发展和提升，我们的标志性科研项目成果需要申报国家奖。尽管知道国家奖对于我们学校来说是很难申报成功的，但我觉得一定要拿下国家奖，我们花了很大的力气去做成这件事。作为上海应用技术大学的一分子，我们对学校有着很深厚的感情。学校的快速发展需要创造出更高的平台，当时想要更名大学，就必须有国家奖，尤其是国家科技进步奖，但我们没有，2012年学校申请更名未能如愿。所幸后来2014年拿到了国家奖，2015年学校再次申请更名就取得了成功。所以我感到非常欣慰，这个奖为学校更名做出了贡献。学校成功更名大学之后，就获得了更高的发展平台，有了更广阔的发展前景。更名大学为学校成功申请博士点奠定了基础，也能够为学校争取到更多的科研经费投入。

刚才我提到的一系列标志性成果，实际上国内外也是从那时候开始对我校有了更多的关注。在全国的轻工和食品领域，大家都知道上海有一个应用技术大学，在香精香料方面是国内一流的。北京工商大学和江南大学的这个学科也很有名，但是相对来讲，我校的这个学科发展更全面、水平也更高，教育部设立的这一专业也是根据我校专业而设立的，其他学校都是在我们后面、在教育部有了专业目录之后才去申请的。所以我认为，我们学校在这个学科方面对全国是有一定的贡献和促进作用的。

采访组：上海应用技术大学香料香精专业已是国内一流，我们知道您心中一直有一个"香料香精强国梦"。展望未来，您和团队还

将深耕开拓哪些方向和领域？

肖作兵：如今的香料香精已经成为促进国民经济发展和提升人民生活品质的重要产品，为了实现把我国建成香料香精强国的目标，我觉得我们还是任重而道远。尽管我们取得了一些突破和成果，但中国相比发达国家还是比较薄弱。一是原料产品方面，全球有80%以上的原料产品还是被欧美发达国家所垄断，我们中国在全球市场中所占的份额只有大约8%。二是技术水平，发达国家在高端产品的技术成果中占比达80%，中国与他们存在着较大的差距，但是好在中国有巨大的市场需求，根据市场需求可以提出我们自己的目标导向。同时，国内从事相关研究的技术人才，还是有很多可以开拓的方向。

从香精香料整个行业来看，也就是从上游、中游、下游三个方面来看，我们在上游原料这一块需要花大力气。一是天然板块，中国现在有优势，主要是种植和品种的优势，但是我们的深加工技术还要提升。二是合成向量化学分子这一块，中国与发达国家相比差距还是比较大，目前，全球合成向量化学分子这一块大约有几千种产品，我们在这几千种产品中有那么几种或者十几种是比较有影响和地位的，所以国内的科研人员在这一块是有很大的研究空间的。三是生物质销量，现在国家重点提出了生物制造和产业化目标，这方面我们和发达国家的差距相对没有那么大，他们在领跑，我们也在奋起做，但我认为只靠我们学校是不行的，所以我们要联合复旦大学、上海交通大学、华东理工大学等上海高校以及外省市高校，深度合作开展技术攻关，我们需要更高端的技术。还有，我们不能停留在现有的人才培养，现有只是行业内的基本水平，我们应该去培养更高水平的人才。

谈到如何去满足消费者的需求，我举两个例子，一是香水和洗发香波。我们在洗完头发之后，希望头发上还能保留香味，那么这

肖作兵科研团队开展科研攻关

2021年11月，学校香料香精及化妆品教育部工程研究中心通过市教委专家组验收

里面就涉及如何开发出香气缓释技术，现在市面上比较好的名牌产品的留香时间也只有两到三个小时，而我们团队现在开发的香气缓释技术，运用到香水或香波以后，能够使留香达到8至12个小时或者更久。二是最近我研发从花椒中提取新香料，花椒里面有个成分对治疗神经性疾病有用，具体来说就是对神经性退行疾病中的阿尔茨海默病有效果。我们做了个实验，我们经常性给实验动物喂一点这种从花椒中提取的成分，然后发现动物的记忆力比以前更好了，此外，它的行动能力也得到了有效提升。因此，我们在研究新的香料时，如果能从细胞、分子等角度发现其对人体重大慢性疾病具有治疗效果，那是很有意义的事情。通过研究这些新的香料制品，再跟健康消费相结合，在下游市场这一块就有很大开拓空间，我认为目前我们在这一领域的拓展还比较欠缺。

我关注过跟香料相关的几个诺贝尔奖得主，例如，2021年诺贝尔生理学或医学奖得主研究的是触觉。实际上，触觉与香精香料制品的联系是很紧密的，例如，辣椒里面的辣椒素，我们知道，皮肤接触辣椒素之后会有痛觉，通过研究发现43℃的水温实际上跟辣椒素带来的感觉是接近的；同样，薄荷带给人的触觉是凉的，就相当于16℃的水温带来的触觉。现在有一个新的说法是，下一个诺贝尔生理学或医学奖很有可能要跟嗅觉相关，最近在《自然》和《科学》上发表的论文就有一些是关于嗅觉的，我们很多的香料物质，像柑橘类、薰衣草类就具有安神助睡功效，对于我们克服睡眠障碍、提升睡眠质量有积极作用，所以在这一领域我们大有可为。

对我们学校来说，在前端、中端和后端，尤其是前后两端，我们要尽可能地比其他大学开展更多的合作研究，这样可以把整个学科的上、中、下游结合在一起，真正做到代表中国、代表世界。

2020年，我在示范党课做了题为《一名党员科学家的天地情怀》的分享报告，我提到近些年我们致力于科研攻关，一方面，是着眼于改善人民的生活质量，满足人民对美好生活的需求；另一方

面，也着眼于打通体系，加强校与校之间的合作，尽可能提升我们学校或者是我们这个行业的国际影响力。这是我们精心规划的一幅宏伟蓝图，我衷心期待这幅蓝图能够早日实现。

作为一名党员和科研人员，我们必须牢记习近平总书记提出的科技事业发展要坚持"四个面向"：科技创新要面向世界科技前沿、面向经济主战场、面向国家重大需求和人民美好生活需求，要通过我们的拼搏奋斗，始终把人民对美好生活的需求作为我们的初心和使命，奋力在科技创新的赛道上跑出我们的成绩、跑出我们的贡献！让我们一起努力，为推进学校发展、为实现高水平科技自立自强贡献力量。

在学校70周年校庆来临之际，作为见证学校发展历程和建设成就、与学校共同成长的一名老教师，我衷心祝愿学校办学实力进一步增强，学科建设、教育教学、科学研究的能级进一步提升，人才培养质量进一步提高，社会美誉度和国际影响力进一步扩大，各项事业建设发展成就进一步彰显！祝愿学校的明天更美好！

房永征

协同创新是一个很好的产教融合方式，校企双方全面深入地有效协同是产教融合成功的关键。学校提出了协同创新和协同育人，将培养研究生应用创新能力的育人目标置于校企协同创新过程，实现校企双赢，探索研究生"双协同"产教融合培养模式和可持续发展机制。

口 述 者： 房永征

上海应用技术大学研究生院院长、学科建设办公室主任

上海应用技术大学材料科学与工程学院教授

科技部国家重点研发计划首席科学家

采 访 组： 王 青 郭东波

采访时间： 2023 年 8 月 29 日

采访地点： 上海应用技术大学徐汇校区办公楼

采访组：作为国家重点研发计划首席科学家、上海市领军人才，您长期耕耘在发光材料与器件等科研领域。请问您是如何将自己的科研工作与国家科技发展结合起来的？

房永征：时光飞逝，我进校工作已经20余年了。我是2001年来校工作的，那时候学校刚升格为本科高校并且开始招收本科生。当时，我是一名讲师，教学上，主要从事本科生教学培养工作；科研上，研究方向主要是半导体发光材料与器件研发、光探测材料与器件。这20多年，我从一名讲师逐步发展为副教授、教授，到现在成了上海市领军人才、国家重点研发计划首席科学家。可以说，我个人的成长从根本上离不开学校的培养。

我说一下我长期耕耘的发光材料与器件科研领域。有这样一个说法：人类发展史就是一部追光的历史，从钻木取火，到煤油灯、白炽灯，现在发展到了半导体照明，也称为第四代照明。我坚定选择这个研究方向的原因，除了我读书时期是做这方面的相关研究外，还源于10年前我在国外从事研究时，因为一个偶然的机会得知半导体照明核心技术被日本垄断，因而严重制约了我国半导体照明行业的发展。当时，我便下定决心一定要努力研究突破国外在此技术上的垄断，我觉得日本人能做到的，我们也一定能做到。回国后我便开始组建团队。刚开始，我们的条件比较艰苦的，团队里只有2名老师、3名研究生，实验用房不到20平方米。我经常骑着自行车，一家家企业跑。刚开始没人理，可能是我们诚心打动了他们，后来国内半导体照明领军企业愿意和我们合作。我们团队抱着"咬定青山不放松"的研究态度，坚持下这项研究工作大致走过十个年头，取得了一些不错的成绩：我们在多项核心技术上已打破了国外垄断，和企业合作研发的产品已应用于天安门、人民大会堂、上海中心大厦、英国博物馆等国内外标志性建筑。

习近平总书记说过："坚持把科技自立自强作为国家发展的战略

2021年12月，学校举行上海光探测材料与器件工程技术研究中心建设启动仪式

2023年12月，学校举行光电材料与器件学术前沿论坛

支撑。"我想在该领域，我们不能跟跑，而要领跑，要想领跑必须换道超车。于是，我们紧跟国家、上海市的发展战略，设计了全新的研发路线，申报了国家重点研发计划。在这个过程中，团队经常一起讨论工作到凌晨，团队成员有两人身体还出现了问题，我曾经一度想放弃。最终，是科技工作者的初心和使命感以及学校领导和团队成员的鼓励使我又坚定了信心，最终获批了国家重点研发计划。我希望能带领团队研制出一些具有自主产权的新材料，突破国外卡脖子的技术，使国家在半导体发光材料这个领域真正拥有自主产权，实现高水平科技自立自强。

习近平总书记在全国科技创新大会中提出："广大科技工作者要把论文写在祖国的大地上，把科技成果应用在实现现代化的伟大事业中。"团队积极响应号召，主动参与国家脱贫攻坚战，科技援滇援疆，推动光电农业科研成果转移转化，指导当地农民发展光电产业，支撑乡村经济建设。我领衔的"光电农业助力云南怒江州乡村振兴项目"获批国家人力资源和社会保障部"2021年专家服务团项目"（上海市共2个项目获批）。

团队针对云南怒江州、红河州等地生态特点，发挥LED植物照明等光电农业的优点，利用自主研发的特种LED照明器件开发及香料作物、萱草培育等方面的优势，作为专家团负责人，组织光电和生态相关领域专家，在云南推广以植物照明为代表的光电农业，开展香料作物及萱草等高附加值特色作物的种植，提供技术咨询与培训、支持和服务，并免费为困难农民提供学校开发的特种植物照明系统，助力乡村振兴和精准扶贫。

我们走遍滇南田间地头，钻进弥勒大棚与技术人员直接交流、帮扶十余次，为当地农民提供技术咨询和服务，与妮娜皇后、阳光玫瑰葡萄园主实地交流智慧农业过程中所遇到的问题和可行解决方案；其间，邀请50多名专家通过线上、线下等各种方式进行技术指导；通过指导对LED等红光成分比例调控、灯间距、灯位置的调

控，火龙果种植基地成熟季由12提高到14节次，大大提高了产量；开展弥勒萱草种植、红河学院学科建设等相关工作的点对点精准指导12次。当看到夜晚LED灯光闪烁在火龙果的枝蔓上，小小花苞竞相开放，我感觉再多的辛苦也值了。

随后，我又接到上海市对口支援克拉玛依市前方指挥部的援疆需求，我即刻赴疆，为克拉玛依企业提供智力帮扶，提高了地区产业水平，助力3家企业成为高新技术企业，口累计实现工业产值超50亿。我想，作为高校教师和科技工作者，这是学校的荣誉也是我个人的荣幸，更是我责无旁贷的使命和任务。

采访组：您在担任学校规划与学科建设办公室主任期间编制了学校"十三五"事业发展规划（2016—2020），能介绍一下这个规划的编制背景吗？当时是如何确定学校"十三五"期间的发展目标和方向的？"十三五"期间有何成就呢？

房永征：学校"十三五"事业发展规划编制时正值学校更名。学校的更名不仅是名字上的变更，更是内涵的转变。一方面，从"十二五"到"十三五"，奉贤校区建设基本上进入尾声，学校的"085工程"建设也进入了结束期。另一方面，学校更名大学后，还要考虑推进针对大学的内涵建设，例如师资队伍建设、平台建设、人才培养等，要在另一个维度上去思考这些问题。在学校高质量发展进入内涵式发展这样一个关键转折期，怎么样去破局？怎样进行有特色快速的发展？内涵建设的发展方向、内涵指标等都需要站到新的起点上进行统筹思考。因此，学校新的发展定位和学科建设发展方向都是"十三五"规划中需要回答的问题。

"十三五"规划在学科建设方面，我们提出的是建设协同创新平台，构建协调发展的学科体系。当时定的发展思路是紧密围绕上海和长三角经济社会发展重大需求，凝练学科方向，构建以工为主，

上海市教育委员会文件

沪教委科〔2023〕26 号

上海市教育委员会关于将"环境科学与工程"等 6 个学科纳入Ⅲ类高峰学科建设范围的通知

上海大学、上海师范大学、上海理工大学、上海电力大学、上海应用技术大学：

为推动地方高校高质量特色发展，市教委依据《上海市加快推进世界一流大学和一流学科建设实施方案（2021-2025 年）》《上海高等学校学科建设与优化布局规划（2021-2025 年）》等要求，进一步优化上海高校学科布局，将上海大学环境科学与工程，上海师范大学化学、环境科学与工程，上海理工大学生物医学工程，上海电力大学电气工程，上海应用技术大学化学工程与技术 6 个学科纳入Ⅲ类高峰学科建设范围。

请你校贯彻落实高峰学科建设要求，按照建设方案，聚焦重点

— 1 —

2023 年，学校化学工程与技术学科获批为上海市Ⅲ类高峰学科

2024 年 2 月，学校召开高水平地方高校建设计划项目预算编制推进会

理、管、经、文、艺术等多学科协调发展的学科体系。统筹人才培养、科学研究、社会服务等功能，分层分类实施协同创新平台建设任务；依托协同创新平台，构建跨学院、跨学科、跨领域的高水平研究团队。在这个思路下，学科建设的发展目标是巩固香料香精重点学科优势，建设更高水平的协同创新平台，扩大对行业发展的引领和支撑作用，以化妆品为主要方向，拓宽研究领域。聚焦光电子、太阳能等新兴产业中的光电材料，联合社会优质资源，推动材料学科快速发展。瞄准生物医药领域的新型靶向药物研发，建设高水平的协同创新平台，提升化工学科对区域化工行业的支撑能力。协同机械、电气、信息、土木工程等学科力量，提升轨道交通领域中的技术研究水平，对轨道交通行业的显著支撑作用，使之逐步形成新的特色学科增长点。通过服务于上海大都市产业发展的需要激发网络工程、生态园林、安全工程等新兴学科的发展动力；引导艺术、管理、文化产业、外语等人文社会学科，在保持自身学科特色的同时，与工科深度协同，构建适应现代城市文化产业和服务业发展的学科群，提升为政府、企业决策咨询的服务能力。并通过高水平研究团队培育工程、科技成果转化促进工程、科研评价机制改革工程、高峰高原学科培育工程和协同创新平台建设工程5个重点项目来实施。

我觉得我们侧重要的一个方面是提出协同创新平台建设。学校要推进协同创新平台建设、要组建团队，与企业共建协同创新平台，解决企业的一些核心关键技术问题。通过共建，不仅使学校创新能力得到提升，同时也使企业困扰的技术问题得到解决，提升企业的行业竞争力。这是一个"双赢"局面，所以企业非常支持这项工作。而且通过协同创新平台来进行人才培养，我们的青年教师、研究生和本科生围绕着企业的创新课题来进行研究，这在教学改革上也是一个创新。

经过几年的建设，学校取得了一些成绩，获批上海市重点教育综合改革项目。特别是通过建设，学校每年有1~2个上海市工程技术研究中心获批，在数量上有了很大的突破。紧接着学校又获批了教育部工程研究中心，这也是我们学校获批的第一个教育部平台。随着建设发展，学校又获批省部共建协同创新中心国家级平台。这样的建设思路无疑是成功的，对学校的学科建设的支撑作用也是非常大的。

正是由于正确的规划，通过"十三五"的建设，为学校"十四五"的博士点建设、博士授权单位的获批，打下了非常扎实的基础。目前，学校已经在人才培养体系上形成了本科、硕士和博士的完整培养体系，大大提升了学校在高层次人才培养、服务地方社会经济建设方面的能力，学校也被列为上海市高水平地方高校重点建设单位。

采访组： 研究生教育肩负着高层次人才培养和创新创造的重要使命，有力支撑着科技创新和国家战略发展。您身兼学校研究生处长和研究生院院长，可否谈谈上海应用技术大学是如何加快推进研究生教育高质量发展的？

房永征： 学校经过多年的快速发展，研究生培养方面在规模上有了一个快速的提升。最开始的时候，我们研究生培养是和其他学校共建、共同培养的，到现在我们一年招收的研究生接近1500人，在校研究生接近5000人，目前，学校研究生培养应该说达到了一定的规模。接下来，我们考虑的一个很重要的问题，就是研究生的高质量培养问题，即怎么样把我们的研究生培养出特色并且能适应国家经济发展对高素质人才的需求。

学校一直坚持"应用导向、技术创新"的特色定位，这些年我们坚持推进的协同创新平台建设也符合学校的发展定位。协同创新是一个很好的产教融合方式，校企双方全面深入地有效协同是产教

2022年9月，房永征荣获上海市"四有好教师"（教书育人楷模）提名

学校积极探索实践"双协同"产教融合研究生培养机制，"产教融合'双协同'工程类研究生培养机制创新与实践"项目获上海市优秀教学成果奖一等奖

融合成功的关键。在此基础上，学校提出了校企合作实施"双协同"机制，"协同创新"和"协同育人"将培养研究生应用创新能力的育人功能置于校企协同创新过程，实现校企双赢，探索研究生"双协同"产教融合培养模式和可持续发展机制。我们通过强化校企协同创新战略，激发企业参与产教融合的内源性动力；构建多层次协同创新平台体系，增强高校关键技术研发能力；建设跨学科校企导师团队，打通校企"双协同"育人路径；优化应用创新能力导向的课程体系，支撑研究生产教融合培养等四个模块来进行研究生创新人才培养。

我们探索实践"双协同"产教融合研究生培养机制，不仅为我们学校研究生教育高质量发展，也为地方应用型高校深化产教融合和创新发展提供了新思路、新范式。随着探索的深入，研究生人才培养成效日渐显著，研究生培养质量与规模都得到了极大地提升。产教融合"双协同"研究培养机制受到《光明日报》《中国教育报》"学习强国"等主流媒体和平台广泛报道，2021年，我们以"产教融合'双协同'工程类研究生培养机制创新与实践"为题，申报高等教育上海市优秀教学成果奖，获得一等奖，更被上海市推荐申报国家级教学成果奖；"双协同"机制创新与实践经上海市推荐报送中央教育工作领导小组，其中跨学科导师团队建设被列入上海市教育"十四五"期间重点推进工作。

立项之初，我牵头组建了"高性能光材料及器件跨学科校企导师团队"，这是一支以材料学科为基础，联合物理学、化工学科的校内导师与企业导师，指导研究生参与校企联合攻关的团队。团队教师指导研究生以立体LED关键技术作为研究课题，与企业协同申报并获批了国家重点研发计划项目，合作成果获中国轻工业联合会科学技术奖一等奖、上海市技术发明奖二等奖、浙江省科技进步二等奖等科技成果奖励。团队指导的研究生不仅在JACS、Angew. Chem. Int.Ed、Small 等国际期刊发表高水平论文70余篇，研究成果还在中

国国际发明展览会参赛并获得金奖。通过这种模式我们发现学生培养质量得到了快速提升，学生参与企业课题也得到了很大的锻炼。因此，协同创新与协同育人有机结合，打通校企产教融合协同育人的实施路径，才能够培养出具有特色的高层次创新型的人才。

在学校70周年校庆即将到来之际，祝愿学校事业更加辉煌，桃李满天下！

韩生

　　高水平的大学建设离不开一流科研的推动，一流科研也强有力地支撑着高校水准的提升和层次的提高。科研能力的提升，不仅有效地提升执师科研实践的能力，还能将其运用到教学当中，对提高人才培养质量起到极其重要的作用。

口 述 者： 韩　生
　　　　　　上海应用技术大学科学技术研究院院长
　　　　　　上海应用技术大学化学与环境工程学院教授
　　　　　　获上海市科学技术一等奖
采 访 组： 吴斯琦　陈　臣
采访时间： 2023 年 8 月 22 日
采访地点： 上海应用技术大学徐汇校区图书馆

采访组：您一直坚持科研创新，在石油化工等领域取得了突出成绩，获得上海市科技进步一等奖、上海市领军人才等荣誉。在您的科研实践中，如何看待应用型科研的价值？

韩生：高水平科技的自立自强，是国家现代化建设的基础支撑，更是上海科创中心建设的关键。眼下，国家正在大力推行有组织的科研，低调要推动高校充分发挥新型举国体制的优势，以更高质量、更大贡献来服务国家战略的需求。因此，对应用型大学而言，运用有组织的科研模式，服务地方产业和城市发展，就是服务国家战略需求。随着新一轮科技革命和产业变革的持续推进，学科之间、科学与产业之间呈现日益交叉融合的趋势，应用型科研的价值逐渐凸显。应用型科技成果的意义不仅在于科技的突破，更在于转化落地，实现可持续运营，最终要体现为产业发展成果和经济发展成果。

作为高校一线科研工作者和科研管理者，我对此的感受非常强烈，更认为个人在时代之中应该有一种使命感。记得2014年我刚就任学校科学技术处主持工作的副处长之时，学校科研经费近1亿元，省部级科研平台不到5个，科技人才更是屈指可数，合作基地集中在上海地区。如今，学校科研经费已超2亿元，省部级科研平台增加到20个，科技人才队伍不断壮大，拥有国家级、省部级各类高层次人才170余人次，合作基地更是从上海辐射到周边几十个地区，遍地开花。国家级奖项实现零突破，学校获批为国家知识产权试点高校，国家发明专利授权量从原来每年不足100项到现在的近500项。科研整体水平的快速提高，助力学校取得了一系列非凡的办学成就。

结合我个人的经历来看，我始终认为，科研能力的提高是高校教师发展的立身之本，如何把自己的科技成果转化落地，推动社会进步，服务企业显得尤为重要。在这方面，我带领团队进行了一些

2023 年 5 月，韩生
团队科研成果荣获上
海市科学技术   等奖

尝试。我负责的特种润滑技术团队成立于2010年，经过十多年的探索和建设，团队现有完备的特种润滑科研场地，具有专业的润滑分析、小试、中试及台架试验平台，在特种油品及添加剂领域服务企业近百家，其研发成果累计为企业创造产值200余亿元，我和团队也获得国家百千万人才工程、国务院特殊津贴、侯德榜化工科学技术创新奖等荣誉10余项，教育部科技进步奖等省部级科研奖20余项。

我想说些荣誉的获得不仅是我个人的发展，更是我们整个学校科研水平、科研平台不断发展的体现，也能看到国家对于应用型科研的重视程度在日渐提高。学校的办学实力提升与我们教师个人发展荣辱与共，我也一直在实际工作中将这样的经验与感悟与更多的年轻教师、科技工作者们分享，希望所有更多的年轻人在科研领域取得好的成绩。

同时，面对学校高质量发展对于"科技服务质量""科研经费数量""科研成果层次"等提出的更高要求，我们积极应变、主动求变，聚焦人才、平台和机制鼎分三足，以高质量科技服务助推学校高质量发展。在这个过程中，我们以青年教师队伍为科研主力军，将青年教师的科研发展与国家重大战略结合起来。我们以美丽健康、绿色化工、智能制造和知识产权等特色方向为突破口，整合校内外优势资源，高起点建设六大高能级平台，帮助青年人才在项目团队开展关键技术攻关中提高科技创新能力。例如，化工学院青年教师张太阳，通过校聘副教授的绿色通道，成功入选2022年度上海市"启明星（A类）"计划。

青年教师队伍的不断壮大、科技成果的成功落地、科研水平的逐渐提高都说明了学校、国家对于应用型科研的价值给予的肯定和重视，在未来也会更加支持其发展，让我们拭目以待吧。

采访组：学校秉承"依产业而兴、托科技而强"的办学理念，持之以恒地推进产学研协同创新发展。近年来，上海应用技术大学

在产学研结合方面有哪些特色和突出成绩吗？作为科学技术研究院院长，请您谈谈学校是如何具体推动产学研工作落地的？

韩生：作为一所在21世纪初由三所专科学校合并成为的新建本科院校，学校在合校后，经历了科研工作非常薄弱的阶段。当时，学校的科研工作无论是从人才、平台、成果、经费等方面来看，与国内其他应用型高校差距都是非常大的。

但是通过学校连续不断的奋斗和发展，学校科研工作的面貌不断得到提升，在科研工作政策的支持、高水平人才引进等方面，相继取得了许多突破。2013年，学校首次实现了国家级科研奖项的突破，肖作兵教授《新型香精制备与香气品质控制关键技术及应用》荣获国家科学技术进步奖二等奖；2016年，肖作兵教授牵头的《芳香纳米材料制备与应用研究》，实现了国家重点研发计划项目的获批，2017年，刘宁陆教授领衔的《自由剪切湍流和壁湍流相互作用的结构特性和输运机理研究》实现了我校国家基金重点项目的突破。这一系列高层次科研项目的获批，对学校整体科研能力的提高产生了积极和深远的影响。在推进纵向科研项目的管理过程中，作为科研管理部门，我们不断提高管理水平，对各位教师的项目申报采取应报尽报，对申报文本组织多轮评审和把关，同时，还举行了"品茶论金"等多项服务，对支持教师科研水平提高起到了关键性的作用。

尤其是近年来，学校积极响应国家和长三角地区创新驱动发展战略，紧紧围绕产教融合、校企合作、服务地方经济开展了大量产学研合作创新性工作。比如，联合长三角区域内各类创新主体，建立产学研联盟，共建产业研究院、技术转移分中心及产学研工作站，共同开展应用科学问题和关键核心技术协同攻关，共同推进科技成果转移转化等方面都有所进步。同时，学校努力构建长三角一体化科技创新共同体，形成科技与产业在人才、技术、资本及信息

2019年9月，韩生荣获上海市"四有好教师"（教书育人楷模）提名

韩生在实验室指导学生开展科技创新研究

等创新要素的有效衔接、精准支持、耦合互动新格局。在这种发展背景之下，学校产学研工作取得了突出的成绩。2021年，荣获中国产学研合作促进奖，2022年，被认定为"中国产学研合作创新示范基地"（全国共6家），入选首批上海市高校知识产权运营中心。

同时，我们着力在产学研工作中构建两张网，开创性地走出上应特色的产学研工作机制。第一张网是跟周边长三角地方政府和企业合作的一张网，着力建设学校与外地一大批合作基地平台，包括技术转移中心等多种转移的模式。目前，已经建设了金华、义乌、宁波、南通、盐城、温州等20多个技术转移中心。我们会组织教师到各个地方政府进行项目对接，同时，也邀请地方政府到学校进行技术难题宣讲，从而实现双向对接，为企业解决现实问题，提供发展的通道和路径。第二张网是在全校的师生里面构建一张学科布局网，把所有教师的科研成果进行收集梳理，并将教师按不同专长、科研能力进行分类，做到心中有数，这样我们才能够让这两张网尽快地进行匹配。

针对此网系列，学校还积极利用了第三方的科技中介，比如，国家技术转移东部中心、上海市知识产权交易中心，还有上海市技术开发中心等一大批这样的科技中心来有力推动学校的科技成果在上海市以及外地进行转化落地。通过以上一系列的方式推动学校科技成果产品化、市场化、产业化，真正服务经济社会发展，同时，也将学校的办学特色和科研成果在更多的地方进行了宣传和推广。

在我们的产学研工作探索中，有很多收获。许多地方政府和企业与学校教师达成了良好的合作，也结下了校地双方的深厚友谊。我印象很深的有几个地方，一个是江苏省南通市，近几年，通过深耕挖掘，围绕着南通辖属的各个区，如皋、如东、启东、海门等，进行了大量的技术对接与校地合作，与南通市的合作经费从最初的60多万元到现在的近1000万元，这样的经费增长很直观地反映出我们学校的应用技术型科研得到的认可与价值。

另外，还有与浙江省金华市的合作，在当地成为产学研的典范来进行推广。学校在金华的技术转移中心连续几年在金华的科技部门评价中获评优秀。我们在金华成立了金华花卉苗木产业研究院，其中，张志国教授将萱草相关的技术优势转化到当地并进行落地；冯涛教授与金华火腿很多年的深度合作，实现了金华火腿废弃物的高附加值；毛海舫教授与安徽海华科技集团合作，已成为校企合作的优秀典范，双方共同推进产教深度融合，打造创新策源联合体，在科技研发、成果转化等方面做出创效。经过双方多年共同努力合作，以需求为导向，助力海华科技成为国际一流的香精香料供应商。这些合作都在当地形成了很好的引领示范作用，也体现了我们学校的产学研工作真正地落到实地。

采访组： 高水平科研是高水平大学建设的重要支撑。学校对接长三角一体化等国家重大发展战略和上海科创中心建设需求，打造了跨学科六大科研团队。请您谈谈这些团队在服务和引领相关重点产业发展中，做出了哪些上应的科研贡献？

韩生： 科研兴校、科研强校已成为众多高校的共识。高水平的大学建设离不开一流科研的推动，反过来看，一流科研也需有力地支撑着高校水平的提升和发展的眼局。学校将协同创新作为核心战略，将人才培养置于校企协同创新过程中，注重协同创新成果的转化，与企业共同打造"双协同"的产学研用创新联合体，协同育人成效显著。校企共建高水平协同创新平台服务于国家、地方经济社会战略需求，聚集了优秀的技术人才队伍，拥有先进的仪器设备等资源，具备进行重大关键共性技术的攻关能力，依托平台培养研究生具有天然的优势。

学校设置包括院士、企业专家、校内专家联合组成的学科平台技术指导委员会，针对关键共性技术问题开展校企协同创新，与地

2019年6月，我校举办首届长三角产学研深度融合创新论坛

2022年12月，学校入选首批上海市高校知识产权运营中心项目承担单位

方政府、头部企业、科研院所联合建设上海东方美谷产业研究院、上海创业学院、大学科技园等产教融合创新平台，建设了包括5个国家级平台、1个国际联合实验室在内的59个协同创新平台，与光明集团、华谊集团等知名企业共建产教融合联合创新培养基地216个。依托高水平平台强化学校的技术供给能力，引领行业企业技术进步，支撑产业快速发展，为企业输入亟需的技术人才。

因此，我们能看到，时间前期学校科研工作不断爬坡上坎，学校在不断完善科技创新的管理办法，提出了"组建大团队，产出大成果"的思路，打造多个以问题为导向的科研平台，组建六大跨学科科研团队，推动教师由"单兵作战"向"团队协作"转变，以"团队作战"引导教师尝试科技创新的"深水区"和"无人区"，合力攻克科学难题，产出高质量的创新成果。

其中，柯勤飞教授领衔的跨学科创新团队，深入开展芳香纳米材料与纤维素纤维作用机理的研究，促进我国纺织、皮革、造纸等传统轻纺产品的升级换代，成果获批国家重点研发计划等国家级、省部级科研项目10余项，实现直接经济效益100多亿元。该团队在功能性芳香新材料方面的技术已在爱普、百润、水星家纺、泰昌等知名企业实施了产业化推广应用，取得了显著的经济效益。

房永征教授的高水平跨学科协同创新团队，瞄准半导体照明及光探测中的"卡脖子"问题，该团队发明了新型单晶和晶圆材料及其封装的大功率LED，实现了我国照明技术领域的重大突破。2023年，该团队2项发明专利分别以900万元的价格开放许可给企业，实现科技成果真正落地实施。

毛海舫教授团队瞄准香料化学工程中核心关键技术和基础科学问题，拓展研究对象从传统大宗香料到高附加值产品，运用现代化学工程技术实现香料产品的绿色、连续与智慧化生产。与企业开发优化了乙醛酸法生产香兰素的绿色产业链，使企业的国际市场占有率一举达到60%以上。

吴范宏教授团队依托我校上海市级工程中心——上海绿色氟代制药工程技术研究中心平台，与企业共建国家抗艾滋病毒药物工程技术研究中心含氟抗病毒药物分中心，发展含氟抗病毒药物的关键中间体的绿色工艺，解决这些药物生产环节中的"卡脖子"问题。

由我负责的特种润滑技术团队，突破了切削液助剂配方筛选技术，为高效选择协同助剂提供强有力的解决方法，项目获批2022年度上海市科技进步一等奖。利用该技术已累计开发切削油液稳定性配方数1500多个，建立60余种高效配方体系或切削液产品；产品先后在100余家企业完成示范应用及产业化应用，近三年累计新增产值2.6亿元。

这些成果的获得离不开老师们的努力，但是其中很重要的是学校对于我们的支持，可以说是将个人融入团队之中，最大可能地发挥所长，创造出了高质量的科技成果。同时，这些科研成果的产生锻炼培养了教师们的创新能力，也使学校的科研水平和平台得到进一步提高和扩展。

在学校70周年庆应即将到来之际，我想说，70周年校庆是学校聚力推动内涵式高质量发展的新起点，必将对加快建成具有国际影响力的高水平应用创新型大学，产生广泛而深远的影响。展望未来，我们将胸怀"两个大局"，牢记"国之大者"，落实立德树人根本任务，勇担科技自立自强使命，打造高水平人才高地，努力为实现中华民族伟大复兴贡献力量。

4

文化传扬

2021

朱守岗

在学校这片热土上耕耘了23年，不仅目睹了学校的快速发展，而且有幸参与了学校的顶层设计，践行了改革创新、砥砺奋进的重大决策。艰难困苦，玉汝于成。一所新建本科院校的崛起，是我国高等教育发展的一个印证；一所地方本科院校的快速发展，也是区域经济发展的一个缩影。

口 述 者：朱守岗
　　　　　2002年至2006年任上海应用技术学院党委办公室主任
　　　　　2006年至2010年任上海应用技术学院原高等教育与政策研究所
　　　　　所长
采 访 组：吴斯琦　姚　霏
采访时间：2023年8月28日
采访地点：上海应用技术大学徐汇校区办公楼

采访组：您直接参与了学校合校之初的许多重要工作，参与起草了上海应用技术大学第一次、第二次党代会的报告，可以说说这两次党代会是在怎样背景下召开的？起草党代会报告及系列文件中，当时是怎样考虑的？

朱守岗：明年是学校70周年华诞，七秩荣庆，德功就铸。我在学校这片热土上工作耕耘了23年，前12年在冶专，曾任党委宣传部副部长、部长，社科部主任和公共课部主任兼书记；后11年在上应大，曾任基础学科联合党总支书记、社科系主任、党办主任和高教所所长，特别是合校以后，我亲眼目睹了学校的快速变迁，也亲身参与了学校的顶层设计，践行了学校改革创新、砥砺奋进的重大决策。

站在70周年的时间节点，我认为学校历史可划分为四个阶段。第一阶段：1954—2000年是"夯实基础，高专示范"；第二阶段：2000—2006年是"合并磨合，完成转型"；第三阶段：2006—2016年是"双重建设，跨越发展"；第四阶段：2016—至今是"厚积薄发，勇攀高峰"。

三校合并以后，学校面临着"稳定和发展的艰巨任务"，当时的校情犹如新中国成立后的国情，"人口多，底子薄"。校党委高举改革大旗，在改革中破解难题。先后进行了人事制度、干部聘任制度、教育教学、管理体制及后勤社会化等一系列改革。在全校师生员工努力下，用了短短两年时间，实现了"稳定"的阶段性目标，下一步要实现"发展"的目标。正是在这样的背景下，党委决定2002年3月29日召开第一次党代会。

说实话，第一次党代会报告我没有直接参与起草，只是参加过几次讨论修改。报告总结了四个方面的成绩，提出了今后发展的五大任务，阐述了加强党的建设的十点要求。为贯彻第一次党代会精神，学校在一年多时间内，先后召开了教学工作会议、学生工作会

2006年5月，中共上海应用技术学院第二次代表大会动员会举行

2004年5月，学校举行大学生"三个代表"重要思想学习提高班结业暨颁奖典礼

议、科技工作会议和师资队伍建设工作会议等。同时，还启动了加强内涵建设的"12512"工程。经过努力，2004年，我校和上海水产大学联合获得"应用化学"硕士学位授予权；2004年6月，提前一年获批学士学位授予权；到2006年，本科专业已达近30个，形成多学科协调发展的局面，完成了专转本的"美丽转身"。

经过六年的发展，学校又面临着新的机遇与挑战，迎来了两大历史任务。一是教育部决定上海应用技术学院2007年接受本科教学工作水平评估。上海11所新升本科院校中，我校是唯一一所接受评估的。由领导和学校齐心导出，要求学校承担起这一历史重任。二是随着招生规模逐步扩大，学科建设布局提升，原有办学空间已不能满足学校进一步发展的需求。在校领导的不懈努力下，在市委、市政府领导的支持关心下，上海市推进高校布局结构调整第八次联席会议决定：上海应用技术学院搬迁奉贤进行新校区建设。时间紧，任务重，为进一步凝心聚力，抓住机遇，迎接挑战，党委决定在2006年8月28日召开第二次党代会。

我有幸参加了第二次党代会的筹备工作，并负责秘书组起草撰写党代会报告。我深知报告的质量关系到党代会的成效，压力很大，但也义不容辞，在党委领导下群策群力，集思广益，反复斟酌，七易其稿。就整体框架而言，可以概括为五句话：明确一个主题，贡穿一条主线，清晰一个定位，突出两个重点，抓好八项任务。我个人感觉，报告有三个亮点。

亮点之一：经验总结。报告第一部分在总结所取得的成绩和不足之后，怎样提炼出经验的确有一定难度。这既是对过去成绩的一个凝练，又要对今后工作有所启示，起到承前启后的作用。我们总结了五条，即"三个根本""一个源泉"和"一个基础"。快速发展是根本前提，深化改革是根本动力，党的领导是根本保证，依靠师生员工是力量源泉，基层党建、舆论导向是坚实基础。文字虽然不多，但背后折射出校领导及广大师生员工团结奋斗、开拓进取的精神。

亮点之二：明晰定位。关于办学定位，这是一个学校的灵魂，是办学的导向，办学定位准不准，直接影响学校的发展进程。多年来，校领导反复思考讨论。请校外专家来"把脉"，在编制《十年发展规划》《三年行动纲要》时，提出要建设"高水平""多学科""应用型"为目标，但没有用"办学定位"来表述。也就是说学校的文件还缺少一个完整、系统、明确的办学定位。随之而来的本科教学工作水平评估7个一级指标中，第一个就是办学指导思想。其中，第一条就是办学定位。届时，专家组进校实地考察，要查阅原始文件和支撑材料，如果没有，评估结果难以想象。鉴于上述原因，党代会报告第二部分"目标和任务"，我斗胆做了尝试，在汲取校领导和广大教职工智慧的基础上，把办学定位表述为"建设一所高水平、应用型、多学科协调发展的特色鲜明的本科院校"。写完之后我感到还不够，因为办学定位是一个科学体系，要有相应的支撑点。于是在总体目标之下，又分别阐述了"办学类型定位""办学层次定位""办学功能定位""人才培养规格定位""服务面向定位"和"办学特色定位"等六个分类定位。办学定位表述得到校领导的一致认可，时任副校长刘宇陆称我为学校办了一件大好事。

亮点之三：突出两个重点。在抓好八项任务中，着重阐述了内涵建设和外延拓展这两大历史任务。强调以评促建是"一把手"工程，以强烈的责任感和使命感，齐心协力，人人尽职，按照"优秀"标准进行建设，以良好成绩顺利通过教育部对我校的本科教学工作水平评估。强调确保速度与质量，2007年9月完成奉贤新校区一期工程建设，2010年全面建成新校区，科学规划，精心操作，打胜上海市高校布局结构调整"收官"之作这一胜仗。

总之，党代会报告反映了广大党员和师生员工的愿望，体现了新一届党委领导班子的办学理念和工作思路，为日后的"双重建设，跨越发展"发挥了引领和指导作用。

2007年9月，学校举行评建工作检查会议

2008年1月，学校举行党员"迎评先锋"表彰会

采访组： 您直接参与了2007年学校本科教学工作水平评估的系列工作，特别是《自评报告》的起草，为这次评估优异成绩的获得奠定了基础，您能介绍一下当时的工作内容吗？

朱守岗： 讲到本科教学工作水平评估，可以说是我43年工作生涯中最难以忘怀、最刻骨铭心的一段经历。700多个昼夜奋战，尝尽了酸甜苦辣，历练了意志，提升了水平，成为精彩人生的浓重一笔。学校从2005年11月正式启动迎评促建工作。校领导加强顶层设计，理清工作思路，落实组织机构。强化各项措施，提出"以评促建，以评促改，以评促管，评建结合，重在建设"的20字方针。先后召开两次全校教职工大会，14次中层干部会议，成立了7个专项工作组，下发了18项建设任务书，把评估的7个一级指标、19个二级指标和44个观察点的要求，分解为510条任务书，下发至各二级学院和职能部处签署责任书，立下军令状，限时限刻完成。同时，齐头并进开展了"师资队伍建设工程、课程建设工程、实践教学建设工程、质量建设工程、制度建设工程、学风建设工程、特色亮点建设工程"七项工程建设。评估发动面之广，措施之有力，工作之细致，纪律之严明，在学校其他各项工作中实属前所未有。

我在评估中主要参与了两项工作，一是担任了校评估办负责人之一协调推进评估办日常工作。2006年10月，我从党办聘任到高教所任职，校领导宣布高教所与评估办合署办公。之后一年多面临纷繁复杂的评建工作，我们评估办十几位老师，拧成一股绳，劲往一处使，加班加点是家常便饭，通宵达旦也在所难免。仅举一例，评建工作中，学校除自查外还进行了八次专项检查，两次市教委牵头综合性检查，邀请了上海和全国各地专家来校"会诊"，这在上海参评的高校中是独一无二的。多次检查，由评估办出方案。十次检查专家调阅文档近5万份，其中，毕业设计5400份，试卷42 000份，实验报告1140份，听课186门。为准备材料各二级学院是"掘

地三尺，翻箱倒柜"。特别是2007年11月4日，教育部专家组进校实地考察一周，为迎接"大考"，全校上下没有一丝懈怠，评估办就如"作战室"，协助校领导指挥协调各项考察工作。专家组进校第一天，我连续工作了39个小时未合过一眼。评估办紧张而高效的工作得到专家组和校领导的首肯。

二是担任秘书组组长。核心工作是撰写《自评报告》，要求是在专家组进校前一个月送达教育部。《自评报告》确实是评估的基础性环节，是非常花费心力的工作。我花了12天的时间，每天甲十五六个小时，一口气完成了十余万字的初稿，然后九易其稿，可以说写得心力交瘁。《自评报告》是按教育部指标体系要求书写的，代中最难的是前面部分，第一是"指导思想"，包括办学定位、办学理念、教育思想。"办学定位"在上一次本科会评报告的基础上又做了重要补充，表述为"建设一所高水平、应用型、以工为主、特色鲜明的多科性本科院校，成为培养一线工程师的摇篮"。"高水平"是指办学综合实力在全国同类新建本科院校中处于前列，所培养的是高层次应用技术人才；"以工为主、多学科"是我校办学的学科专业布局；"特色鲜明"是我校生存之本；"应用型、培养一线工程师的摇篮"是我校人才培养的规格，是对社会的承诺。然后又阐述了办学理念、办学思路、教育思想。其中，许多是没有参考资料，硬是绞尽脑汁，从校领导讲话和各大重要会议中提炼而成。这样，学校办学的顶层设计就比较全面了。第二是怎么写"办学特色"。办学特色是学校核心竞争力的体现，没有办学特色就没有办学实力。为此，校领导高度关注，在开展"特色亮点建设工程"基础上，发动全校干部、教职工反复讨论，领导班子反复凝练，确定为两个特色。一个是"秉承传统，整合资源，强化内涵，错位发展，实现1+1+1>3"；另一个是"依托行业，服务企业，培养一线工程师为主的高层次应用技术人才"。秘书组全力攻关，校领导把关，终于成稿。当教育部专家组在校最后一天宣布考察结果时，大家都十分紧张。

专家组结论是19个指标，我校获得18个A、1个B；最后宣布，"学校办学水平和社会声誉稳步提升，在人才培养方面形成了鲜明的办学特色"。顿时，全场掌声雷动。当时我热泪盈眶，心潮久久不能平息。700多天的奋斗终于有了回报，艰辛换来了喜悦。

实践证明，评估是新建本科院校发展的助推器，缩短了本科教育的探索过程，推进了学校又快又好发展。学校办学指导思想更加明确，办学特色得到了凝练，教学工作的中心地位得到了牢固的确立，师资队伍建设大幅度增强，教育教学改革不断深化，教育管理制度更加规范，科研工作水平不断提升。可以说，这些都是评估带给学校的裨益。

采访组：您曾担任上海应用技术大学高等教育研究所的所长。您能向我们介绍一下学校成立高教所的背景和取得的成绩吗？

朱守岗：一般而言，本科院校大多设有此机构。我校领导班子在合校之后十分重视高教研究。设置高教所主要基于三方面的考虑：第一是要快速实现专科向本科的提升，其关键在于转变广大教师的工作理念，希望高教所在此方面发挥积极的作用。学校先后开展三次教育思想大讨论，高教所协助校领导、教务处确定主题和专题，汇编出版大讨论文集。第二是要提升教师的科研水平。本科院校的办学实力不仅体现在教学方面，更依托于科研水平的高低。这就要求高教所营造浓重的科研氛围，并搭建广大教师参加科研的平台。第三是要服务学校的改革建设发展，服务本科教育教学。高教所要起到参谋助手作用，发挥智囊优势，为校领导在教育科研、学科建设上的重大决策提供咨询。

我是高教所第三任所长。上任之后，先厘清了工作方向。首先，确定工作定位是"高教研究上海应用技术学院化"，即坚持校本研究为主要方向，紧紧围绕学校办学定位开展研究。其次，确定工

2008年4月，学校召开高教研究表彰大会

2009年12月，学校荣获上海市教学成果一等奖

作思路是"围绕学校中心工作，增强主动服务意识，提高应用研究能力，推进本科教育工作"。最后，确定工作方针是"服务领导决策，把握高教动态，转换研究成果，营造学习氛围"。

有人曾以为高教所是一个比较清闲的处室，其实不然，任期内，在全所同志努力下，做了大量的工作。一是注重校本研究导向，提高立项课题研究质量。学校每年拨专款用于高教专题立项研究，数量和质量每年呈上升趋势。数量上从合校之初每年立项20项，到2008年上升到54项；质量上应用类课题从2002年的55%上升到2008年的90%。参与立项人员范围逐年扩大，出现了"三有现象"，"有热情""有需求""有发展"。二是把控研究质量，推广研究成果。我们每年发布研究项目指南，聘请专家对申报立项开展评审。每年召开一次立项成果评选和交流会议，校领导颁奖并讲话。及时把具有实用价值的项目研究成果推荐给二级学院和相关部门。三是鼓励教师积极申报校外项目。许多教师积极申报上海高教学会和中国高教学会项目。2006年后，我校每年申报上海高教学会项目数量及获奖数量在市属高校中名列前茅。一些高质量项目还被列入中国高教学会规划课题。四是出版论文专刊。联系《教育发展研究》等核心期刊，出版交流专刊5本。五是努力提升自身研究水平。本所教师每年在核心期刊发表多篇论文，还参与市社科院、市科教党委的专题调研和项目课题。六是撰写学校领导的讲话、文章及上级领导的题字、贺信。如"厚德精技、砺志知行""创建工程教育名校，育应用技术人才""一线工程师的摇篮"等均由高教所提供参考样本。七是参与本科教学工作水平评估，参与上海市高校语言文字评估工作，参与更名大学工作。八是申报上海市教学成果奖，为相关二级学院科研立项评审提供服务，参与学校两级管理调研并完成调研报告。九是参与合校十周年暨奉贤校区落成庆典活动，编撰完成《合校十年史》等2本书。

在校领导的关怀和全所同志共同努力下，高教所取得了令人欣

慰的成绩。在历年的年终考核中，高教所从过去排名比较靠后的单位，连续三年考核为优等。由于我校申报项目数量多、质量好，2008年，在上海市高教学会年会上被邀请交流发言，受到了张伟江会长的赞扬。2007年，本科教学工作水平评估，专家考察了高教所，饶有兴味地听取了工作汇报，并对我所工作予以充分的肯定。2009年，由高教所牵头研究撰写的教学成果项目，获得上海市教学成果一等奖。

回顾高教所10年来的发展历程，良心潮澎湃，感慨万千。特别是诞生于世纪之交的上海应用技术大学，可谓是生逢其时。它得益于我国改革开放40多年来的伟大征程，得益于上海经济社会发展的强力支撑。一所新建本科院校的崛起，是我国高等教育发展的一个印证；一所地方本科院校的快速发展，也是区域经济发展的一个缩影。正如2009年韩正同志视察我们学校时讲的："上海应用技术学院的发展，是上海整个城市发展的缩影，是上海大教育发展的缩影。"

长风破浪会有时，直挂云帆济沧海。70载栉风沐雨，23年风雪征程，时光凝聚历史，奋斗铸就辉煌。祝愿学校在习近平新时代中国特色社会主义思想指引下，全面贯彻落实党的二十大精神，朝着"建设具有国际影响力的高水平应用创新型大学"的目标，劈波斩浪，扬帆远航，再攀高峰，再铸辉煌！

徐大刚

二校合并后的学工部，贯彻走出去和请进来的理念，统一学生管理制度；明确学生培养目标；加强辅导员和班导帅队伍建设；积极宣传提高学校知名度、扩大生源、提高毕业生的就业率。这些学生工作为学校事业发展提供了有力支撑。

口述者： 徐大刚

　　　　　　1995年至2000年任上海冶金高等专科学校党委副书记

　　　　　　2000年至2012年任上海应用技术学院党委学工部部长、学生处处长

采访组： 吕　客　姚　霏

采访时间： 2023年8月25日

采访地点： 上海应用技术大学徐汇校区图书馆

采访组： 您在冶专担任过党委副书记和纪委书记，三校合并后又担任了上海应用技术学院学生工作部部长、学生处处长，作为三校合并的亲历者，能说一说您当时的经历和感受吗？

徐大刚： 我是1972年来到冶专的。因为当时处在"文革"时期，我到了冶专后先读了两年书，然后就留校工作，一直工作到三校合并。从1995年到合校前，我是冶专党委副书记兼纪委书记，主要分管学生工作。当然，因为学校当时事情多，校领导少，一个人要负责几个方面的工作，所以我也经常帮着处理一些其他的事情，就这样一直工作到三校合并。

关于三校合并，我印象非常深。合并的批文是教育部在2000年4月25日批下来的，由我人北京拿的批文。当时，学校成立了关于三校合并的筹备小组，6个人，化专、冶专、轻专每个学校各派2个领导，筹备小组委派我去北京把这个批文拿过来。我记得是四五月份左右拿回来的。三校真正合并是在2000年9月14日，在冶专体育馆召开大会，三所专科学校真正意义上合并成为上海应用技术学院。

在三校合并之前，上海市教委就已经定好了新学校的领导班子。当时，教委找了包括我在内的老三校的四个副职校领导谈话，明确告诉他们，小再担任新学校的领导班子成员，问我们有什么想法。我们当时表示坚决服从组织安排。在三校合并之后，新的领导班子成立了，学校中层和基层的各个处室也要相应搭建起来，学校就让我们四个先选择自己想去的处室。因为我在四个人里面年龄最小，另外我也喜欢学生工作，在冶专抓过学生工作，所以我就选了学生处、学工部，另外三个人分别选了人事处、科技处和校工会。老三校都是副厅级学校，我们四个原来都是副职校领导，所以当时学校直接明确了我们四个是处长或者主席之类的职务。但是其他处室和各个系的干部都没有马上明确下来，只是暂定了一位负责人，后来经过一段时间和各方面的考核才最终确定下来。

采访组：您作为上海应用技术学院的首任学工部部长、学生处处长，招生、学生管理、就业及辅导员队伍建设是您担任学生工作主管部长期间的重要工作，请问当时学校是怎么开展学生工作的呢？

徐大刚：三校合并之初，老三校的规模基本相当，都是每年招700名左右的学生，有2000名左右在校生，合并之后，新学校有6000-7000名左右在校生。我出任了上海应用技术学院学工部部长。部门的配置是一正三副，三个副部长分别来自原冶专、轻专和化专。我们分工明确，我统管整个学工部工作，三个副部长分别负责学生队伍建设、招生和就业。

合校之初，学生工作的当务之急就是统一学生管理制度。因为学生来自三所不同的学校，三所学校原先都有各自的管理体系，如果不统一的话，学生工作会面临很大的困难。统一学生管理制度首先就是要统一学生手册。为了这件事情，我们花了很长时间去其他学校了解，组织各系分管领导和辅导员开会研讨，拿出草稿反复讨论，对不理想的部分，几经商讨，我们拟方案，不一致的我们就修改，然后把跟本科院校有关的规定吸纳进去，最终制定出一份粗略的、油墨纸形式的学生手册。当时，时间紧任务重，管理思想也不够成熟，有的还停留在专科管理观念上。虽然这份学生手册很简陋，远不如我们现在的学生手册完善和漂亮，但它标志着学校学生管理制度从期间一、较单一的标准、向本科的标准靠拢。后来根据形势的发展、学生对象的变化、国家政策和教育部相关法规的颁布，我们的学生手册每年都有调整和修改。

在最初制定学生管理制度的时候，我们想的是依靠学生系统的自循环来完成管理工作。但是到了后面，我们明显感觉到教师的教和学生的学是不能分开的，学生管理制度往往要涉及很多教学方面的管理。所以后来，我们将教学管理的学分、转专业之类规定也逐渐纳入学生手册里面。我认为当时我们有一个做法挺好的，就是到

2006年12月，学校《毕业生就业一本通》首发

2007年3月，学校举行"迎评促建"学生党员动员大会

了每年的暑假，学校会组织学生处、教务处的工作人员，再加上管教学和学生的系副主任、副书记、副院长及一些辅导员出去研讨，学校分管学生工作和教学工作的校领导自始至终参加会议，有时，学校党政一把手也亲自参加会议，给予指导，大家经过学习和讨论后，形成了关于学生管理的新想法，然后经过一定程序后印发下去，学生开学来了就可以学习，就可以参照执行了。

再往后，随着不同层次学生的人数变化，学生手册也逐渐分化。三校合并后的第一年，我们只招了600名本科生，专科生还是占大多数。几年过去，我们每年本科招生人数逐渐达到4000多人，总人数达5000多人，2008年后又开始招收研究生。所以我们的学生手册也逐渐分化成本科、专科、研究生学生手册。这样更有针对性地管理服务学生。

与其他学校相比，我们学校的学工部、学生处有一点不同，除了制定规章制度之外，还包括招生、学生在校管理、就业的重要职责。当时我们自称"进出口公司"，招生是进口，就业是出口，中间各儿服务。

首先说招生。三校合并初期，很多人都不知道我们学校的存在，就连上海本地的很多考生、家长和中学都不了解我们是什么性质的学校。好在上海考试院以及各个区的招生办知道我们变成公办本科了，所以，那时候在上海的招生人数仍占多数。但是，我们也要面向外省招生啊。为了解决外省市不了解我们学校的局面，校领导鼓励我们走出去"宣传推销"。一开始，校领导带领我们去了周边一个省的考试院介绍学校的情况，让他们在适当场合帮我们宣传宣传。但是我们去递交材料的时候，那边工作人员以为我们是专科学校，告诉我们专科学校的招生还没开始。然后我们解释说上海应用技术学院是公办的本科院校，向他们介绍同去的两位校领导都是副厅级，他们这才了解。由此可见，当初在外省市的招生情况是很艰难的。除了自己做宣传以外，我们还去参加外省市举办的一些大型

招生咨询会，俗话叫"摆摊"，面对面地接受外地考生和家长的咨询，然后答疑解惑、欢迎报考。我们各学院的领导、老师都会宣传学校，宣传学院的特色专业。其中有一件让我很感动的事。陆靖校长（当时我已离开学生处、学工部岗位），亲自去了一个中学做宣讲，向那边的家长和学生宣传我们学校。大学校长亲自去中学做宣传，我想这在其他高校不多见的。后来随着招生人数的逐年增长，我们开始实行各个学院对口包，这个学院负责河南省招生，那个学院负责大做宣传。我们还请外省市在校生帮忙，趁着暑假的时候，请他们带上大学的介绍资料回母校做宣传。

说完"走出去"，再说"请进来"。请进来的范围主要是在上海，我们请各区县办的领导师作了中学的校长来到学校，校长亲自面向他们介绍学校的情况。我们还请了上海一些中学的学生到校参观，看看我们的新校区、实验室、图书馆、体育馆和食堂等，让他们见识一下我们的实力，后来招生的人数和质量都逐年提高。实事求是地说，三校合并初期我们在外省市的招生分数不是很高，但是到后面，特别是学校在2007年顺利通过本科教学评估之后，随着办学质量的提高，我们学校的招生分数也在逐年提高，甚至在一些省市达到了一本线。上海香料研究所并入学校以后，我们有了研究生招生资格，招生层次也在逐渐提高。由于在招生方面的突出成绩，我们学校还获得了上海市招生先进集体。

学生招进来之后，学工部就要负责管理，我们主要依靠辅导员队伍。我觉得辅导员付出了很大的努力，他们很辛苦。合校之初，三个校区分散管理，如果没有辅导员这支力量顶在基层，学生管理工作很难安稳顺利地完成。学校领导非常重视辅导员队伍建设，学校党委、行政不止一次专门发文，加强辅导员队伍的建设，着重强调辅导员的定位定性、配置比例、待遇、培养培训等内容。当时，我们学校的辅导员配置按照1：120~1：150的比例。除此之外，我们还对辅导员进行引进和分流。引进辅导员设置了两个硬性条件——研究生学历及以

2005年11月，学校举行学生工作研讨会

2006年9月，学校举行班导师工作经验交流会

上、中共党员，然后学生干部可以优先考虑。分流就是将老三校一些年龄偏大、学历偏低的辅导员推荐到像图书馆之类的行政岗位上去。我们会对新来的辅导员进行培训，学校每年拿出一笔经费，鼓励辅导员考取心理咨询师、职业规划师的从业证，这样一方面可以解决学生面临的心理健康、就业规划等问题，另一方面也能够使辅导员的能力得到锻炼。我们同时会对辅导员进行职级职称方面的评定，给一些资历老、贡献大的辅导员更好的待遇，我们评定了一批副处级辅导员并享受相应待遇。现在学校的中层干部里面，很多都是从辅导员岗位上走出去。当时，祁学银书记多次表示，学工部为学校输送了大量干部。后来，我们推出了班导师制度，就是为每个班配一个导师。导师主要是在学习上为同学们提供指导，同时注重对学生的思想教育和行为规范。当时明确规定，新进的教师必须先做一轮班导师，之后要考核，考核合格才能往上评职称。在辅导员和班导师的影响下，同学们的自我管理、自主学习等各方面能力都得到了提高。我认为，学校投入了这么大的精力去培养辅导员和班导师，归根结底还是为了服务学生，为了学校一万多名学生的健康成长。

接下来，讲讲学生就业工作。合校初期，学校毕业生没有很大的就业难度。因为我们老三校原来都是行业办学，当初定的人才培养目标，是为造纸局、化工局和轻工局三大系统输送专业技术人才和管理人才。所以在三校合并的最初几年，我们主要请这三大系统的人过来，向他们推荐学生。后来，上海开始经济转型，支柱产业发生了变化，我们学校也增设了新的专业，所以，我们必须自力更生。于是，我们又秉持着"走出去"和"请进来"的理念，不断去寻找新的用人单位，拓宽学校毕业生的就业渠道。比如说，当时校领导带着我们去机电局、建工局这些原本不熟悉的行业单位，主动介绍我们的毕业生，讲我们的专业优势，希望他们来学校看一看、挑一挑。我们还请了做民营企业的校友回校参观，校领导介绍学校

毕业生的情况，请他们招收自己的学弟学妹。另外，学校给各学院设置了就业考核指标，学院领导也很重视，都走出去宣传。此外，我们专业老师和企业熟悉，就鼓励专业老师带学生去实习，让学生提前和企业熟悉起来。还有很重要的一点，我们学生都脚踏实地、勤劳能干，是到现场解决问题的一线工程师，很受各大企业的欢迎。所以，在全校的共同努力之下，学校毕业生的就业率在上海市各大高校中一直是名列前茅，常年保持在90%以上。我们毕业生与用人单位签约后，学校还帮他们解决了户口和档案的迁移及管理问题，让他们能够顺利地到新单位去报到。

总而言之，三校合并后的学工部、学生处，在学校党政的领导下，贯彻走出去和请进来的理念，制定学生手册，统一老三校的学生管理制度；明确学生的培养目标，加强辅导员和班导师队伍建设；有条不紊地开展招生、队伍建设和就业等工作，通过积极宣传提高学校知名度，扩大生源，提高毕业生的就业率。我认为，这些学生工作为当时新成立的上海应用技术学院站稳脚跟并一步步做大做强提供了有力支撑。

采访组：您非常注重校友工作，至今和不少知名校友保持着联系。可以讲讲您从事校友工作的体会和感受吗？

徐大刚：三校合并后，学校成立了校友会，选举产生了校友会秘书处。因为我是原冶专校领导，对冶专的毕业生很了解，所以当时我是三个副秘书长之一，其他两个副秘书长分别来自化专和轻专。我们整理出老三校优秀校友的名单，加强与这些校友的联系。当时，老三校很多优秀毕业生已经在一些单位担任领导职务，他们能够为学校的发展和毕业生的就业等方面提供帮助。比如说，当时宝钢集团党委副书记、副总经理尹灏就是冶专的校友。马钢党委书记顾章根，我们学校现在的火车头广场，就是在他的帮助下建成

2009年5月，学校举行"庆祝五四运动90周年"应用学子火炬传递仪式

2014年12月，上海冶专72级校友会成立大会上，徐大刚代表校友向原上海冶专校长、原上海化专党委书记贺健青献花

的。杨益萍是我们冶专管理专业毕业的学生，在上钢十厂做过党委书记，在上海冶专做过党委书记，他后来到上海市文化局做过党委副书记，后升任上海市文联党组书记、专职副主席。周敏浩原来是上海化工区管委主任，后来做过上海市普陀区区长和国际贸易促进委员会会长。原上钢十厂党委书记、上海市纪委副书记顾国林，还有一些外省市的校友，像嘉兴的人大副主任俞四兴、新疆冶建总经理王勇、总工程师曾胜，还有外交部南南合作上海办事处的主任洪勇清，原上海市社会科学院新闻研究所所长、知名记者、现上海文创协会会长强荧，上海市政协常委、上海市政府参事、知名导演江海洋，原上海市医药局党委副书记何川，徐汇区政协副主席施斌，上海市科创中心副主任韩明远，民营企业家董事长徐耀生，张江医药企业总经理曹明喆，上海电视大学（现上海开放大学）副校长王杰，上海市外办刘卫东，上海市合作交流办吴中，上海市数总高教处徐国良，上海丁香花园总经理邱根发，全国技术能手、上海工匠王康健，知名大律师赵久苏，美国大学教授傅慎昭，美国华裔科学家吴光向等，都是我们学校的优秀校友。他们对学校的发展和在学校项目的立项及学生教育、资助方面提供很好的指导和帮助。

我觉得我们的校友都非常优秀，他们从学校毕业以后，都能够在自己的领域发光发热，成为一个对社会、对国家有用的人。而且，他们在自身取得成绩的同时，也没有忘记母校的栽培，愿意回过头来关心和支持母校的发展，所以我真心地以他们为荣。

当然，尽管我们学校一直注重校友工作，但我认为还有不少提升的空间。在从事校友工作期间，我时常感到有些毕业生对学校的感情比较淡薄。这一方面可能是因为早期的学生大部分是专科生，他们毕业后上了本科，又读了研究生，所以他们往往把更高层次的学校作为自己的母校，更愿意联络本科、研究生高校，设立奖学金等。所以，我认为学校应该更加积极主动地去联络校友。我提两点建议。第一点建议是学校对校友资源要重视起来，希望学校可以为

回到学校的校友提供一个聊天和聚会的地方，而且尽量不要建在偏远的奉贤校区；第二点建议是学校把校友的名单完善补齐，尤其是三校合并后的校友名单应该要弄全，这样就可以在学校和学院两个层面分层推进，建立校友会、院友会。因为只有名单弄全了，我们才能知道校友在哪里，知道怎么去和他们联系沟通。我认为我们要经常去联络校友，比如，过年过节时发个微信或者慰问信，让他们感觉到学校时刻想着自己。也可以向校友寄送一些关于学校近况的校报、学报、画册等刊物，让校友多了解学校，只有关心了解学校才能更好地来支持学校。

最后，我想给学校的七十周年校庆送上一段祝福。上海应用技术大学成立至今已经走过了70年岁月，三校合并、本科教学评估、硕士学位授予单位、更名大学、博士学位授予单位，这些都是学校过去取得的振奋人心的成绩。现在学校更上一层楼，在上海高校分类评价中始终位于应用技术类第一名。未来，希望学校再接再厉，在教学、科研和社会服务方面都能再创辉煌，成为一所综合实力强、知名度高和具有社会影响力广泛的高水平大学。

张静芬

本贤校区建设寄托着全体师生渴望得到有序的教学环境、安静的教学课堂、稳定的科研场所的期望，承载着学校事业进一步向内涵式发展的希望，也为学院向大学迈进提供了有力保障。

口 述 者：张静芬
　　　　　2002年至2015年任上海应用技术学院基建规划办公室主任、
　　　　　基建处处长
采 访 组：吴斯琦　姚　霏
采访时间：2023年8月23日
采访地点：上海应用技术大学徐汇校区办公楼

采访组：您是怎样走上基建处处长岗位的？时任基建规划处处长，亲身参与了奉贤校区的规划和建设。您能介绍一下新建奉贤校区的时代背景和建设目标吗？

张静芬：我是上海冶金高等专科学校留校任教的，最初是机械制图专业的老师。后来学校有了建筑专业，我就去教建筑制图。当时，冶专注重培养年轻干部，作为一名普通的专业教师，从1993年后，我一步步从支部副书记、书记到当上了施工系党总支书记。

一校合并之后，我在建筑系担任党总支书记。合并之后不久，原邯郸路校舍转让给了复旦大学。当时学校大概有8000名学生聚集在漕宝路的两个校区。而这两个校区当初占地面积只有270亩，校舍面积仅有17万平方米左右，相对于学生人数来说是很拥挤的。那时候老师和学生们都非常辛苦，校舍面积过小成为阻碍学校发展的瓶颈问题。

为了维修、拆建校舍和拓建校区，学校在2002年成立了基建规划办公室。学校把我从建筑系调了过来，担任基建规划办主任。起初，学校只是想着在漕宝路校区的周边找块地方建设新校区，但是由于房屋性质、资金等问题，当时找了不少地方，但都没有确定下来。那几年，上海很多高校都在不断拓展校区，有些高校的新校区已经基本建设完工，而我们学校还没有动静，加之住宿面积问题已日益影响学校的教学和科研工作，阻碍了学校的进一步发展，所以大家都很着急。到了2004年底，一个振奋人心的消息传来。上海市政府决定在奉贤海湾地区征地1500亩给学校扩建新校区。得知终于有了一块地方来建设新校区后，学校上上下下非常兴奋，充满期待。

按照工科类本科院校的校舍标准要求，学校占地面积要达到1500亩，校舍建筑面积达到46万平方米，可以容纳15000名在校学生。为此，学校决定于2005年启动新校区建设的前期工作。

全校上下对于新校区建设寄予怎样的期待，我来讲个故事。奉

2005年9月，时任上海市政府副秘书长平平（右二）莅临学校视察奉贤新校区建设方案

2006年8月，学校举行奉贤校区开工奠基典礼

贤校区的建设是学校发展史上的一件大事，在规划设计阶段，学校党政领导就决定，要让全校师生共同关注、共同参与规划方案的确定和完善。2005年夏天，在对新校区规划方案开展招标之后，共有8个方案脱颖而出。当时，我们将规划模型做出来，放在徐汇校区的图文信息楼大堂进行展示。一方面，请了市里、区里和教委的领导们来观看和评审；另一方面，我们与校工会牵头组织全校师生都来评审。为了更好地展示这些规划方案，我们培训了一些学生讲解员，加上基建处的老师们一起站在模型旁对每个方案进行讲解。每位参观者的手里都有一张红色的票，大家很认真地在上面画钩、提意见。我们还把离退休的老教师们也请来。有些年纪大的老教师，即使是颤颤巍巍地拄着拐杖或者要常别人搀扶，也都过来仔细观看，然后发表意见。整个评选活动变成了一场全校师生共同参与的活动。我当时就有一种直觉——我们学校确实要起飞了。这真是一生难忘的场面！我内心的使命感和责任感也油然而生，感觉不能辜负了领导和老师们的期望，一定要把新校区建设工作做好。

最终，今天奉贤校区的设计方案脱颖而出。之所以会选择这个方案，有几重考虑。一来，我们考虑要对老校区的建筑风格做一个继承；二来，这个方案的规划意识比较超前，包含了对环境的思考，不是单纯的"建筑就是建筑"，而是要把建筑与人心揉合起来，遵照人与自然、人与建筑、人与绿化道路相结合的理念，营造出一种非常和谐的建筑氛围。更重要的是，这稿方案合理规划和利用了狭长形的校区环境。校园的中心是一个核心区域，有行政楼和图书馆，边上是学科楼和教学楼，再往外是学生宿舍。我们有很多学生骑自行车去上课，校园里有这么多自行车来来回回却又能够秩序良好，就是因为学校中心与学生宿舍的距离是很短的，学校建筑在功能划分和区域分块上也比较合理。同时，方案对校园绿化及桥梁、河流的规划也都考虑得比较详细。

当时学校的规划是分三期进行建设。在建设目标方面，按照

"一次规划分步实施"的方案，学校给我们的任务是第一期工程于2006年开工，确保2007年能够迎接第一批1200名学生开学。第二期工程于2008年开工，确保每年能够新增4000名学生入住就读，保证在2010年前完成校园的总体建设并进行学校的整体搬迁。第三期工程在学校整体搬迁之后逐步开工建设。但在实际建设过程中，各种各样的问题层出不穷，多次打破计划。比如，我们第一期建设事实上分了两步走。从2006年8月打下第一根桩到2007年完成第一期工程的一部分，2008年才完成第二部分。主要问题就是很难有一块完整的土地可以让我们放手去建设。可以说，我们奉贤校区的建设是从几百米围墙变成几千米围墙，一块一块挖出来的。

采访组：奉贤校区从2006年开始施工到2010年基本建成。在此过程中，遇到过哪些困难？对于这些困难，学校又是如何设法解决的？其中有没有令您印象深刻的故事？

柴麟发：奉贤校区从2006年开始动工到2010年基本建成，在建设过程中主要有三方面的困难：

一是动迁难。刚刚我也提到，在奉贤校区建设的初期，当时，我们手里是没有一块完整的土地可以建设的。我们刚刚去到奉贤看到的场景是，土地上满满当当住着很多农户，他们有很多农田，还有很多对虾的养殖场，养殖对虾是很赚钱的。另外还有很多小工厂，现在我们校区东边的那一块当时基本上都是工厂。在这块土地的动迁问题上，不仅需要大量的资金，还要取得住户的同意，因此，奉贤区政府、海湾镇和柘林镇政府在推进动迁上也很困难，自然无法按照学校要求一次性给出全部建设用地。我们也能体谅区里的难处，当时就和区里商量，哪块土地空出来了就先给到我们，有一块地我们就先建设一块。

二是时间紧、要求高。时间紧方面，学校给我们的任务是2006

年开工，2007年第一批学生就可以入住就读。但大学生活不只是要几间教室、几栋宿舍和一个食堂就够了。我们还要想办法让1200名学生除了吃住学习外，还能有一个适宜的小环境。在获得第一块相对完整的土地后，2006年8月打了第一根桩，把现在的第四学科楼造出来了，然后造了现在的第一食堂和一部分宿舍楼，再把河道挖出来，桥梁造出来。再后来就有一块地就去建一块，围墙从开始的几百米一直慢慢扩涨到几千米。二了要求高，一方面学校考虑到资金问题，要求我们做到"一次规划、一次建设，保证一步到位，不能二次装修"。这是很有难度的，建设食堂、宿舍相对容易做到一步到位，但是实验室就十分"个性化"。实验设备的位置、尺寸要对得上，我们就必须与用户一一对接。要求高的另一个表现是学校要求所有开工项目必须合法合规，要先拿到开工证，然后才能开工。就是大家经常说的"一个项目开工要108个图章"，必须全部要敲满。这是学校领导对我们提出的要求，我们都做到了。

三是人手少。当初我们建新校区时没有请外面的管理单位，只能依靠基建处的十个人。任务艰巨，责任重大，那么多双眼睛关注着，那么多人的期望凝聚着，所以就算人手不够，也要奋战到底！为了解决人手不够的困难，学校领导想了很多办法。一方面，学校组织部要求后备干部来我们基建处工作，另一方面，到各部门抽调一些人。只要是我们基建有需要或者去要人，大家都会积极响应。后来我们最忙的时候，基建处有30多个工作人员全程投入新校区的建设管理工作。

如果问我建设过程中有什么让我印象深刻的事情，那就是2007年新校区开学前。那年7月底8月初的时候，学生已经拿到入学通知书。很多家长拿着入学通知书到新校区来提前探路。当时他们是从奉炮公路那边进来学校的。进门的地方还是小工厂；往里走是一个大工地，看到一栋还没有完工的建筑；抬头一看，前面还有农田，在农田的边上，也有一些正在施工的建筑。当时我们的"奉贤校区

2006年11月，奉贤校区建创"双优"工程签约仪式举行

2008年，上海市教委领导视察奉贤校区建设情况

工程建设指挥部"在一栋农民留下来的小别墅里，是这一片唯一完好的建筑。一些家长指着我们的指挥楼，问道："老师，难道我们的孩子就在这里上课吗？"他们提问时的眼神和语气真是让我深受触动。对学生而言，他们需要的不仅仅是一间读书的教室，他们还需要一个舒适的环境。上大学对每个孩子来说都是生命中很重要的一段旅程。所以，我们当初真是咬着牙保证，一定要把这些原来在图纸上的东西完完整整地落实到我们校园中，一定不能辜负了这些孩子和家长们的期望。那里，学校计划10月初开学，开学前的这段时间，我们是夜以继日地拼命工作。与此同时，学校各个部门都给了很大的支持。大家齐心协力建设出了一个恬静优美的校园。到了10月初，第一批的1200名学生开学，他们报到的时候是很开心的。虽然当时一期校园的面积比较小，但是我们尽可能打造得应有尽有而且环境优美。

当然，新校区建设过程中遇到的困难固然很多，但建成之后面临的困难一点也不比它少。比如，2008年新生开学。学生到校之后，很多家长都在帮着孩子洗洗刷刷。因为当初设计水箱时没考虑到瞬时流量，所以当4000名学生和他们的家长一起用水时，一下子就把水箱给抽干了。学生家长给我打电话说没水了的时候，我真是焦急万分。所以后面每年的新生开学，我们都像打仗一样严阵以待，晚上都不回家，守在那里，一旦出现什么问题马上尽力解决。再如，各学院的老师们进驻学科楼的时候，也是我们基建处最紧张的时候。因为他们的设备都搬上来了，就差安装和调试。我们给的实验室尺寸与老师们需要的能不能匹配呢？大型的机器设备能否安装到位呢？对于我们来说是一个考验。所以我们就尽可能把前期工作做好，把底数摸清楚，服务也要到位。每次有学生和老师反映问题，我们都是第一时间想办法去解决。这也是基建处对于奉贤校区建设的一种承诺。

现在回想起来，这些困难最终能够被克服，最重要的一点就是学校领导非常重视。只要基建上面有什么重大的事情需要领导做决策，无论是大年三十的严寒，还是炎热的暑假，党委会的"三重一大"会议就会立即召开，慎重讨论然后予以决策。除了在学校层面的统筹，校领导还倾注了大量的时间和精力与市、区各级政府部门进行沟通、协调，为学校争取到更多的理解和支持。在新校区的建设过程当中，我认为校领导的一些决策既务实又超前。学校要求监察部门靠前参与整个基建项目过程，做到全程跟踪和保障，确保"双优工程"。从项目开始的第一天，学校就指派专人靠前跟踪，靠前指挥，还定期组织我们上课接受教育；审计处也步步紧跟，每一次付款、每一张单子，他们都全程参与。这样一来，就保证了整个项目推进过程的科学严谨管理。当然，在奉贤校区的建设过程中，除了基建处负责主要工作外，学校其他部门也都尽可能地给予配合和帮助，比如财务处，为了筹措资金，他们费了很大力气去跟市教委沟通，争取财政支持，当时很少出现"最近资金有缺口"这样的问题。可见，学校领导的重视和各部门的支持，是新校区能够顺利建成的最重要的保障。

现在想想，新校区的建设真的是举全校之力，负重前行。后来我们奉贤校区有60%的建筑都拿到了上海市白玉兰工程优秀建筑奖，这就可以证明，在大家的共同努力之下，我们新校区的建设做到了既保量又保质。

采访组：在您看来，奉贤校区的建设完成对于上海应用技术大学的发展具有怎样的影响？

张静芬：在我看来，奉贤校区的建设完成对于上海应用技术大学的发展主要具有三方面的影响和贡献。

一是在奉贤校区的建设过程中，很好地锻炼了基建处工作人员的个人能力，为学校培养出了一批优秀干部，壮大了学校的人才储

建设中的奉贤校区

奉贤校区航拍图

备队伍。我刚到基建处的时候，处里只有一个党员；到后来奉贤校区建成时，基建处80%的工作人员都是党员，而且他们的能力都得到了锤炼。当时，为了解决人手不足的问题，我们从其他部门抽调了人手过来，让他们在来之前跟家里打好招呼，哪怕是女同志，来了以后都是跟我们一样，实行半军事化管理。在这么大的压力下，大家齐心协力办好了这件事，极大地锻炼了能力，对每个人而言都是一段十分宝贵的经历。

二是不仅解决了校舍面积不足的瓶颈问题，更重要的是对于学科建设和教学工作的开展起到了至关重要的作用，为学校的科研创新提供了保障。新校区的建设，是学校在空间上的极大拓展。空间拓展了以后，不但有利于招生规模的扩大，而且各个学科也相应得到了发展。新校区最初是按照13000名学生的规模建设的，占地面积要达到1500亩，然后还要有46万平方米的建筑。后来又慢慢地扩建，2010年第二期工程完成建设，到2011年，学校建筑面积达到了42万平方米。后来又逐步增加了几幢楼，建筑面积估计达到了四十七八万平方米。对于一所工科类学校来说，实验室是非常重要的场地，学校扩建了以后，我们实验室的面积是非常大的，这就为学校科研的发展提供了良好保障。

三是奉贤校区的建设在很大程度上促进了学校跟周边企业、区里、市里乃至长三角地区的科研对接。奉贤区政府当时非常支持我们新校区的建设，而奉贤校区建成后也反过来对区里的发展起到很大的推动作用。学校主体搬迁至奉贤之后，我们的一些专业对奉贤产业发展的促进是非常大的。基建处当时最早进入奉贤区，区里的科研部门经常来联系我，要找学校老师对接科研，这对双方的发展都有很大的促进。后来区里的很多部门都希望跟学校对接，慢慢地，大家就产生联动和效益。可以说，奉贤校区的建设推动了校区、社区和工业园区的三区联动，并促进了长三角地区产业的可持续发展。而对社区居民而言，学校的体育馆建好了，周边的居民也

多了一个强身健体的好去处，这不也是一种三区联动吗？

最后，对于我个人而言，能够有幸参与奉贤新校区的建设，我感到使命荣耀，意义重大，责任与期待并存，信任与挑战同在。这段经历令我终生难忘。虽然过程非常辛苦，压力很大，但最后我收获颇多，自身的能力也得到了提高。奉贤校区现在展现出的面貌，背后凝聚着学校许多人的心血，这样一个优秀的"作品"，由过我们的双手慢慢地、一砖一瓦地实现，所以我们对它的感情非常深。每当听到关于学校、老师和学生的好消息，我的内心都是很激动和自豪的。

值此70周年校庆之际，我想给学校送上一段祝福。回望学校走过的70年历程，每一步都走得不容易。2010年，奉贤校区的建成意味着学校迎来了更加美好的发展前景；2016年，更名为上海应用技术大学代表学校跻身上海高校的前列。学校能够走到今天这个高度，离不开一代又一代人的付出和努力。我希望这种坚韧不拔、团结一致、积极向上的精神，在学校今后的发展中保持下去、传承下去，激励着我们学校实现更高更远的目标。

张志国

文化振兴是中华民族伟大复兴的重要组成部分，化义化是中华优秀传统文化的重要内容，萱草是我国的传统名花。如此重要且具有中华母亲花之称的花卉，我们有责任、有义务去把它研究好。

口 述 者： 张志国

2007 年至 2021 年任上海应用技术大学生态技术与工程学院

院长

美丽中国与生态文明研究院（上海高校智库）首席专家

采访组： 王　玺　范　敏

采访时间： 2023 年 8 月 31 日

采访地点： 上海应用技术大学奉贤校区生态植物园

采访组：科技兴农是国家大力倡导的理念。您2006年到上海应用技术学院，开始创建生态技术与工程学院，并担任首任院长，请您谈谈在创建过程中具体开展了哪些工作？有哪些让您印象深刻的人和事？

张志国：我是2006年下半年来到上海应用技术学院，当时的主要任务是在学校建立一个农学学科。大家都知道，我们学校是在化工、精细化工等所属高等专科学校的基础上合并成立的一所应用技术型大学，以工科为主。没有农科基础，我们干的头几件大概就是一些前期必要性的准备工作，比如，专业规划、课程设置、教学大纲、实验室、实验实习的基地规划建设等。

生态技术与工程学院是在这样的背景下建设起来的，上海市原来有一所上海农学院，后来合并到了上海交通大学，成为上海交通大学的一个学院——农业与生物技术学院，培养定位随之也转型为研究型。这样一来，上海就缺少了应用型的大学，特别是在农学学科这方面。当时，上海市乃至整个国家的园林、环境生态建设都需要园林园艺及景观学等方面的一些专业人才，因此，为了满足上海市对于农业应用型人才的需求，学校决定开办农学学科，经过了多方调研和论证后，决定先围绕园林规划设计与工程方向设置专业，首先就是园林，后来围绕园林增加了园艺（观赏园艺）、风景园林专业，之后又因为社会发展强调的是生态景观、生态园林，所以围绕着生态园林建设，我们又增加了一个生态学专业。其中风景园林专业是上海市一流本科建设专业与高水平中本贯通试点专业，园艺专业入选上海高等学校一流本科建设引领计划。学院设有生态学和风景园林2个硕士学位授权点。

我在这个过程中做了很多具体的事情，首先是人才培养计划与学科定位制定，其次是教学与科研基本条件规划建设，如实习基地规划建设、实验室建设、师资引进等。学院的其他领导和老师们为

2009年5月，中国风景园林学会园林植物专业委员会学术年会在校召开

2020年6月，云南省张志国专家工作站授牌仪式举行

学院的发展做了非常大的贡献。宋丽莉老师在当时师资不够的情况下，承担了全院本科课程的教学大纲的编写和修改工作；赵扬老师为园林专业、风景园林专业的教学计划、课程建设做了大量的工作；侯梅芳老师为申报生态学专业及生态学一级硕士授予点做出了重要贡献。这些都给我留下了很多印象深刻的回忆。

最值得讲一讲的有四件事情。第一件事是当时我们围绕"园林"全产业链设置了四个专业——园林、园艺（园林植物）、风景园林、生态学。这主要是因为"园林"是一个综合性很强的学科，一方面，知识面涉及很广，需要学生掌握植物学、土壤学、生态学、园林设计、园林建筑、园林工程等方面的基本理论和知识；另一方面，要求学生接受规划设计、园林植物栽育及捆化技术等方面的基本训练，同时，还要具有城镇绿化、园林建筑、园林工程、园林植物造景等规划设计及园林植物的栽培、繁育及养护管理等方面的基本技能。这样来说，其实单独一个专业的学生就需要学很多的东西了，所以说让某一个专业的学生来适应整个产业链就比较困难。那么在这种情况下，我们就根据园林产业不同环节的要求和发展趋势，分别培养满足不同阶段需求的四个专业学生，以此来适应园林产业链的需求。同时，我们也在教学中实现资源（师资、实验实习条件等方面）的共享，这是适合我们工科学校的农学类学生培养的一种模式。

第二件事是建设了植物园，对于我们专业来讲应该叫园林园艺实习基地，是针对这四个专业学生开展植物类教学的，也是我们"四年不断线"的培养模式或培养特色。说起来很简单，做起来却不简单，需要的人手比较多，但当时条件有限，人也比较少，都是我们老师一起努力完成了这项工作。首先，在规划设计方面，2007年由我和邹维娜老师负责规划设计，2008年开始施工。当时学院的王宏伟、刘静怡、黄清俊、宋丽莉、沈娟等来得比较早的老师都参与了建设工作，带领学生，经过一年多的努力，于2009年把植物园基本上建成了。后来经过逐步完善，成了我校的"生态花园"。因为我们在设计的时候偏重于生态，重视植物的种类，培育了很多新品种，所以植物园非常漂亮和精致，现在已经成为我校校园建设的亮点之一，在整个园林行业当中也具有一定的影响。

第三件事就是在这期间成功申报了两个硕士学位点。一个是生态学一级学科硕士研究生学位点，生态学包括园林生态学、植物生理生态、生态景观园规划设计、生态环境建设等方面的研究。另外一个是风景园林专业硕士研究生学位点。这两个学位点的建设，使我们的师资条件得到了很大的提升，对生态学院学术研究水平的提高起到了重要的作用。另外，通过学位点的建设，来吸引全国各地的优秀硕士研究生入校，也推动学院教学与研究水平的提升。

第四件事，是在长期服务于地方生态园林建设和萱草种质创新的基础上，获批国家林草局"国家萱草种质资源库"、上海市农业农村委"上海市萱草种质资源圃"以及上海市教委海高校智库"美丽中国与生态文明研究院"等国家、省部级研究和高端智库平台。

今天的生态技术与工程学院拥有国内一流的科研教学条件、雄厚的师资力量和特色鲜明的办学特色，在国内同类大学和行业中具有较大的影响力，也成了我国东部大都市圈园艺园林、风景园林和生态环境工程类高层次人才培养的重要基地。

采访组：上海应用技术大学作为全国首个国家级萱草种质平台，拥有全国萱草种质资源最多，品种、花色最丰富的研发单位，您被誉为"中国萱草大王"。请问您和您的团队在推动萱草产业发展的过程中做了哪些努力和工作？

张志国：萱草是我国传统名花，优秀的多年生花卉，有近三千年的栽培历史，文化底蕴深厚，过去很多文人墨客把萱草作为主题创作了大量诗歌和画作。我国是世界萱草属植物的分布中心，所以

2021年3月，上海应用技术大学湖南萱草研究院成立

2021年6月，中国（上海）萱草文化节举行，张志国为学生做讲解

说，如此重要而且具有"中华母亲花"之称的花卉，我们有责任、有义务去把它研究好。另外，随着我国经济实力的增强及人民生活水平的提高，对精神层面有了更多的追求，像花卉就引起了我们的关注和研究。最初我们国家研究这些观赏性植物，主要是针对那些木本彩叶树，对于多年生、地被类的宿根花卉类研究的重视程度不够，导致了多年来我国对多年生花卉资源缺乏系统的收集和评价，新品种的选育也由于周期长而很少能坚持下来。

在选择研究萱草以后，我们团队在萱草育种方面做了二十余年的努力，这期间做了很多工作，特别是近些年，学校非常重视萱草的育种与研究工作，从人才引进、实验室和基地建设等都给予大力支持。经过团队的共同努力，这些年取得了非常重要的进展。在育种方面，我们在国际上登录的新品种有100余个，地方良种认定有40余个，收集关键种质资源600余个，可以说，在这一块我国是处于领先地位的。在基础研究方面，我们也取得了很大进展，发表了一批高质量论文。在业界产生了很大影响。目前，我国的育苗业发展存在一个很大的问题是有品种，但缺少种苗，也就是生产种苗的企业很少。这些年我们在这方面做了大量的工作，积极开拓合作途径，在不同的省份寻找一些合作单位，进行合作品种选育和种苗生产示范，主要有以下三点：

第一，共建研究基地。我们在云南省红河州弥勒市设立云南省张志国专家工作站，与河南省鄢陵县共建上海应用技术大学花卉苗木产业研究院，与湖南省衡阳市联合共建湖南萱草研究院，与浙江省金华市金东区共建金华苗木产业研究院，与山西省大同市共建萱草文化与种质资源研究中心。此外，我们还与上海、江苏、北京、河北、山东、安徽、广东等省市的二十余家单位共建萱草种苗生产示范基地，开展新品种选育工作，在全国范围内产生了很大影响。

第二，联合开展不同类型的萱草新品种展示活动，普及萱草文化，展示萱草之美。自2021年萱草作为主题花卉亮相第十届中国花

卉博览会以来，上海奉贤区、宝山区、共青森林公园、光明集团等单位都规划建设了萱草专类公园。我们在浙江衢州、江苏宿迁、北京延庆、江苏南通等地相继开展萱草新品种展示活动，同时，与公园、社区、单位合作举行了各类萱草文化、品种、插花艺术等类型活动。很多地区举办活动的热情都非常高，效果都很好。

第三，组建全国萱草育种与种苗生产协作组，针对产业中的有关问题及时提出应对措施和方案。经过园林植物与人居生态环境建设全国创新联盟同意，我们组建了植物与人居环境萱草育种与种苗生产协作组，为萱草育种单位和工作人员与种苗生产者之间搭建了合作平台，共同推动产业的健康发展。这样，我们将来可以做一些规范工作，特别是各品种的分类和价格，便于种质资源的推广。

目前，我们团队还在开展全国萱草种苗生产规模和现存出量的调研，以及组织统计我国现有萱草品种、名字规范，编写萱草专著、建设萱草网站等工作。

采访组：萱草，又称"中华母亲花"。上海应用技术大学作为主场，已经连续举办七届中国（上海）萱草文化节，可以说一说设立这个文化活动的初衷吗？近年来，萱草文化节产生了怎样的影响？

张志国：文化振兴是中华民族伟大复兴的重要组成部分，花文化是中华优秀传统文化的重要内容。萱草文化底蕴深厚，自古以来萱草就作为母亲的象征而被文人墨客所称颂，比如，孟郊就在《游子》中写道"慈亲倚堂门，不见萱草花"，还有苏轼也写过"萱草虽微花，孤秀自能拔"这样的诗句来赞美萱草的气节。但遗憾的是这一优秀的传统文化，在我国尚未得到广泛普及。

我校自2017年开始举办中国（上海）萱草文化节，通过历史文化展示、萱草科普、萱草摄影、萱草插花、萱草景观、萱草花海、萱草盆花展等系列活动，引起了社会的广泛关注，大量媒体从不同

2021年10月，张志国荣获上海市"为人 为师 为学"重点宣传先进典型

2023年6月，2023中国（上海）萱草文化节在上应大开幕

角度进行报道。一是推动了社会对"中华母亲花"萱草的了解，二是提升了我校在国内相关领域的影响力，三是带动了不少省市举办不同规模的萱草文化节及展览活动。现在参加我们萱草文化节的共同主办单位有上海奉贤区、山西省大同市、湖南省衡阳市，协办单位也有很多，这对我国萱草文化的普及、萱草育种、种苗生产及应用推广就起到了积极作用，萱草文化节已成为学校一张靓丽的名片。建议学校加强与社会各界的合作，联合更多的省市加盟，共同推动母亲花——萱草产业的发展，同时举办学校、公园、社区、博物馆等不同类型的巡回展，提高溢出效益，扩大社会影响力。

作为一名教师，有幸见证了学校跨越式成长期，从更名大学到硕士点，再到博士点的建立及获批上海市重点建设的高水平地方大学。特别是2018年以来，学校在上海高校分类评价应用技术型高校中连续五年排名第一。这些辉煌成就让我感到无比的骄傲和自豪，希望之后还能为学校的发展做工作、做贡献。祝贺学校70年来取得的成就，也期待学校坚持办学方针，抓住时代发展机遇，早日建设成为具有国际影响力的高水平应用创新型大学。

袁翔

无论从学生工作还是辅导员队伍建设，我们都取得了全国荣誉称号。全国最美大学生、全国辅导员年度人物等荣誉，都是全校上下认真贯彻党的教育方针，落实立德树人根本任务，共同努力，久久为功，善作善成取得的成绩。

口 述 者： 袁　翔

　　　　　　上海应用技术大学党委学生工作部部长、学生处处长

采 访 组： 秦　凤　张　叶

采访时间： 2023 年 8 月 23 日

采访地点： 上海应用技术大学徐汇校区办公楼

采访组：高质量学生工作助力高质量人才培养，这些年来，学校学生工作成果丰硕，涌现了像全国辅导员年度人物吴斐、全国最美大学生陆亦炜等一批非常优秀的师生，成为我们学生工作的典型代表。请您介绍一下我们这样一支学生工作队伍和这些先进人物背后的故事。

袁翔：这几年，在党委会的正确领导下，学校坚持立德树人的根本任务，坚决贯彻落实"三全育人"综合改革，取得了很多成绩。譬如全国优秀辅导员年度人物吴斐老师、入选全国最美大学生的陆亦炜同学（全国10位，上海仅1位）还有2023年获评全国基层就业卓越奖的高阳平同学……这些都是长期以来全校落实立德树人根本任务所取得的成果。谈起这些优秀的老师和同学，我感到无比骄傲。

比如，吴斐老师，她是我们学校第一届特教班的本科学生。毕业工作一年以后，她放弃了原有工作，回到学校成为特教班的第一位专职辅导员。作为特教班的辅导员，她长期坚守工作岗位，和特殊学生结下了特殊的友情。在特教班的党建、思想引领、就业指导等方面都做了很多工作，取得了很好的成绩。在推荐"上海市高校辅导员年度人物"时，我们推荐了吴斐老师，最后她不负众望获得荣誉，又再接再厉荣评"全国辅导员年度人物"称号。我们都非常高兴，这是学校建校以来第一个也是唯一一个获此殊荣的辅导员老师，这里面不仅包含了艺术学院党组织的关心指导，也是吴斐老师个人努力奋斗的结果。

再如，陆亦炜同学，获得全国最美大学生。全国仅有10位。他背后的故事还是蛮多的。第一，他是生态学院中本贯通班的学生。"中本贯通"是上海市高等教育改革、职业教育改革当中一个重要的措施，意在于打通中职、高职、应用型本科教育。陆亦炜同学就是教育改革的受益者。陆亦炜同学在中职学习的时候，就在世界技能

2021年 辅导员吴斐获第十三届全国高校辅导员年度人物

2023年4月，陆亦炜同学获"全国最美大学生"荣誉称号

大赛花艺项目中摘取金牌。我们就意识到针对这类学生的培养要更加个性化，要把学生原有的技术水平通过高等教育进一步提升。经过4年的本科教育，他逐渐认识到，花艺要跟中华民族优秀传统文化相结合，要把花艺成果展示得更有神。我觉得他的这种提升就是我们培养人的出发点和落脚点。第二，陆亦炜同学其实对花粉过敏。他第一次接触花的时候就有过敏反应，后来过敏越来越厉害，但他还是坚持下来钻研花艺技术。在老师的悉心指导下，最终获得了第45届世界技能大赛花艺项目金牌，这是相当不容易的。在他进入上海应用技术大学就读本科之后，学校破例给还是新生的他颁发了"樱花奖"，让他成为我们的世界冠军的榜样。"全国最美大学生"是年度全国大学生的最高荣誉，陆亦炜的获评是上海应用技术大学的光荣，在我看来，是值得我们共同喜悦的事情。

还有高阳平同学，这个同学更不容易。他在2017年到西藏日喀则定日县做公务员，现在一直坚守在西藏，我们称他是"和珠峰对饮的上应青年"。作为一名基层党组织书记，他在基层党组织建设等方面做出了成绩。特别是疫情防控期间，他在当地组织疫情防控工作，得到当地党委和政府的褒奖，被评为"优秀公务员"。现在，他担任定日县文旅局副局长，尽心尽力地运用所学知识为珠穆朗玛峰国家公园做规划管理。今年他获得了全国首届基层就业卓越奖。2023年毕业典礼，我们特地把高阳平请回来，为全体毕业生上了一堂生动的思政课。他把6年坚守高原、对党忠诚、落实习近平总书记对西藏发展的要求的一系列体会跟全体毕业生分享。他还捐赠给了母校一个纪念品——珠峰上的海螺化石，我们由衷地为我们校友感到自豪。

采访组：学校持续推进优良学风建设，打造了"365青年成长计划"等品牌项目，引领学生开展学习研究，请您谈一谈学校学风建设的思路和具体举措。

袁翔：学风建设非常重要，它是整个校风建设的组成部分。从建校以来，学校党委、各学院、学工部都对学风建设高度重视。在我看来，学风建设主要是把学生学习积极性、主动性调动起来，让学生弄明白"为谁学、怎么学"这个关键问题。从新生入学教育到生涯规划教育，我们牢牢把握学风建设这条主线，同时，注重培养学生的理想信念和家国情怀。

自2010年，学校开始引入第二课堂成绩单制度，完善教育教学，设置必修学分，形成了第二课堂的人才培养体系。网络时代如何推进学校学风建设，我们也做了很多创新性的思考和探索。"365青年成长计划"就是我们探索的新成果。"365青年成长计划"是以行动引领行动，教师带领广大学子在网络上推进学习的思政项目。我们推出了背单词、阅读、网课、晨读、运动等项目，用项目形式组织学生利用业余的碎片化时间在网络上进行学习打卡。每个项目小组有一个老师或者同学去引领，大家互相监督、互相鼓励、互相促进。"365青年成长计划"目的是培养学生学习的积极性和学习中主动发现问题的学习习惯。在这个过程中，辅导员、学工部及个体辅导员都参加，师生共同学习、共同成长。我们校园里每天早上晨读的学生很多，在学生活动中心、图书馆等学习场所，每天上午都有同学组成团队进行学习交流，效果非常好。

第二课堂人才培养体系，加上"365青年成长计划"的运作，对我们学校学风建设起到了很大的推动作用。学生学习的主动性、积极性提高了。原来是被动学，现在是自己学。学校报考研究生人数和录取人数逐年提高。无论是学习、科创，还是艺术、体育等方面，都涌现出了一批优秀学子，学生奖项也越来越多。

学风建设的另一个抓手是用朋辈的榜样力量去引领。从2010年开始，学校实施了"校长奖"评选工作。可以说，"校长奖"是学生心目中最高的奖项。每年"校长奖"的评选，通过初赛、复赛、决赛三个阶段，把优秀学子选拔出来。评审过程其实就是对每一位青

2023年2月，"聚力大思政·拥抱新片区·圆梦在海湾"推进区校合作、校企合作项目启动仪式暨"人才超市"首场活动在校举行

2022年3月，学校实施校园闭环管理，袁翔为在校学生理发

年榜样的宣传过程。到现在，我们已经进行了十三届"校长奖"评选，每一位获得者都非常优秀，他们毕业以后在各个领域都做出了很好的成绩。我记得，2021年在准备"示范党课"的时候，我们做了一个视频，就是"历届'校长奖'获得者在基层"。这些同学有的在企事业单位工作，有在基层一线，也有在国内外求学，他们都延续了上海应用技术大学四年的培养成果，特别是在党和国家的重大事业，如脱贫攻坚、乡村振兴等领域，都有"校长奖"获奖同学的身影。这就是学风建设的一个最佳体现，也是鼓舞鼓励全校同学的榜样。

学风建设是一个系统工程。要做好学风建设，需要我们全体老师的共同努力，更需要同学真正地认同并内化为行动。这几年下来，无论是第二课堂的活动、"365青年成长计划"，还是"校长奖"评选，都得到了学生们的认可。2017年，"365青年成长计划"被评为上海市高等教育教学成果一等奖。这是合校以来，我校在学生思想政治工作领域第一次获得市级教学成果奖。这是对我们工作的肯定，也是对今后工作的鞭策。

采访组：学校有一支在上海乃至全国都非常有名的美式橄榄球队，在国际赛事中曾取得第二名的好成绩，是学校校园文化建设一张靓丽的名片。可以给我们讲讲这支球队的由来和发展的故事吗？

袁翔：学校橄榄球队很有意思，也有很多故事。我记得是2012年，时任学校名誉校长厉无畏介绍美国一个大学生橄榄球联盟公司来找我们，问学校有没有兴趣建立一支大学生的美式橄榄球队。

美式橄榄球也叫装备式橄榄球，它是一项技术性很强、接触性冲撞的体育运动。在国内实际上很少人去玩这个，它需要一定装备，盔甲、专门的运动服，还有头盔等。在研究决策时，大家认为，上海应用技术大学作为一个以工科为主的大学，需要学生有一

种积极向上、敢于拼搏、团结奋斗、永争第一的团队精神。所以在积极地联系和推进之后，2013年，我们组建了学校美式橄榄球队。当时上海还没有类似的球队，当同学们听到学校要组建上海第一支大学生美式橄榄球队伍后，报名非常踊跃。由于头盔、运动服等装备主要从美国运来，一套装备要5000元，学校非常支持，专门拨了一笔资金，组建这样一支队伍。

队伍组建以后，学校体育教育部土若义教授和其他体育老师专门研究了竞赛规则，学习了训练的方式方法。当时这支队伍名叫"战狼"，是同学们自己起的，后来又改名叫"极光"，我觉得这两个名字都很好，都能体现新时代大学生的精神风貌。在后来的训练当中，同学们日常刻苦，教练员带领队员们进行身体机能和专业比赛的训练。我记得，当时，全国高校只有6支美式橄榄球队。我们第一次参加全国大学生美式橄榄球比赛就获得了冠军，后续我们又连续几次获得冠军。正因为我们全体教练员老师和同学们共同努力，我们取得了好成绩。又因为这样一个成绩，当时，教育部大体联大学生体育秘书处联系我们，准备以学校这支队伍为班底，组建队伍参加世界第二届大学生美式橄榄球比赛。

接到这个任务，我们既感到无比光荣，又面临巨大压力。记得在2014年到2015年的寒假，我们组织了全国高校大学生美式橄榄球冬训营，请来美国德州大学奥斯汀分校的一位橄榄球明星来奉贤校区给大家做集训，效果非常好。2016年，以我们学校美式橄榄球队为班底的球队，代表中国到墨西哥参加了第二届世界大学生美式橄榄球锦标赛。学校时任副校长叶银忠、体育教育部主任王若文都一起去墨西哥现场进行了慰问和观看比赛。在赛场上，我们的同学们不怕艰难，全力拼搏，为国争光，彰显了中国大学生的良好风貌。

现在我们的橄榄球队伍还在发展，虽然三年疫情有些训练中断了，但是今年开始又重新组织起来。我们希望把这支队伍作为上海应用技术大学的一个体育品牌，或者说是校园文化的一个品牌，来

2014年4月，学校橄榄球队出征全国大学生美式橄榄球对抗赛，荣获冠军

2023年10月，学校举行喜迎建校70周年暨2023级研究生新生素质拓展活动

带动更多的同学参加体育活动。"以体育心、以体育人",这是习近平总书记提出来的德智体美劳全面发展指示的重要落实手段和途径。我相信,这支橄榄球队伍会越来越好。在中国的比赛场地上,在世界大学生运动场上,今后会看到我们的身影。

采访组:您是学校跨越式发展的见证者也是亲历者,您在上海应用技术大学工作的这段时光里,有没有特别难忘的瞬间可以和我们分享?

青翔:我是1991年大学毕业进入上海化工高等专科学校工作,经历三校合并一直到现在,在岗位上工作了32年。学校合校后的重大历史阶段,我都见证了。学校取得了很大的成绩,特别是在2000年合并组建为本科院校后,我们学校的发展速度、发展质量都是应用型高校中的领头羊。

在整体的发展中,有几件事令我印象深刻。

一个是学校更名大学。学校经历了两次更名,这两次更名都凝聚了全校师生的心血,也推进了学校的内涵发展。第一次申请更名是在2012年,申请更名为"上海应用技术大学"。当时,对照教育部的更名大学标准,我们发觉学校在各方面还有很多短板。学校的党政领导下定决心,凝聚人心补短板,把学校的内涵建设推向新的高度。到了2015年,第二次申请更名,学校所有的指标已经达到了教育部更名大学的标准,在科研经费、学科建设的指标上,甚至名列当年更名大学名单中的前茅。更名的过程很艰辛,因为要拿到全国去比,其中,既有数据的达标标准,也有专家现场进校考察,最后是教育部高校设置委员会进行大会投票。2015年教育部高校设置委员会开会投票的时候,我和学校原党委书记祁学银、时任校长刘宇陆,还有田钦、王占勇同志,一起去了北京。当时形势紧张,竞争激烈。我记得那天下午,当我们得知高校设置委员会最后投票的结果后，都非常激动。当时我在微信朋友圈里放了一张图片，是我们到北京以后在机场拍摄的照片，并留了一句很简短的话：一切顺利，你们懂的。我发朋友圈的时间，正是下班时分，据说班车上的教师全部沸腾了。更名大学是学校进步发展的一个台阶，这是全校师生共同努力的目标。也正因为这样一个目标，全体师生的人心凝聚起来，为学校事业发展目标共同努力，所以这是一个我感到非常有意义的事情。

二是学生工作取得喜人成效。从2015年11月开始，我担任学生工作部部长一直到现在，我感到高兴的和印象深刻的事，就是无论从学生思政工作还是辅导员队伍建设，全国最高荣誉我们都拿到了。像全国最美大学生，是大学生评优中的最高奖；全国辅导员年度人物，是辅导员们心中的最高荣誉，这些都是全体上下共同努力、久久为功、善作善成取得的成绩。我相信，在习近平新时代中国特色社会主义思想的指引下，在学校党委的领导下，经过共同努力，学校思想政治工作会取得更大成绩。

一路走来，学校始终伴随国家发展而同步前进，将迎来70周年校庆。作为一名一直在校工作的教师，衷心希望学校发展越来越好，衷心希望学校培养出更多优秀人才，衷心希望学校朝着建设成为具有国际影响力的高水平应用创新型大学的目标快速前进！

5

钟灵毓秀

符卫国

当我从校友会的网站上得知母校要把上海老市长徐匡迪为母校题词的"厚德精技，砥砺知行"刻在泰山石上后，非常赞成。我们当年校园环境和设施条件与今天不可同日而语，学生们更应该好好学习，不仅要学习就业需要的知识，还要进一步巩固基础和拓宽眼界。

口 述 者： 符卫国
　　　　　上海化工高等专科学校1963届校友
　　　　　原上海化工局局长、原上海经委副主任

采 访 组： 吴斯琦　姚　霏

采访时间： 2023年8月22日

采访地点： 口述者家中

采访组：您能和我们聊一聊您在上海化工高等专科学校的学习和生活经历吗？

符卫国： 1957年，我高中毕业后来到上海天原化工厂技术科当技术工人。1960年的时候，上海化工局办了上海石油学院，四年制的，我就去参加考试。虽然考上了，但那时候正是"三年困难时期"。国家最困难的时候，新大学没办成，于是我就进了上海化工专科学校。当时，化专校区在漕宝路120号，我们分到化工局下面各个单位去"半工半读"。我当时是塑料系，就分在上海化工厂学习。漕宝路120号的校区，我们只在每次各系集中开大会的时候才会去，每学期去一两次，大部分时间都在工厂里。

我对那段求学时光的总体感受挺好的。尽管我们在上海化工厂的职工学校里学习，但学校师资非常好。为什么呢？因为这些老师本来就是为筹建上海石油学院而从化工局各企业和研究所抽调出来的。有些是北京大学、南开大学、复旦大学、浙江大学等名牌大学毕业的，是一些既有高学历又有丰富工作经验的高级技术骨干；还有一些是新中国成立前从国外留学回来的，比如，教俄语的老师是在阿尔巴尼亚大使馆当俄语翻译的，水平很高。那个时候，我还是俄文课代表呢！这些二四十岁的中青年教师，既有学历又有实践经验，在给我们上课的时候，除了理论讲授之外，还会结合工厂实际生产情况和工作经历授课，让我们知道哪些知识可以用于工厂实践。这对我们而言，很有帮助。

当时，我们的学习还是非常紧张的。因为化工局领导提出来，我们三年学习要赶上四年制的大学。所以，我们学习的教材和华东化工学院的教材是一样的，课程也是参照华东化工学院的四年制课程，例如，高等数学、无机化学、有机化学、外语等。实际上也是因为没有办学经验，只能照搬过来。当时，我们还有个实验室在古北路那里，有100多平方米。因为路途较远，实验一般都安排在星期六。事实上，我们的学习过程确实挺苦的。我们塑料系入学时有9个学生，到毕业时只有4个，退学的几人都是因为学不下去。我因为初中在华东师大附中，高中在曹杨中学，因此，基础比较好。

当时全国都挺困难，吃饭要粮票、肉票。好在我们当时在工厂里，工厂可以想办法去协调，我们和工人吃的一样，算是条件不错。但住宿的条件就差多了。最初，我们住在离工厂步行20分钟的大连路一带。早上6点去到学校，晚上9点半回去。后来，我们14个男同学搬到了厂里一个30平方米的宿舍。房间太小，除了上下铺的床之外，什么都没有。1961年夏季，黄浦江发大水。当时，夜里睡觉都不关门。到半夜，睡在门口下铺的同学叫了起来。原来水都涨到床边了，拖鞋啊，箱子啊，都顺着水漂到了门外。现在想想，那个时候条件真是艰苦啊！不过，学校生活也有不少优势。例如，校里有个篮球场大小的空地，我们可以打打篮球、排球、羽毛球，课外生活挺丰富，洗澡也挺方便，24小时都能洗。更为便利的是生病了就在厂区卫生室里就能看病，享受工人的待遇，病情稍微严重点的会被转到中心医院。

除了学习，我们每学期都要在厂里劳动一到两周。当时，我是劳动委员，带着大家去劳动。说是劳动，其实也是结合工厂生产展开，这种形式我觉得很好。临近毕业时，还有毕业实习。当时，我被分配到天原化工厂实习，还做了一个多月的毕业设计。巧合的是，我毕业后就分配到了天原化工厂，也是实习的那个车间。实习期间的经历和毕业设计对我后来的工作很有好处。

在我读到第三年的时候，合成橡胶系和我们塑料系合并成为基本有机合成系，那年共有毕业生50人左右。这50人中，后来成为高级工程师的就有15个，其中4人获国务院特殊津贴，除了我担任市经济委员会副主任和化工局局长以外，还有担任工厂领导、化工学校校长的。可以说，培养了大量一线工程师和管理型干部。

大概从1961级开始，化专学生就回到漕宝路120号的学校去上

1992年，符卫国与上海市化工局规划处领导商讨化工局发展规划

2000年，符卫国随时任上海市市长徐匡迪访问友好城市澳大利亚布里斯本

课了。我倒是觉得，三年在工厂的求学经历，对我的成长帮助很大。最关键的就是理论与实际相结合。例如，我们的教师本身就是工厂或研究所出身的，他们知道哪些知识只要基本掌握就行，哪些知识对我们到工厂工作更有用，必须系统掌握。正是在这样的教学影响下，我到天原化工厂工作的表现，得到了厂里的认可。我举个例子，1963年毕业进厂那年，天原化工厂一共来了32个大学生。有中国人民大学的，还有复旦大学和浙江大学的，而我是化专毕业的。当时，我们一起做乙炔气清净塔设计。最后，总工程师和人事科长挑选了我，说我是32个人里做得最好的，并推荐我向全厂技术人员代表讲解设计论文。这里，确实有我比较努力的缘故。当时，我白天上班，晚上学习。工作中发现什么问题，积极主动思考解决办法，遇到不懂的知识，就等到星期天到上海图书馆查资料。另外，也得益于我在化专时学到的理论联系实践的能力。经过化专的一年学习，我不仅可以发现问题，还能找到理论支持。当时，我将理论知识运用到解决实际问题中，做出了不少科研创新。因此，一个多么时期结束后的工作时，领导安排我从事核心业务工作，之后还担任有8名车间技术人员的小组长（工艺员）。

采访组：您曾担任上海化工局局长、上海经委副主任等职务。母校以及您的这段学习经历对您的事业发展带去了怎样的影响？

符卫国：我从1986年起担任上海化工局局长，1993年后担任上海市经济委员会副主任。这些事业上的发展和成绩，离不开组织的培养，但从源头上来说，与我在化专三年的学习经历密不可分。

1965年，在天原化工厂工作的第三年，我结合生产中遇到的问题思考解决方法，写了一篇论文《以聚乙烯醇为分散剂的氯乙烯悬浮聚合》。文章写好后，我交给总工程师和车间技术部副主任，他们都觉得很好。为什么会觉得我写得好呢？搞化工的都知道，单体聚

合时的化学反应需要放热，放出多少热量就会产生多少产品。但是对于反应中每个小时会产生多少产品不清楚。恰巧，当时有浙江大学的18个大学生来我们厂里实习一个月，我就和实习老师商量，一起开展实验，测算从反应开始到结束每小时释放的热量，我还买了非常精细的测量工具，请同学们三班倒地开展温度测量。为了将数据计算清楚，我到各个部门借了六七个算盘，化了一个星期左右的时间才将数据计算清楚。之后又将生产过程中出现的各种因素展开理论与实践的研究，最终完成了论文写作。这篇论文的完成为我人生中一次难得的机遇打下了基础。正巧，当时化工部副部长、著名化学家侯德榜要召开中国化学化工学会PVC学术讨论会。当时，化工部给了我们一个名额，厂里报名我去。我既受宠若惊，又十分惶恐，觉得自己资历浅、能力不足，怎么能代表厂里参加这么高级别的会议呢？最终，当我在北京的会议上发表了自己的论文后，侯德榜副部长当场就表扬了我，说我既有理论又有实际经验。正是因为这次参会经历，让化工部和上海市的一些领导知道了天原化工厂还有这么一个二十多岁的小家伙，就对我有了好印象。

1970年到1971年，我又参与了工厂内国外先进技术资料的翻译工作。因为我在化专时担任过俄文课代表，外文基础还可以，就被委以了翻译组组长的重任。最终，我们搜集世界各国化工领域的技术性资料，翻译完成了几本书，送到化工部，又得到了部里的肯定。正是因为有了发表论文和编撰翻译外文资料的经历，1972年，我被指定参加化工部派往罗马尼亚考察石油化工的考察小组。考察历时3个多月，其中有一个项目就是考察聚氯乙烯生产。当时，罗马尼亚也讲俄语，我就利用自己的俄语优势，与罗马尼亚同行用俄语进行专业交流，学到了不少有关PVC的新的生产知识。1974年，我被提拔为车间副主任，带领着工人开展了不少技术革新的新项目。1977年，我被评为上海市先进科技工作者。同年7月，我当选为拥有4000名职工的天原化工厂的技术副厂长。1978年初，又担任

2013年4月，钟卫国返校参加校庆活动

2021年4月，上海应用技术大学举行大学精神文化石捐赠揭幕仪式

厂长兼党委副书记。到1979年的时候，我们天原化工厂被评为全国先进企业。当时我代表全厂职工去到北京人民大会堂接受表彰，我戴着大红花，还和国家领导人合影。中央电视台拍摄过程中正好有个镜头对着我，我们工厂职工看到了，说这是我们符厂长啊，大家都感到很骄傲。更令人兴奋的是，我还应邀参加了有党和国家领导人及全国各界代表人士参加的中华人民共和国成立30周年的国庆招待晚宴。

改革开放之后，国家提出了要实现干部革命化、年轻化、知识化、专业化。1980年，上海市挑选了我们几个干部去到北京语言学院——今天的北京语言大学进修一年英语，为出国留学做准备。当时，美国政府设立了一个汉弗莱奖学金，从世界各国的62个发展中国家中，挑选100人赴美留学。1982年时，给了中国一个名额。当时北京方面就提出，请上海方面推荐一人，组织上就推荐了我。这个奖学金申请要达到四个条件：第一个条件是45岁以下，第二个条件是要在大企业里担任副总经理以上职务6年以上，第三个条件是留学回来后要准备提拔使用，第四个条件是要到美国领事馆英语口试50分钟。这些条件，我基本符合，比较困难的是英语口试。为了通过英语口试，我整整准备了两个月，把对方可能问到的内容都准备了，又请复旦大学的英语教授帮我修改。当时，我住在曹杨新村，天天早上五六点钟到曹杨公园背英语。功夫不负有心人，最终我的口试顺利过关。

我是1982年去的美国，1983年回来，二个学期。先在斯坦福大学待了一学期精修英语，后一年在波士顿大学研究生院学经济管理。留学回来后，上海化工局让我到规划处担任处长。1984年，又担任上海30万吨乙烯吴泾工程指挥部总指挥。两年后，就是1986年，市里领导来找我，叫我担任化工局局长。1993年以后，又找到我担任经济委员会的副主任，同时，兼任化工局局长。

综观我毕业之后的经历，化专的三年学习生涯让我永远铭记。

如果不是在化专期间系统学习基础知识，我在工作中遇到问题时就不可能游刃有余地处理；如果没有在工厂一线的求学经历和实习经历，我就不可能熟悉工厂的实际问题，并能够习惯性地运用理论知识处理实际问题。化专三年学习，就像一个工具，帮助我更好地解决问题。当然，学习就是工具，但要更好地发挥作用，要看你怎样运用工具。首先，你要努力，努力才能使人进步。其次，你要创新，要主动发现工作中的问题，然后去主动思考、主动研究。最后，就是要理论跟实际相结合。上面讲的这些经验，在我后来走上领导岗位之后，十分受用。所以，我要感谢化专的老师们，教给我基础知识，让我掌握了工具；感谢化专的三年，培养了我踏实肯干、善于思考、不怕吃苦的精神，让我在后来的工作中不断创新、不断突破，最终能够以技术专家的身份带领企业、行业取得更大成绩。

采访组：您在毕业工作以后依然十分关心母校的发展。在上海应用技术大学建校67周年之际，您向母校捐赠了一块"精神文化之石"，上面刻的"厚德精技、砥砺知行"八个字，是徐匡迪老市长题写的，可以请您讲讲这背后的故事吗？

符卫国：2020年下半年，当我从校友会的网站上得知母校要把上海的老市长徐匡迪为母校题词的"厚德精技、砥砺知行"刻在泰山石上后，我非常支持。这块泰山石高1.65米，宽6.5米，厚1.1米，重39吨，工程需要30万元费用。正巧当时我父母在普陀区的老宅动迁了。因为父母过世，动迁款由我们兄妹六人分配，我就获得了一份动迁款。于是，我和夫人商量，从动迁款中抽出30万元捐赠给母校，建造这块由老市长徐匡迪题词的大学精神石。

捐赠的原因主要有两条。首先，是感念母校，可以说，我工作后取得的成绩要感谢化专老师对我的精心教育和培养，没有学校的培养，也没有我现在的成绩。所以，饮水思源，感恩母校。其次，

是感谢徐匡迪市长，我在担任化工局局长和上海市经济委员会副主任期间，大部分时间都是在徐匡迪老市长的领导下工作的。特别是在上海化工区选址建设等大事上，徐匡迪市长在很多场合支持了我们的提议。为徐匡迪老市长题词的"厚德精技、砥砺知行"精神文化石的建造捐款，也是为了感谢老市长对我工作上的悉心指导和培养。所以说，这次捐款是同时感恩母校和老市长徐匡迪，意义深远。

说到大学精神文化石，我还想对当代的大学生说几句。今天，我们上海应用技术大学已经有很大的发展，现在的学校园环境和设施条件与今天不可同日而语。在这么好的条件下，学生们更应该好好学习，不仅要学习就业需要的知识，还要进一步巩固基础和拓高眼界。我以自己这么多年的经验来讲，到一线去实践很重要，理论和实践结合很重要。专业学习可能只能解决工作中10%的问题，剩下90%的问题要靠你潜心钻研，发现问题、解决问题、创新问题。所以，大学学习只是一个起点，远不是终点，积跬步而至千里。

到2024年，上海应用技术大学已有70年历史了。我相信母校在"厚德精技、砥砺知行"的大学精神鼓舞下，在全体师生的努力下，一定能把学校建成具有国际影响力的高水平应用创新型大学，为国家做出更大的贡献！

钱建中

　　"吃水不忘挖井人"，我自己之所以能够取得成功，时时刻刻想到的是这个时代给了我这么好的机会，更得益于党和政府有好的政策，还有母校给我打下坚实的知识基础。我希望能有机会为母校出点力，去帮助母校多培养德智体各方面都能全面发展的人才。

口 述 者：钱建中
　　　　　上海化工高等专科学校1989届校友
　　　　　上海汇得科技股份有限公司董事长
　　　　　国家"万人计划"科技创新领军人才、上海市工商业领军人物
采 访 组：邓欣媛　郭东波
采访时间：2023年9月6日
采访地点：上海汇得科技股份有限公司办公楼

采访组： 您能讲一下您当时在上海化工高等专科学校的学习经历吗？有哪些让您印象深刻的老师和同学的故事吗？

钱建中： 我是1986年9月来到上海化工高等专科学校上学的，我的家乡在江苏常州的农村，来校报到也是第一次到上海。能考到化专其实也是一种缘分，因为高中的时候各科成绩里面属物理最好，所以我当时想报考的都是跟电子相关的专业和学校。化学学科是我第二好的学科，班主任老师帮我填报了志愿，后来我就来到了上海化工高等专科学校。

我对化专印象最深刻的就是在入学报到的时候，看到校园后非常震撼，建筑是红砖红墙，有点像天安门的那种古色风貌的建筑，当时就觉得这是一个非常漂亮的校园，红墙黛瓦，绿树成荫。宿舍也很干净整洁，当时我的宿舍好像是317，窗户一打开就是学校的操场及足球场。我记得我人生中有许多的第一次都是在学校里面实现的，比如我第一次踢足球，当时有很多足球踢得好的同学每天都在踢足球，虽然我足球踢得不好，但是第一次踢足球的体验就是在这所学校里。我对学校的早餐印象也很深刻，食堂的包子非常好吃，让我记忆犹新，一直念念不忘。

当时，我的班级是精细化工专业8651班，我们班一共有21位同学，是一个小班，那时我们的系主任好像是陈老师，班主任是薛老师，辅导员是阮老师，还有一位专业课黄老师。学习的第一年基本上都是专业基础课，也就是大课。大课上完以后，其他时间学习也没那么紧张，更多的是和同学之间的相处时间。总的来说，在化专学习是一个很好的经历，我十分怀念那些年的读书时光。

采访组： 您作为上海市科技创新优秀企业家代表之一，始终致力于以科技创新引领企业发展，能介绍一下您和您的企业取得的主要成绩吗？这是否与母校对您的培养有关？

2021年8月，汇得奖学金捐赠仪式

2023 年 11 月，学校赴汇得科技走访交流

钱建中：我今天所取得的一些成绩，一方面是感谢党和国家在这个时代给我们的好政策，另外一方面要由衷感谢我的母校——上海化工高等专科学校，读书时我所接受的教育为我后来的工作打下了坚实的基础。

1989年，我从学校毕业以后，被分配到江苏常州一家国企工作。得益于改革开放，当时，很多人都从原来的国有制企业，全国各地也都有经商办企业这种潮流。所以我在1995年的时候离开了国企，最开始做了两年贸易，后来到1997年的时候，我觉得做贸易行业有很多不确定的因素，所以我还是想以原来在学校学到的技术作为立足点去做制造业。后来也是在机缘巧合之下，1997年3月，我在上海周浦租下了一个小厂房，跟朋友一起合作办企业。到了2002年，在周浦工业园区买地建了新的工厂。2007年，又到金山化工园区设计建造了一个新的现代化工厂。2017年，我们带领企业到福建去建了新的分工厂，2018年，我们企业在上交所正式挂牌上市。

创办企业的时候，我们做的是聚氨酯之类的产品，正是因为赶上了改革开放这么一个好时代，我们在这样好的时代中做了一些努力，成功在上海这样的一个好地方站住了脚，把企业做到了一定的规模。当然这也和我们重视科技创新有关，科技创新是推动企业发展不可或缺的重要因素。企业必须注重研发创新，通过不断的技术创新和研发，以适应市场的变化，提升自身的竞争力，实现可持续发展。

刚开始创业的时候，公司从采购到销售、技术、管理等等方面，基本上都是我一个人带头在做，公司发展过程中涌现出来的骨干也是我像带徒弟一样一步一步带出来的。以前我总觉得我们的知识面好像涉及得比较广，但这个时候我就越发觉得，当时在化专的学习中，学到的很多知识虽然没有那么深度，但却非常具有实用性。学校的课程结构、知识面的这种广度，让我在后来的工作中受益匪浅，所以我特别感谢母校。

2023年4月，母校69周年校庆仪式上举行"汇得基金"捐赠仪式

钱建中为"汇得奖学金"获奖学生颁奖

作为一个毕业多年的学长，我想对学弟学妹们说：学生时代要坚持把学习知识放在首位，尤其像我们学校属于理工类学校，不能忽视学校所学的这些基础知识，等你将来步入社会工作后会发现，基础知识掌握过硬，受益良多。我就因为原来在校期间，打好了学习基础，所以工作后，我不仅能胜任专业知识涉及的本职工作，我还会一些非本职工作涉及的工作。我因为学过一些设备有关的知识，所以在工作中碰到这些问题，我也可以自己解决。也正因为在学校积累了足够的知识，让我后来在创业中遇到问题能更专业地做出选择，更好地把握机遇。

如果母校的学弟学妹想要创业的话，我认为首先要看有没有机遇，然后自身也要做好准备工作。我们大概做任何事情，一路过来肯定会碰到各种各样的问题，不太可能是一帆风顺的，所以一定要坚持下来。因为我自己处在一个非常好的时代，即使是这样也碰到了很多困难，一些困难甚至是外人无法想象的，我曾经也有想放弃的念头，但最终还是坚持了下来。我认为我们做一件事情，只要坚持到底，就一定能取得成功。

采访组：您在取得成绩的同时，不忘回馈母校。您是如何想到捐赠200万元共建"新时期联合科创中心""产学研合作基地"，以及设立"汇得奖学金"的呢？

钱建中： 从学校毕业以后，我虽然在上海创业，但因为忙于工作，一直没有机会回到母校看看。大概是在2019年，柯勤飞校长到我们企业走访，我和母校又联系上了，与母校的沟通交流也比以前多了起来。在这几十年的历程中，我知道我们之前的上海化专与冶专、轻专合并组建了上海应用技术学院，后来又更名为上海应用技术大学，然后也建成了我们的奉贤校区。我参观过我们的奉贤校区，是一个非常漂亮、非常现代化的校园。为学校近些年的快速发展，我感到非常高兴。一直在想，如果有机会能为母校再做点事情、出点力，于我而言，是非常乐意的。因为说实话，我自己创业能有今天的成就，是学校的教育给了我很大的帮助。

关于捐赠这件事，我认为首先是当今社会有这么一种引导，企业做到一定规模后应该对社会有一定的回馈。一方面，改革开放要求先富带动后富，国家对教育事业一直很重视，也投入了很多。另一方面，我们常说"吃水不忘挖井人"，我自己之所以能够取得成功，时时刻刻想到的是这个时代给了我这么好机会，更得益于党和政府有好的政策，还有母校给我打下坚实的知识基础。

刚才我也提到，在我工作和创业的过程中，我感觉到我的知识储备还是比较欠缺。而从企业发展的角度来看，我发现对人才的需求是很大的，企业的创新要靠人才来带动，企业发展的核心是人才，也希望能有机会为母校出点力，去帮助母校多培养一些德智体等各方面都能全面发展的人才。我的这些捐款，都是我个人税后的钱财，如果一直放着会贬值，可能价值也就所剩不上用场，应该让它用在一个比较有意义的地方去发挥它的价值，这也是我个人的一种真诚感悟。

时间过得实在快，我们学校马上就70岁了，我为母校70岁生日由衷地感到高兴。经过70年积累，母校的建设和发展更加成熟、稳健和大气。我感觉母校教育很接地气，对于专业知识的教育比较强，希望未来进一步加强对学生世界观、人生观、价值观的培养，像习近平总书记所说，引导学生"扣好人生第一粒扣子"。希望母校未来的发展越来越好，也希望和母校一起迎接100岁生日。

何兆广

毕业多年，心里始终难以忘记曾经给予我无私帮助的母校，在学校设立助学金来帮助困难学生的想法一直挥之不去。我希望这样的缘分和善意能一直传递下去，为学弟学妹们做好表率，更多回馈母校，回馈社会。

口述者：何兆广
　　　　上海化工高等专科学校 1995 届校友
　　　　山东广安车联科技股份有限公司董事长
采访组：吕　客　吴斯琦
采访时间：2023 年 10 月 20 日
采访地点：上海应用技术大学奉贤校区易班学生活动中心

采访组：您能和我们说一说您在上海化工高等专科学校的求学经历吗？有没有什么令您印象深刻的人或事？

何兆广：我是1993年从山东济宁考入上海化工高等专科学校的，所学专业是化工仪表及自动化。当年我和几个同学来自山东农村，来到上海这样的大都市，环境的巨大改变让我们都感到了很强烈的冲击，各方面都充满了新鲜感和吸引力。尤其到了学校之后，学校面积虽然不算很大，但是优美的环境让人非常喜欢，尤其是楼宇建筑很有特色。我读书的时候学校紧靠桂林公园和康健公园，旁边还有上海冶金高等专科学校、上海师范大学等，学校离徐家汇商业圈也很近，学习和生活的条件都非常便捷。

初到上海时，这座国际大都市给我留下了难以忘记的印象，我与同学们相邀到上海外滩等地方参观，看到了万国建筑群，黄浦江两岸的风景，看到上海整座城市繁华的面貌，给我带来很大的冲击和震撼。能有机会考入上海化专，特别是来到上海这样的大城市学习是非常幸运的。在大学学习了两年的时间，时间虽然很紧，但是学校严谨的教风和学风，对我产生很深的影响。在学校期间的学习真是抓得很紧的，学习氛围延续了高中时代的风格，包括早晚自习等都有严格的要求，而且老师上课也非常严谨，常常会在自习的时间进行学习上的解答。

在学校期间，我也同时感受到了上海这座城市浓厚的商业氛围，这一点我是难以忘记的。那时候我们接触到一些上海、浙江、江苏的同学。在20世纪90年代初改革开放刚开始十几年的时候，我身边这些同学就已经有了商业的意识和头脑。我跟这些南方同学接触之后触动很大。记得有些同学在学习之余，也同时进行一些小商品的生意，经营一些音乐磁带、香烟的小生意，这在我之前的生活中是从未接触到的。正是他们这样的经历和思想对我产生了比较大的冲击和影响，也是我较早接触到了商业思维和习惯。

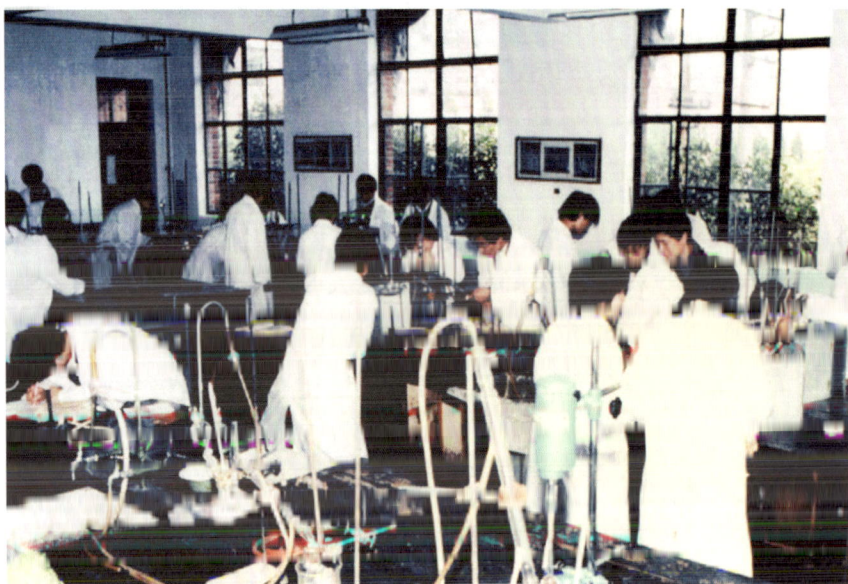

上海化专学生在实验室上课

2016年4月，何兆广为母校捐赠"校名石"并设立"兆广奖学金"

在学校期间，老师们对我们都特别关心，尤其是班主任高强明老师，经常到宿舍关心大家的生活所需，上课之余一起打篮球，师生相处很是融洽。在课余时间，老师也常组织同学们参观上海的旅游点。记得1995年正好是上海市三大工程建设落成，一是高架桥，二是地铁，三是东方明珠。班主任组织我们一起去看了这些标志性的工程，看到了城市日新月异的高速发展，同时，也感受到了国家经济的快速腾飞，这让当时的我很震撼。

记得当时班级有35位同学一起从山东过来的，时至今日，我们仍然保持着难得的友谊与联系。同学里有在济宁发展的，也有在山东其他城市的，还有在国外发展的。在学校65周年校庆的时候，学校召集到我们班11个同学参加校庆，我们都为学校的发展感到高兴和自豪，也同时对学校始终保持着浓浓的感情。

我还记得，那时候计算机课程是刚刚兴起，学校已经有自己的计算机机房，含有一些计算机实操编程一类的课程，那个时候这种实操的机会还是比不容易的。在做实验的时候，尤其在做毕业论文的时候到工厂实习，就发现我们的专业在企业当中的应用性很强，学校专业课老师给予我们很大的指导和启发。

采访组：能简要介绍一下您毕业后的工作经历吗？在上海化工高等专科学校的求学经历对您之后的创业有哪些影响？

何兆广：1995年我大学毕业，因为所学专业是化工仪表及自动化，在毕业之际我就分配到了济宁市仪表厂。这家仪表厂是生产农机上的机械仪表的工厂，工厂领导对我很重视，很快安排了一线的工作，并且有一些科研任务交给了我。

在这家工厂工作期间，我明白了一件很重要的事情，就是作为制造业的企业，它的工作流程与规范是怎样的。正是因为在上海读大学的经历，接触到身边许多同学有着商业的头脑和思维观点，对

我也产生了很大的影响，我逐渐感到如果继续在企业，自身发展路径就是做技术了，如果能走出去从事商业相关的工作，可能挑战性更强，所以一年多之后我就跳槽到另一家企业做钢材销售。因为销售业务越好收入越高，后来这家企业开了一家专门造车的制造厂，让我去到公司担任总经理，在那里工作锻炼了三年，到了2005年之后我就自己出来创业了。

我所创办的山东广安车联集团专注于商用车后市场的服务型集团公司，集汽车销售、汽车金融、汽车后贸、汽车运输、汽车电子、车联网、汽车检测、二手车交易及出口、报废汽车回收拆解的综合业务，现下属十余家子公司。其中，广安车联即广安车联科技股份有限公司，是中国商用车车联网领域具有领导地位的广安集团企业之一，公司顺应和把握"互联网+"的发展趋势，十年来专注于中国商用车领域车联网应用的研发与推广，创建了覆盖全国的广安北斗卫星定位运营平台、二手商用车O2O综合服务平台，是中国商用车领域车联网应用的典范企业。广安北斗卫星定位运营平台已取得全国23个省份的车辆卫星定位运营资质，平台在网车辆50万余辆，是国内交通行业最大的车辆卫星定位运营服务平台之一。蜗牛货车二手商用车O2O综合服务平台，是依托中国最大的二手商用车交易市场——山东梁山华通二手车交易市场，倾力研发的面向全国的二手商用车电子商务交易平台。

公司拥有一批富有现代意识的高科技人才团队，是国家级高新技术企业、双软认证企业，并与北京航空航天大学、山东交通学院等院校有着紧密的技术合作，现已建立北航·广安北斗卫星导航工程技术研究中心，建有省级企业技术中心1个、省级软件工程技术中心1个、省级工业设计中心1个，是山东省"创新转型优胜企业"、山东省电子商务优秀示范企业，获得山东省"隐形冠军"、山东省瞪羚企业、山东省专精特新等称号。

谈起在大学期间的学习对我后来的影响，我想到第一个影响就是

2023年10月，何兆广回访母校，校长盛小帆亲切会见

2023年10月，何兆广回校参加电气学院第一届校友理事会，当选为理事长

专业知识的积累和应用。我学的是仪表自动化，该专业核心在于数据的采集、数据的分析和数据应用。工作当中很多的管理思路也好，产品思路也好，其实现在想来离不开在学校系统学习带来的创新思维的养成。第二个影响是我提到的大都市的商业氛围，我当时接触了上海、浙江、江苏等比较发达省份的同学，他们的商业思维对我影响还是蛮大的，也让我体会到做事的思维方式和勤奋努力同样重要。

采访组：我们了解到您与您的人人尽校长，携手创业，成就了如今的事业，同时热心公益事业，对于母校有着深厚感情，捐资"校名石"，设立"兆广助学金"，资助家庭经济困难学生勤奋学习。请问您做这些事情的初衷是什么？对于资助的家庭经济困难学子，请问有何寄语？

何兆广：毕业多年，在社会拼搏的岁月中我时常会怀念起在上海应用技术大学求学的那段青葱岁月。我与母校有着不一般的深厚缘分，我和太太孔艳红正是在学校相识相知，是大学同班同学，我们夫妻对学校有特殊的感激之情，一直想寻求机会为学校做些事情。我在大学的时候家庭条件不好，从山东农村考到学校之后，感受到老师们诸多温暖的帮助，不单在学业上给我许多的指引，更是提供了很多勤工俭学的机会，比如在实验室帮忙、参与假期校园绿化等。我清晰记得，学校那时候对贫困学生有帮扶机制，每个班能有1～2名学生在学校进行勤工俭学的机会，同学们对学校这些制度，真是非常感激和感动，在我们的人生中也留下了难以忘怀的记忆。

当我毕业后走向工作岗位，经过十多年的奋斗和努力有了一定的基础和经济能力后，心里始终难以忘记曾经给予我无私帮助的母校，在学校设立助学金来帮助困难学生的想法一直挥之不去。学校的学生来自全国各地，也有一些来自山区贫困地区，给他们提供一些力所能及的帮助是我的心愿。我想为困难学生解决一些燃眉之急，让他们的求学之路走得更加平顺些。

在2014年学校60周年校庆之际，我跟太太商量要在这喜庆的日子里为学校做些事情，于是我们共同捐赠了校名石，并且设立了"兆广奖学金"。能有机会让我们共同来为学校做点事情，这是我们一直的心愿，也希望这样的缘分和善意能一直传递下去。对于我所设立的"兆广奖学金"，我想有些心里话对资助的学弟学妹们讲讲。家庭的困难其实并不是个人的缺陷，能靠自己的努力考上大学一是感谢父母的养育之恩，二是感谢社会给予的机会。我们在感受他人善意的给予之时，也不要忘记将善意传递下去，为以后的学弟学妹们做好表率，更多回馈母校，回馈社会。

作为学长，也作为创业多年的企业家，我想对想要创业的学弟学妹们说一些我的体悟。对于创业，我们一定要保持谨慎和谦逊的态度，年轻人有冲劲闯劲是好事情，但是稳扎稳打的工作作风在任何时代都不会过时。关于大学生创业，成功率例相对较少，整体失败概率比成功率高。大体来说是因为大学生没有经历和经验，往往更少依靠别品出潮情，然而创业成功种种涉及很多因素，如市场分析、内部管理、内部体系搭建等，从成功率来说，希望大学生可以等到积攒了更多经验之后再创业，外界困素不具备的情况下，修炼好自己的基本功，是最为明智的选择。不积跬步，无以至千里，手头任何一件小事做到极致，都能成为我们前行路上不可或缺的能量。同时，我们还应该在环境中不断吸取养分和经验，学会向前辈、向环境学习，在行业、企业里面通过自己实实在在的工作经历来获得管理的经验，比如，在人才管理、组织建设、文化搭建、技术开发、管理等方面，如果缺乏丰富的实战经验，想要在创业路上有所发展是非常困难的事情。

我相信，保持好奇之心，保持学习之心，在自己的领域坚持深耕修炼内功，同时，善于抓住外部机遇，有朝一日一定能成功。

林丹丹

我们做的事情很难在一开始的时候就知道一定会带来什么好处，或者自己在日后一定会成为什么样的人，但这不妨碍我们开始，哪怕所做的事情只能影响到　些人，那也是有意义的，你对社会有一份贡献就可以了。

口 述 者： 林丹丹

上海应用技术大学 2017 届校友

河池市十大杰出青年

广西壮族自治区生态移民发展中心机关党委（人事部）三级主任科员

采 访 组： 王 玺 邓欣媛

采访时间： 2023 年 9 月 20 日

采访地点： 上海应用技术大学学生宿舍党团活动室

采访组：**您能否介绍一下您在上海应用技术大学的学习经历，以及毕业后，您为什么会毅然决然地选择回到家乡，投身家乡的脱贫攻坚工作中呢？**

林丹丹：回顾大学四年，学校对我的影响非常大。进校后，我担任学生党支部的宣传委员，从大二开始，我参与了组织学院入党积极分子培训班的工作，作为学生负责人参加了很多期党课，同时，作为身边同学或者学弟学妹们的入党介绍人（联系人），陪伴他们从入党积极分子到发展对象再到成为党员，大家的成长和蝶变对我有着很大的影响，让我对于党组织的认识也一步步加深。

学校校训是"明德、明学、明事"。读书期间，我一直在思考怎么做才能真正称得上是一名合格的党员，成为对社会有用的人。2017年上半年，我在家乡的一个行政单位实习。那时，国家的脱贫攻坚工作已经开展了一段时间，我在学习中也接触到了一些相关工作。在实习期间了解到，在我的家乡，能留在村里工作的年轻人很少，如果村里来了一个大学生，是很了不得的事情。当时正好临近毕业，我决定毕业后回到家乡工作，就报考了选调生。

2017年8月，毕业后的我正式入职，到了我的家乡广西河池市凤山县最偏远的一个乡镇——砦牙乡。当时，正值脱贫攻坚的中后期，工作压力非常大。我们乡镇干部中年轻人很少，年轻党员就更少了，据就向单位提出，如果需要年轻党员去驻村的话，我第一个报名。2018年1月，我正式开始了驻村工作，担任了近三年驻村扶贫第一书记，全力以赴带领乡亲们脱贫致富。

采访组：**您在担任凤城镇团委书记兼凤阳社区第一书记期间，带领群众走上脱贫致富路，获得了"河池市第四届十大杰出青年"等荣誉。想请您介绍一下您在脱贫攻坚工作中遇到的最大困难是什么？您又是怎么解决困难并进行扶贫的呢？**

林丹丹： 驻村第一书记的工作，往大了说是给一个村的发展做规划，往小了说就是村里的"管家婆"，工作事无巨细。刚到村里的时候，我自己的情况也比较特殊。我在2017年3月份做了腿部的骨瘤手术。驻村工作刚开始的时候，我还在康复期。一个23岁的小姑娘拄着拐杖进村工作，村民们看到我的第一反应就是觉得一个年轻的小姑娘，来了也做不了什么事，就是来"镀个金"，等时间到了就回去了。所以，如何得到群众的信任，是摆在我面前一个很棘手的问题。

我们的村民是讲壮语的，刚开始我完全听不懂，入户工作开展起来很困难。有一些年纪大的村民不了解我的工作，还会赶我出门。本来年纪就小，在家里是父母的宝贝，现在生着病来到不熟悉的地方工作，也没有人能理解我，而且，当时脱贫攻坚工作已经进入了冲刺阶段，时间紧、任务重，压力也大。心里难免有些委屈，有时候回到宿舍躲在被窝里哭。但是擦干眼泪后，我想，作为一名党员，我不能畏惧这些困难，我要把自己真正融入群众里面，为村民解决实实在在的问题。

当时村里条件比较简陋，为了能第一时间解决群众问题，我们驻村就吃住都在村部的办公楼里，我把自己的钢琴也搬来了。在村里，钢琴是很少见的东西。每天傍晚，村口都会有一些大婶大叔坐着聊天，我就在那个时间大弹琴，招呼他们说："你们快来，我教你们弹。"刚开始只有几个人围过来看，渐渐地越来越多村民来听我弹琴。就这样，我和村民逐渐熟悉了起来，打开了群众工作的第一个入口。

了解了村里基本情况之后，我就开始针对每一户来做扶贫的工作。一方面，我们要帮助农户增收，让他们富起来；另一方面，对于那种家里没有劳动力的老年人或者残疾人，我们帮助他们申请落实低保或者其他救助帮扶政策。

针对务农的家庭，我们主要就是带领他们因地制宜发展产业。

林丹丹担任广西壮族自治区凤山县凤城镇凤阳社区驻村第一书记，入户了解情况

骨瘤手术后不到1个月，林丹丹拄拐在隆梅村工作

我们那边种玉米的话，一亩地一年只能收600斤左右，按照一斤一块钱的价格来算，一亩地一年的收入就是600元钱。在实地调研了土地和农业的情况之后，我们带领大家种植一些特色水稻和中草药。有一种叫"红桃K"玫瑰茄的中草药，一亩地大概能有400斤的收成，一斤玫瑰茄能卖三元钱，也就是说，这一亩地的收入能从原来的600元增加到1200元。同时，这一亩地种了玫瑰茄之后，还能套种，上层种玫瑰茄，下层还有空间种大豆或者红薯，这部分又是额外的收入。这一亩地一年收入可以从原来的600元提高到1500、2000元甚至更多。急群众之所急，想群众之所想，为群众谋益谋事，像桥梁一样给他们提供平台和帮助，把国家的惠民政策落到实处，带领他们日子一天比一天好起来了，这就是我们基层工作的意义所在。也正是通过这些事情，村民们开始信任我，主动接触我，然后我带着他们提高收入，他们就更加信任我，还会带动更多的村民。后来，基本上我们说建议今年种什么，大家就全都行动起来。一个村种植和养殖的规模起来了之后，就能形成一个有规模的产业，再以这样的一个平台去跟企业沟通。我们的收成针对企业形成专门的供给，企业会开着货车来我们村里面收购，农户直接在家门口就解决了收入问题，这是非常有实效的。看到大家一步步富起来，我意识到，其实没有人是一上来就能够胜任这些工作的，很多事情需要一个不停摸索和试错的过程，一定要多去思考、多实践。

采访组：您参加工作时遇到这么多的困难，最后都通过自己的努力得到了解决。在上海应用技术大学的学习经历对您解决这些困难有帮助吗？

林丹丹： 能够解决工作上这些困难，背后离不开母校对我的影响。学校的教育让我对践行入党的初心和使命有了深入的理解，也教会了我做人的道理，让我有了面对困难的勇气。为人民服务是我

2020年9月，林丹丹受聘为学校首批校外辅导员

林丹丹荣获河池市第四
届"十大杰出青年"称号

们党的根本宗旨，我把这一份为人民服务的初心带到工作之中，把在学校收获到的善意全部回馈给了村民，回馈给了我身边的每一个人。作为第一书记，我就要"驻"进村里、走进村民心里。

回想起刚进学校的时候，我一个人从广西来到上海。从开学的一个人走进校园，到毕业时结识了朋友。我做腿部手术时，正好是我们做实验和课题的时间，这段时间我拄着拐杖坚持上课。老师、同学在那段时间里给予我很多关心和爱护，让我觉得"不是亲人胜似亲人"。当时，我拄着拐杖上下楼很不方便，宿舍阿姨帮忙把饭菜给我送上来。做毕业设计的时候，因为往返不方便，每次去实验室，指导老师都尽力帮助我，如果是那种需要较长时间的实验，我把自己的操作做完，带着读数的工作师兄师姐和其他实验室老师都来帮我。后来，我往返上海和广西参加公务员招录工作的笔试、面试，因为行动十分不便，学校每次都允许出租车进校把我送到宿舍楼下。平时在校园里，同学们都会扶着我行走。这些很小的事情堆积起来的感动，我一直都铭记在心。

从外地来到学校，在学校受到这么多的关爱，让我的内心感到很温暖。我经常会想，要做些什么事情去回馈这些善意，要怎么样才对得起学校对我的培养？我想努力去释放自己的能量，然后告诉所有人我是从上海应用技术大学毕业出去的学生，我们上应人的学生很优秀。

现在，因为工作的调整，我到了新的工作岗位。但是我坚信，我撒下去的那些"种子"，会像学校在我心里面撒下的那些"种子"一样，一定会结出丰硕的果实。只要我传递的这些故事能够影响到一个人，那我的存在就有意义。就像三年的驻村工作，只要能让一个人致富了，或者是让一个人的日子变得更好了，我的工作就是有意义的，我就是一个对社会有用的人。衷心祝愿母校70周年生日快乐，越办越好，桃李满天下。

高帅

我每年都会回母校，这已经形成了习惯。我对母校有很深的感情，因为在这里的4年，我收获了很多无形的资产。每当在一些公众场合，我都会非常自豪地说：我来自上海应用技术大学。这是学校带给我的底气。

口 述 者：高　帅
　　　　　上海应用技术大学 2018 届校友
　　　　　上海歌安智能科技有限公司董事长
采 访 组：张　叶　张小懿
采访时间：2023 年 8 月 31 日
采访地点：上海应用技术大学徐汇校区图书馆

采访组： 能讲讲您在上海应用技术大学的求学经历吗？有哪些让您印象深刻的故事吗？

高帅： 在学校就读期间，我很早就开始为未来的职业发展规划。从大一就开始进行实习，大二开始工作，大三开始从事专业相关的发展，到大四时我基本上已经成了一个懂专业的工程师。所以说，在整个求学生涯中，我在学习工作中付出的时间很多。

经过两年的尝试，到大三时，我确认了安全工程是一个可以长期从事的专业。其中一个很重要的原因是社会对安全的重视程度与十年前已经有了本质的变化。特别是我毕业的时候，国家成立了中华人民共和国应急管理部，给这个行业树立了一面大旗。政策方面的改变、社会发展的成熟，加之企业对安全的高度重视，这些变化让我看到了机会，一个可以在安全工程上做出一番事业的机会。

要是说大学里最难忘的事情，我认为还是跟同学们在一起的时光。比如在学校西南门的小烧烤店，吃着烧烤，喝着酒，谈谈人生的理想，畅想未来发展的画面，是多么美好啊！当时，每个人的理想都不一样，但大家都想留在这个城市发展，毕竟这里有好的平台和机会。我当时就想创业，多做一些创新的事情。有很多同学想做安全工程师，想到工厂里做安全总监等，这些工作都能够有不错的收入。我记得当时学校给了几个校友的案例，大概都有三四十万、四五十万的年薪，这些校友就成了我们奋斗的目标。这些年过去了，我估计有好多同学的目标都已经实现了。我自己的公司中就有我们十几位校友，还有一些学弟学妹。因此，我现在的目标是想要保持原来的初心，围绕着工业与安全，在数字化创新上能够有自己的贡献，能够有自己出色的产品。

采访组： 您是一毕业就响应国家"大众创业、万众创新"的号召，选择了创业。能介绍一下您创立上海歌安智能科技有限公司的

经过和主要业务吗？母校一直关注您的成长，请问在您创业过程中母校提供了哪些支持和帮助？

高帅：我认为创业者分为两种，第一种创业者是天生认为自己要做一份事业，在二十几岁的时候逐渐了解社会的时候，就形成了这种意识，这是天生的创业者。另外一种是机遇型创业者，就是刚好在某一个领域、某一专业有所擅长，又是一个比较出色的行业引领者，出于商业目的或是技术目的而选择创业。我认为，我属于前一种。因为从高考的选择到学校，从学校的选择到专业，从专业的选择到创业，这都是一个延续的过程，十分顺畅。

大概在18岁的时候我就想好了，这辈子要做自己的事业，所以说从始至终，我从来没有停止过对自己在创业上所需要能力的准备。其实我还在高中的时候就开始为创业做了很多认知上面的准备，那些可能做的事情就是通过一些信息渠道获得更多的认知，去看更多的书，去看更多企业家的故事。比如，高中时候播出宁玏卡片的一个节目叫《开讲啦》，还有中央一套的财经类节目，我都爱看。因为你要为你未来成为一个什么样的人，很早就打下一个认知的基础。这个过程是"吸收一切知识"的过程。所以从高中的时候我就开始做这些准备。在度过认知的过程之后，我就走向了一些专业的领域，进入大学学习专业知识，同时因为大学在上海，也给了我机会做一些实战，于是就去做了一些实习和就业。

创业一直是我的既定目标。2019年，我辞职了，2020年开始创业。在创业的过程中，我们曾多次改变路径。从一开始要做一家出色的咨询公司，到后面要做一家软件公司，再后面我们考虑要做更加有技术颠覆的业务领域。总而言之，创业有一个本质，就是你有什么稀缺性的市场价值，这才是一个公司活下去的根本所在。其实在创业之初，我们就想要"颠覆安全行业的命"。我们的核心团队，就是我们的四位核心创始人，其中两位是我的校友，一位是化工专

367

高帅在2018届毕业典礼上被授予学士学位

2023年4月，高帅回校与安全工程专业老师交流讨论

业的，一位是我的室友，还有一个CTO，他们完全是基于对我个人的信任，才选择加入我的创业团队。在实现目标的路上，大家逐渐地形成共同的愿景。我们从一开始就奠定了比较好的创新思维，永远在固有的事情上去增加一些创新的想法，能够给这个行业和客户带来一些稀缺性的价值。这也就是我们在过去两三年里拥有不错的市场竞争力、保持不错的市场口碑的一个原因。

所有企业在创业过程中最困难的事都是缺钱，这是个共性。因为其他困难都是精神上的困难，但缺钱是精神加肉体的困难。当时我们公司成立半年后，接到了一个大客户订单，大概是二三百万元的合同，我们非常高兴。但是随之而来的一个问题是要实现这个订单，我们需要更多的技术投入，这就意味着需要投钱。这件事情就像拦在我们面前的一个大的、巨大的屏障。为了突破这个屏障，我们决定去找资金。我当时花了三四个月，见了四五十个团队。在最困难的时候，我在兜里的最后也所不剩几，但是我们到很必要的时间去寻找一笔钱来支撑公司的发展。在经历了这样一段黑暗的时光之后，我终于顺利地融资到了第一笔天使投资，帮助我们度过了研发期。那段时间也让我们感觉到，往往越困难的时候越是一种成长，我们也明白了到底一个什么样的公司才是更其能更值的公司。大概过了一年，我们又碰到类似的困难，需要更大的一笔钱来实现更大的商业格局。在创业的头几年里，要做的事情和所需的资金之间的矛盾，是我们实时存在的困难和问题。

我们的创业是一个连续的过程，一直到现在，我们还处于创业的节点上。在过去的四年中，我们给第一阶段的创业画上了一个小的句号，在自己的业务领域里，我们做到了初步成熟、成功的阶段。现在我们正在围绕着所接触的行业和客户，思考第二阶段的事业及新的创新起点。歌安的业务具体来说，在过去的4年里一直围绕着"数字化""信息化"为核心发展，服务的客户主体是化工、石油。随着服务客户的深入发展，以及接触的客户体量越来越大，我

们也渐渐明白，化工这个行业还有一些更本质的痛点，尤其是在生产技术和核心装置的制造上。所以我们现在的第二次创业，会更多地围绕着化工的本体设备这一类为核心，这个也是我们创业的战略方向。我们一直都在努力做更具备价值的事情，希望把数字经济逐渐地转化成实体。

在我创业期间，母校给予我很多支持和帮助。比如，在创业早期，需要旅种一些行业的知识，需要老师们答疑解惑。老师的经历和见解，给了我很大的帮助。尤其是孔此利老师，给了我很多无私的帮助。企业的成长，也是创始人认知的成长，需要良师益友的帮助。在我们创业过程之中，老师和同学们帮助共同解决了一些技术上的不足

2021年，我们和学院安全工程专业联合成立了"EHS数字产业创新研究中心"。与企业成立的研究中心相比较，我们跟母校的合作可能更长期，并且不完全以利益为导向。我认为这个中心对学生来说是一个很好的机会和回馈。在过去的两年里，很多校友、学弟、学妹们在我们公司实习，在学习的同时还有一份比较不错的收入。更重要的是可以帮助同学们解决一些核心问题，就是对行业的了解和接触。我们很多客户在从线下业务到线上业务转移的过程中，需要讲行业务流程的梳理和日常安全工作一些数据上的服务。我们的同学在实习的时候，主要做的就是这些客户工厂的日常运维，比如隐患分类、事故分析及日常作业管理的流程。除此之外，还有学长带着他们，一起完成一些大型项目的管理工作。这些项目交付的周期可能有半年到一年之久，要进行很多个工厂的培训，还要跟现场的安全工程师们、安全员们及生产线的工人进行培训。他们非常近距离的接触，距离未来从事的工作更近一些。所以说，我们提供的机会能够更好地发挥学生的能动性，更多地去接触所服务的企业，看看这些大型的国际企业、大型的龙头企业到底是如何管理安全、如何认识安全的。现在有几位研究生在公司实习得很不错，无论他

们毕业之后是否进入歌安，都具备了非常出色的工程师素养，一定能更快地融入企业，更快成为出色的安全管理人员、安全工程师。

我每年都会回母校，这已经形成了习惯。有的时候可能只是回去跟老师们吃吃饭、聊聊天。如果有机会的话，也帮助母校解决一些困难，可能是学生方面的，也可能是学校方面的。我想把自己积累的资源和能力，回馈给学校。我对母校有很深的感情，因为在这里的4年，我收获了很多无形的资产。每当在一些公众场合甚至比较知名的饭局，大家问起"你来自哪个学校"，我都会非常自豪地说："我来自上海应用技术大学。"我始终是这样的一个态度，这也是学校带给我的底气。

采访组：您的创业经历非常精彩。能说说在创业的过程中，您认为最需要具备的品质是什么吗？您对有创业梦想的学弟学妹们有哪些寄语？

尚帅：在"EHS数字产业创新研究中心"成立的仪式上，我给在校的同学们做过一场讲座，当时我总结了创业需要的"三板斧"：要有强大的学习能力、正确的价值观和沉稳踏实的性格。这三点总结，一方面源于我的自我认识，另一方面也是当你遇到很多特别出色的人以后，发现他们身上有这几点共同特性。

首先，正确的价值观涵盖的范围比较广，在商业上你有没有正确合作的观念、金钱的观念，都是十分重要的。有了正确的价值观才能保证你长期得到别人的支持，获得别人的信任，也是大家愿意跟你长期合作、成为伙伴和朋友，以及同事们、合伙人们信任你的基础。

其次，关于性格，我觉得性格始终是决定成败的至关重要的因素。我见过太多创业者甚至出色的企业家，在去年到今年的艰难日子里黯然倒下。当然一部分是整体的经济大环境，但也有一部分人

2021年10月，高帅向学校教育发展基金会捐款

2021年10月，学校安全工程专业成立EHS数字产业创新研究中心

是自己的性格决定的。可能是过于沉稳，没有做出及时应变，导致了企业的慢性死亡；也有可能是不够踏实的性格，去做了一些游离于你的能力、主业之外的一些事业，最终导致企业没有办法继续生存下去。

再次，学习能力，现在我更愿意总结成适应能力。你要迅速地去理解社会的变化、经济的变化、同行的变化和企业需求的变化，不要沉浸在自己过去所设定的目标里。如果我们执着于自己在三年前设立的目标，我想我的公司已经死过八百回了。所以说学习能力是体现在社会层面上的，对于个人来说是学习，在社会层面来讲就是适应。在过去的半年里，我们也做出了很大的改变，比如，把自己的研发团队进行部分转移，转到了重庆去。一方面因为我的两位合伙人都是重庆人，另一方面重庆有更低的人力成本、更高的就率、更好的产业结构。因此，我们需要不断地去学习，不断地去观察世界的变化，然后做出正确的抉择。做企业，就是时时刻刻保持着强大的学习能力，才能够持久地生存下去。

如果让我再加上第四点，我认为就是要做一个真诚的人，这才能够吸引更多真诚的朋友，大家可以一起做事。第四点是我今年最大的收获。我现在卸任了公司的总经理，担任了公司董事长。由于在技术层面，公司目前已经成熟了，三位合伙人有负责公司经营的，有负责技术的，有负责项目管理的，都能独当一面，那我自然而然随着团队的成熟，开始进入下一个工作节点的计划，就是发展第二个事业。这需要我去结交更多更好的真诚的朋友。因为做事业离不开合作伙伴的帮助。

如果说要对创业的同学们有什么建议，我觉得，创业讲究天时、地利、人和。在创业环境不太好的情况下，你去做一个保守的选择，考研、就业、出国留学增长见识，我认为这些都不失为一种好的选择。

我更想强调的是，创业不是为你的一腔热血负责，是要为你的

同事负责。以我自己的创业经历来看，我们的任何一个合伙人，如果他们离开歌安，去到任何一家企业，他们都会有更好的待遇，可能是几倍的待遇。这就是创业，你除了留下能力和资源的积累以外，更重要的是给团队有更好的交代。所以说，我建议大家要把创业看作一种责任，是对很多人的责任，只有这样，你才能够承担创业的重任。

后　记

　　甲辰龙年春，上海应用技术大学迎来建校70周年华诞。这是学校承前启后、继往开来的重要历史节点，更是面向全面建设社会主义现代化国家新征程道路上学校建设发展新的历史起点。致敬峥嵘岁月，致敬不凡历程，致敬一代代上应人奋进之力，是庆祝建校70周年的重大内涵。

　　根据学校党政工作部署，从2022年底开始，经过精心筹备，集中访谈，多方校核，《应·迹——上海应用技术大学建校70周年口述史》付梓，全书分列"谋篇布局""铸魂育才""科技服务""文化传扬"和"钟灵毓秀"五大篇章。这部20余万字的口述校史，承载着全体师生校友的深情重托、承载着全体口述者的真情厚托、更承载着编委会全体人员的心血与汗水，这是对上海应用技术大学建校70周年的隆重献礼。

　　口述者是口述校史的灵魂。在深入学习上海校史的基础上，经过反复调研和比照，我们从数万师生校友中精心遴选了31位口述者。在筹备和实施采访的整个过程之中，每一位口述者都对这项工作给予了积极支持。在访谈中，口述者娓娓道来，叙述亲身参与上海应用技术大学创立、建设、改革、发展的历史进程，这些声情并茂的讲述，给我们再现了不同历史时期上应人炽热奋斗的场景，集中呈现了筚路蓝缕70载、砥砺创新向未来的如歌征程，一次次地，我们走进了历史的画境里，这些画面和史料，于七秩芳华的上海应

用技术大学而言，独一无二，弥足珍贵，必将激励后辈行远自迩、恪守初心。

全书的出版经过史料查阅、提纲准备、现场访谈、文稿撰写、图片收集，历经七轮校对。从年初到岁末，从酷暑至严寒，终在融融春日中展露芳容。这里面有准备访谈工作时心潮难平的彻夜不眠，有顶烈日冒暴雨前往访谈现场的热情坚持，有追忆往日改革发展爬坡过坎时的热泪盈眶，有展望上应美好明天的激情满怀……绵绵话语铿锵有力，真挚动容只为这片共同奋斗与深爱的热土！

衷心感谢31位口述嘉宾对本项工作奉献的热忱与心力，感谢学校领导给予的关心和指导，感谢学校相关职能部门和学院给予的支持与配合，感谢编撰团队全体成员在幕后默默付出的汗水与智慧，感谢上海师范大学人文学院历史系姚霏副教授及其团队的专业指导，感谢上海妙育文化传媒有限公司给予访谈摄制工作的支持协助。

口述校史何尝只是留在纸页上的"应迹"？它更将是留在我们所有上应师生记忆深处的印记，这一篇篇宝贵的"应迹"串联在一起，将成为一代代上应人不竭的精神财富与力量之源！

历史的回顾仿如小船，带着我们沿时光之河回溯往昔，积蓄能量。我们相信，今天的辛苦是值得的，文字终将丰富大学精神，润泽师生心田，成为上海应用技术大学建设具有国际影响力的高水平应用创新型大学征程中的无穷动力……

《上海应用技术大学建校70周年口述史》编委会

2024年4月

图书在版编目（ＣＩＰ）数据

应迹：上海应用技术大学建校70周年口述史 / 郭庆松, 汪小帆主编. — 上海：文汇出版社, 2024.4
　　ISBN 978-7-5496-4233-5

Ⅰ.①应… Ⅱ.①郭… ②汪… Ⅲ.①上海应用技术大学－校史 Ⅳ.①G649.285.1

　　中国国家版本馆CIP数据核字(2024)第048970号

应·迹

——上海应用技术大学建校70周年口述史

主　　编 / 郭庆松　汪小帆

责任编辑 / 胡　甲
封面设计 / 张　晋
装帧设计 / 于敏杰

出版发行 / 文汇出版社
　　　　　（上海市威海路755号　邮编200041）
经　　销 / 全国新华书店
印刷装订 / 上海颛辉印刷厂有限公司
版　　次 / 2024年4月第1版
印　　次 / 2024年4月第1次印刷
开　　本 / 720×1000　1/16
字　　数 / 280千
印　　张 / 25.25

书　　号 / ISBN 978-7-5496-4233-5
定　　价 / 78.00元